Helmut Hermann, Jahrgang 1946, freier Fotograf und Reisejournalist. Seit 15 Jahren in allen Erdteilen „on the road". Nicht nur mit dem Fahrrad durch Afrika, sondern auch mit dem Rucksack zwischen Asien und Australien oder mit dem VW-Bus von Feuerland nach Alaska. Hält unkonventionelles Reisen, Schreiben und Fotografieren – seine Bilder erscheinen in zahlreichen entwicklungspolitischen Publikationen – für die wohl beste Art, fremde Länder und Menschen wirklich kennenzulernen.

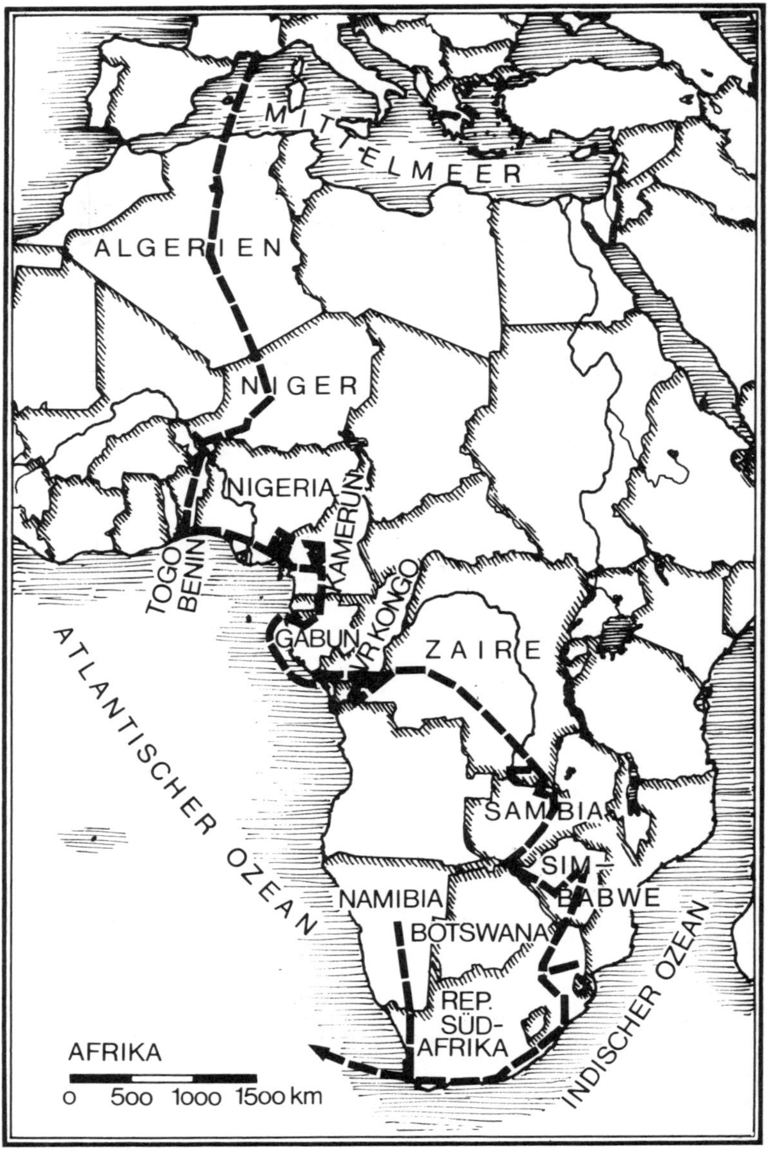
MITTELMEER
ALGERIEN
NIGER
NIGERIA
KAMERUN
TOGO
BENIN
GABUN
VR KONGO
ZAIRE
ATLANTISCHER OZEAN
SAMBIA
SIM-BABWE
NAMIBIA
BOTSWANA
REP. SÜD-AFRIKA
INDISCHER OZEAN
AFRIKA
0 500 1000 1500 km

HELMUT HERMANN

Heiße Tour Afrika

Mit dem Fahrrad von Algier nach Kapstadt

ABENTEUER-REPORT

Inhalt

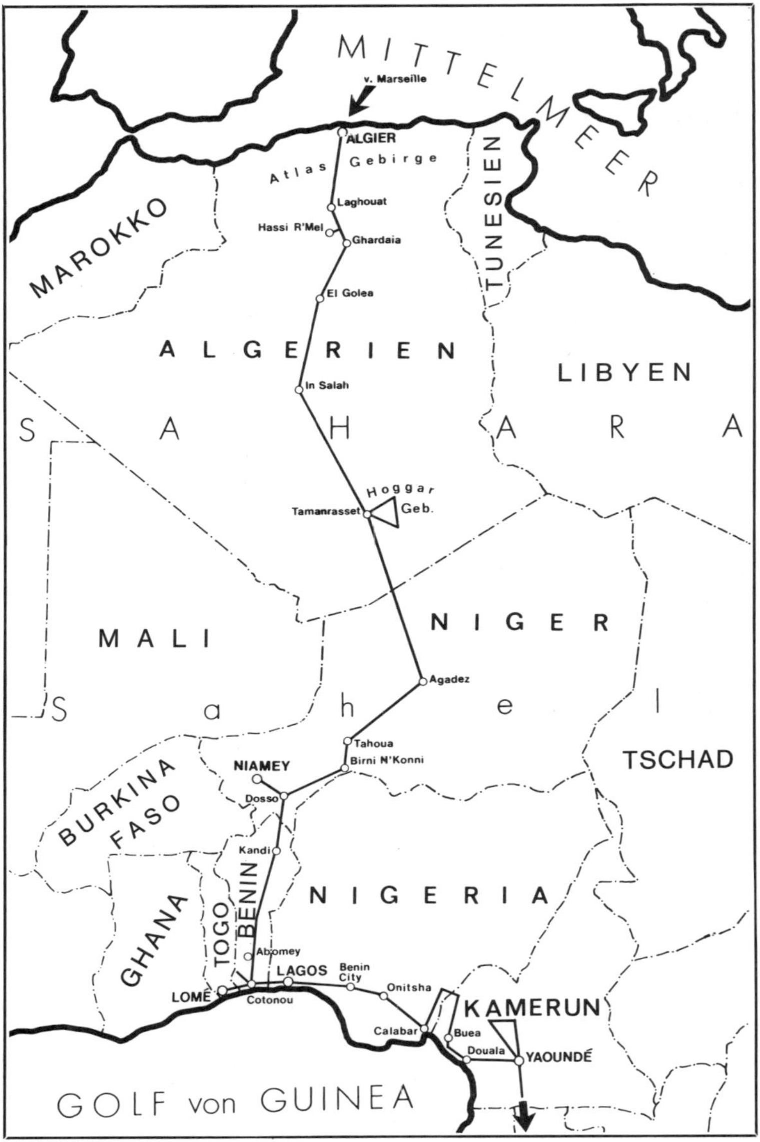
MITTELMEER
v. Marseille
ALGIER
Atlas Gebirge
Laghouat
Hassi R'Mel
Ghardaia
El Golea
MAROKKO
TUNESIEN
ALGERIEN
LIBYEN
In Salah
SAHARA
Hoggar Geb.
Tamanrasset
MALI
NIGER
Agadez
Sahel
Tahoua
Birni N'Konni
NIAMEY
Dosso
TSCHAD
BURKINA FASO
Kandi
BENIN
NIGERIA
GHANA
TOGO
Abomey
LAGOS
Benin City
Onitsha
LOMÉ
Cotonou
KAMERUN
Calabar
Buea
Douala
YAOUNDÉ
GOLF von GUINEA

Nachtfahrt

Tak - tak - tak . . .

Monoton schlägt der kleine Stift gegen den Kilometerzähler am Vorderrad. Es ist ein verdammt einsames Gefühl, nachts allein mit einem Fahrrad die Wüste zu durchqueren.

Schon längst hat sich der Mond hinter Wolkenbänken verkrochen, verstohlen nur blinken die wenigen Sterne, erhellen kaum die Straße.

Tak - tak - tak . . .

macht es weiter, etwas langsamer, wenn ich mich Steigungen hinaufplage, schneller, wenn es hügelab geht. Die Stille hier ist bedrückend, beinahe unheimlich, das leise Surren des Dynamos beruhigt nur wenig.

Ein schemenhafter Schatten taucht auf. Ich bremse, steige ab, fingere mit steifen Händen die Stablampe heraus, der Lichtstrahl bleibt an einer Blechtafel hängen. Aufschrift: „El Golea 100 km". Auf der Rückseite lese ich „Ghardaia 170 km", es sind arabische und lateinische Schriftzeichen.

Von Ghardaia, einer Oasenstadt, bin ich gestern am späten Nachmittag losgefahren. In der Kühle der Nacht schaffte ich es noch bis zum Brunnen Hassi Fahl, neben dem eine Hütte und ein paar stachlige Bäume standen. Ausgepumpt schlief ich sofort ein.

Die Sonne trieb mich aus dem Schlafsack, hungrig schlang ich einige Nüsse und hartes Brot hinunter, füllte auch die Feldflaschen wieder randvoll mit sandigem Wasser auf.

Versprengte Wolken hingen im Dunstkreis der Sonne, als ich den Etappenrest nach El Golea anging.

Zeitweilig erspähte ich Beduinen und schwarze Zelte, und einmal stapfte ich durch Sand und Steine zu ihnen hinüber. Ihre Gastfreundschaft erwiderte ich mit einigen Schmerztabletten, um die sie mich baten.

Doch Lager und Wüstenbewohner wurden rasch wieder kleiner, eine ovale Sonne duckte sich zum Horizont, mein überlanger Schatten huschte als Scherenschnitt neben mir her – es wurde dunkel, es wurde Nacht ...

Und mit der Nacht kamen die Einsamkeit und die Kälte. Ich zog Handschuhe an, schnürte die Anorakkapuze fester, schaltete das Licht ein. Mein Tempo: zehn, zwölf Stundenkilometer, mehr nicht. Stunde um Stunde verrann.

Konstant alle zehn Kilometer sind neben der Fahrbahn Hinweisschilder auf El Golea eingerammt, an einem habe ich jetzt angehalten und vertrete mir die Beine. Fröstelnd kontrolliere ich den festen Sitz des Gepäcks, ein heißer Tee würde guttun!

„El Golea, einhundert Kilometer!" Seufzend schwinge ich mich wieder in den Sattel.

Die letzten Sterne verlöschen. Wolken – soviel Wüstenerfahrung habe ich schon – bedeuten Wind! Zuerst nur gelegentlich, dann immer heftiger und ruckartiger stemmt sich mir eine Bö in die Seite, schlimmer, sie dreht sich, schiebt, drückt, wuchtet das Rad fast von der Fahrbahn. Ich beiße die Zähne zusammen, kämpfe erbittert gegen den unsichtbaren Gegner. Ein Wüstenwind kann tagelang gleichförmig aus einer Richtung wehen, sich zum Sturm, zu einem Orkan steigern!

Heulend peitscht der Wind Sand über die Straße, eine Höllenqual, jetzt noch radzufahren, dazu in dieser ägyptischen Finsternis. Hilflos werde ich durchgeschüttelt, wann hat diese Quälerei ein Ende! „El Golea 80 km". Müde stoßen die Beine in die Pedale, der Sturm hat die letzten Reserven gekostet. Hunger! Ich habe nur noch die sandigen Datteln der Beduinen, alle zehn Kilometer, bei jedem Schild, gönne ich mir eine!

„El Golea 60 km". Eigentlich ganz schön verrückt, mit einem hochbepackten Rad in einer kalten Märznacht durch die Wüste zu fahren. Zu Hause sitzen die Freunde jetzt irgendwo zusammen, lassen sich das Feierabendbier schmeck ... – Halt, was liegt da! Ich stürze!

Das Rad fällt auf mich, benommen liege ich im kalten Sand!

Stöhnend und ächzend richte ich mich auf, Gott sei Dank, nichts gebrochen!

Wie konnte das geschehen? In Heimwehgedanken versunken bin ich in eine tückische Sandverwehung geraten, meine Blindfahrt, ohne Licht, um Kraft zu sparen, wurde mir zum Verhängnis.

Und das Rad? Noch gut? Wie ein getretener Hund liegt es im Sand, verloren dreht sich das Vorderrad im Licht der Taschenlampe, doch alles ist heil geblieben. Aber was türmt sich da hinten auf? Ein Lkw-Anhänger, umgestürzt und verlassen!

Die harmlose Sandverwehung hat sich nachts in eine hinterhältige Straßenfalle verwandelt!

Noch sitzt mir der Schreck in den Knochen, eiskalt pfeift der Wind durch meine Kleidung. Ich ducke mich in den Windschutz des Anhängers. Fast warm erscheint es hier – wenn nur der bohrende Hunger nicht wäre. Aus den Packtaschen hole ich die eiserne Ration, Haferflocken und Traubenzucker, die ich mit kaltem Wasser hinunterspüle. Zum Nachtisch esse ich die letzte Dattel!

Dann strample ich weiter, flach über dem Lenker hängend, Kilometer um Kilometer. Eiskalt sind die Beine. Bleib im Rhythmus, denk ich, nur jetzt keinen Muskelriß!

„Eh alors, was ist das, ein cycliste, mon dieu!"

Ein Franzose hat mich mit einem Auto überholt, dem einzigen in dieser Nacht. Er schüttelt immer wieder nur den Kopf, fragt aufgeregt nach dem Woher und Wohin, obwohl es doch nur eine Verbindung zwischen Ghardaia und El Golea gibt.

„Bonne chance" – noch viel Glück wünscht er, dann verschluckt die Nacht die zwei kleinen roten Lichter – es sind nur noch vierzig Kilometer, sagt er, nicht mehr weit!

Weiß er, was das heißt, noch vierzig Kilometer mit einem Rad zu fahren, wenn man bereits einhundertzwanzig in den Beinen hat?

Weiß er, wie es ist, immer wieder mit letzter Kraft ein schweres Rad durch lockeren Sand zu ziehen? Weiß er das?

„El Golea 30 km". Verzweiflung! Ich kann nicht mehr treten, nicht mehr sitzen. Die Beine sind so schwer wie Blei, meine Kräfte sind am

Ende! In immer kürzeren Abständen beuge ich mich nach vorne, um mit der Taschenlampe den Kilometerzähler abzulesen. Ich zähle die Umdrehungen der Pedale, schätze dreihundert auf den Kilometer, das macht bei den restlichen zwanzig Kilometern noch sechstausendmal auf und ab, ab und auf!

Minuten erscheinen mir wie Stunden, tak . . . tak . . . tak . . ., der tote Punkt ist erreicht! Aus?

Ich schließe die Augen, höre auf zu treten, stürze . . . Nein, das Rad rollt weiter! Kippt nicht um! Was sagte der Franzose? . . . Das letzte Dutzend Kilometer fällt die Straße!

Tiefes Durchatmen, Erleichterung, ich werde es schaffen!

Es kann nicht mehr lange dauern, durchhalten! Und da: ein Licht – noch eines, drei, vier – El Golea – geschafft!

Kapstadt 13 000 km

„Der kommt bestimmt nicht wieder" und „so ein Wahnsinn, mit einem Fahrrad durch Afrika fahren zu wollen" lauteten die Kommentare, als ich an einem Märztag 1973 von meiner Heimatstadt Markgröningen bei Stuttgart Richtung Süden losfuhr. Ich jedoch hatte meine Afrikatour lange genug überlegt und vorbereitet. Ein knappes Jahr lang las ich Afrikaliteratur, ließ Impfungen über mich ergehen, polierte meine Englisch- und Französischkenntnisse auf, trainierte mit dem 5-Gang-Fahrrad, befragte Leute mit eigener Afrikaerfahrung und stellte meine Ausrüstung zusammen.

Die Idee selbst steckte schon seit jenen Tagen in mir, als man noch in den Sommerferien mit Zelt, Freunden und Fahrrad durch Deutschland fuhr. Dies sollte nun eben eine etwas längere Fahrt werden. Ich war 26 Jahre alt, hatte sowohl eine technische wie auch fotografische Ausbildung hinter mir und machte jetzt meinen Traum wahr – einmal aus den eingefahrenen Gleisen auszubrechen und mir ein Stück dieser Welt nicht immer nur vom Fernsehschirm aus anzuschauen.

Knapp drei Wochen bin ich nun mit meinem Fahrrad unterwegs und habe Afrika dabei erst „angekratzt“, gemessen an der Strecke, die noch vor mir liegt.

Die Schiffsreise von Marseille herüber verlief ziemlich stürmisch, und in Algier betrat ich mit einem schwerbepackten Rad, einer Portion Optimismus und etwa eintausend Mark in der Tasche erstmals in meinem Leben den „Schwarzen Kontinent“.

Die algerischen Einreiseformalitäten waren ein kleiner Vorgeschmack auf kommenden afrikanischen Grenzbürokratismus: Knapp drei Stunden wartete ich zwischen Paß-, Zoll- und Devisenschaltern, dann endlich war die Abfertigung vorbei.

Eine Entschädigung für diese ersten Unannehmlichkeiten waren aber anderntags – ich übernachtete in einem billigen Hotel – die Streifzüge durch die Kasbah, die Altstadt.

Ein verwirrendes Labyrinth von Sträßchen, Stiegen und Plätzen empfängt den Fremden, und aus halbdunklen Toreingängen schallt das helle Hämmern geschickter Kupfer- und Silberschmiede. Gerissene Händler preisen mit lockenden Stimmen ihre Waren an.

„Monsieur, hierher, kommen Sie, kaufen Sie . . .“ Dauernd wurde ich an Stände und Buden gerufen, man wollte mir tausenderlei Dinge verkaufen, die ich bei meiner Afrikadurchquerung doch alle gar nicht brauchen konnte!

Ich stieg auf ein hohes, flaches Hausdach, und mein Blick schweifte über eng verschachtelte Häuser und schlanke Minaretts, alles in blendendem Weiß, Algier wird nicht umsonst „La Blanche – die Weiße“ genannt.

Aus den Gassen und Gäßchen wehte ein leichter Wind Düfte von Minztee und gebratenem Hammelfleisch empor, vermischt mit Fetzen arabischer Musik. Auf kleinen, pittoresken Märkten sammelten sich burnustragende Männer, huschten weißverschleierte Frauen – Afrika hatte mich schon hier in seinen Bann gezogen . . .

Es war ein herrlich warmer Frühlingstag, als ich Algier nach drei Tagen genau Richtung Süden verließ. „Kapstadt 13 000 km“, stand auf einem Schild zu lesen, und eine gute Asphaltstraße ließ ein flottes

Tempo zu. Vorbei an Zedern und Eukalyptusbäumen, durch kleine Dörfer und über schmale Brücken strampelte ich die Atlasberge hoch – es floß der erste Schweiß!

An einer Kreuzung stoppte mich die „Gendarmerie nationale" – Paßkontrolle!

„Ça va", lächelte der Polizist, als er den Einreisestempel sah. Doch wie weit ich mit diesem Fahrrad noch wolle?

„Vorerst nur bis zum Ende dieser befestigten Straße", erwiderte ich, „das sind noch etwa 1500 Kilometer. Danach werde ich versuchen, mit Lastwagen die nächsten 2500 Kilometer zu überwinden, ehe es vom Südrand der Sahara wieder auf dem ‚Drahtesel' bis ans Meer geht. Und dann weiter nach Osten. Kamerun und Zentralafrika werden schwierig werden, und Südafrika ist das Ziel meiner Reise. Da bin ich sicherlich erst am Jahresende."

„Mon Dieu", seine Augen weiteten sich, „haben Sie wenigstens genügend Flickzeug mit? Und Reservereifen?"

„Oui", grinste ich, „alles dabei, sogar eine Luftpumpe."

Mit hochbepacktem Fahrrad stehe ich am Rande der größten Wüste der Erde, der Sahara

Ich steckte den Paß wieder ein und schwang mich aufs Rad, einen kopfschüttelnden Gendarm zurücklassend.

Die nächsten Tage brachten Regen, Nebel und sogar Schnee. Durchnäßt und durchfroren kämpfte ich mich durch das Hochland der Schotts, meine untrainierten Muskeln schmerzten bös.

Nach Überquerung des letzten Gebirgsrückens erreicht man Laghouat, die Stadt, die das „Tor zur Wüste“ genannt wird. Hier wachsen braune, niedrige Büsche, von denen die Hirten, die ihre Schafe auf spärlichem Grün weiden, sich kaum unterscheiden. Wenn man weiterfährt, tritt die Vegetation immer mehr zurück: Die grünen Flächen werden zu braunen Flecken, gehen allmählich in Gelb über, und schließlich beherrschen Sand und Steine die Landschaft. Dann stoppt man, um das erste Kamel zu fotografieren, und während ringsum nur noch kümmerliches Wüstengras wächst und darüber eine gleißende Sonne brennt, liegt in flirrender Luft von einem Horizont zum anderen die Sahara . . .

„Zuerst ist sie nur Leere und Schweigen, denn sie gibt sich nicht zu Liebschaften von einem Tag her“, schreibt Saint-Exupéry in seinem Buch „Wind, Sand und Sterne“. Dem Neuling bedeutet Wüste Furcht und Entsetzen, später aber Faszination und unstillbares Verlangen, zu ihr zurückzukehren, wenn er einmal die bizarre Schönheit und Pracht kennengelernt hat.

Ein metallisches Knacken am Hinterrad reißt mich aus meinen Gedanken. Eine Speiche ist abgerissen, schon die sechste! Wenn das so weitergeht, sind die fünfzehn Ersatzspeichen bald aufgebraucht.

Ich ziehe die Bremsen, stelle das Rad auf den Kopf, mache mich an die Arbeit. Die Handgriffe sitzen schon, nur, daß hier in der Wüste die vielen Kinder fehlen, von denen ich bei einer Panne sonst immer umringt bin.

Schnurgerade zieht sich die Straße hin, und nachdenklich radle ich weiter, der Vergleich einer einsamen Bootsfahrt über den Ozean drängt sich mir auf: man ist allein, dort auf einem Boot, hier auf einer schmalen Straße, zu beiden Seiten nichts als lauernde und tödliche Unendlichkeit!

Bei einer Panne bin ich sofort dicht umringt von algerischen Kindern und Jugendlichen

Gierig saugt die Sonne meinen Schweiß auf. Mein Hals ist trocken und rauh. Schon ist eine der drei Wasserflaschen leer, ich muß besser einteilen!

Ein Nomadenjunge steht am Straßenrand und hält ein Ei hoch, wie einen kostbaren Edelstein. Er will es mir verkaufen.

Ich passiere ein Schild, auf dem „Vorsicht Kamele" steht. Ein Auto überholt mich – das erste seit Stunden!

Kleine, zähe Pflanzen fristen ein schattenloses Dasein.

Dann gabelt sich die Straße. „Hassi-R'Mel" steht auf einem Schild, es ist eine Erdgasstation, die querab weit irgendwo in der Wüste liegt. Die Dunkelheit bricht herein. Ich biege in die Stichpiste ab.

Nach einer Stunde Zweifel: Bin ich richtig gefahren? Existiert dieses Lager überhaupt noch? Da – Flammen am Himmel, brennendes Gas! Einen besseren Wegweiser durch die Nacht gibt es nicht. Doch sind es bis dahin noch 10 oder 30 Kilometer? Ich vermag die Entfernung nicht zu schätzen. Endlich bin ich da. Lodernde Feuerzungen schlagen aus Bohrtürmen in die Nachtschwärze. Ich erkenne schwach matt glänzende Stahlkonstruktionen, Absperrungen, Baracken; aus einer dringt Stimmengewirr. Ob sich dort wohl was Eßbares auftreiben läßt?

Ich öffne eine Tür. Rauch und Bierdunst schlagen mir entgegen.

„Bon soir“, grüße ich, „ich bin mit einem Fahrrad unterwegs, kann man hier irgendwo übernachten?“

„Oh, Besuch, bienvenue, willkommen!“ Eine Flasche wird mir hingestellt, französisches Exportbier, von der Kälte beschlagen!

„Hier, trink erst mal, ich bin André aus Strasbourg, was ist los, wo kommst du her?“

Neugierig nähern sich die andern, und nachdem ich einen tiefen Schluck getan habe, berichte ich kurz über mein Vorhaben und wie ich hierher gefunden habe.

„Bien, natürlich kannst du hier schlafen“, sagt André jetzt in gemütlichem Elsässer-Deutsch.

„Hast du Hunger? Na klar, ich hol dir gleich 'ne casse-croûte aus der Kantine.“

Vor mir glänzen schon wieder ein paar kühle Flaschen, zischend springen die Bleckdeckel ab, ich muß mit bärtigen, sonnenverbrannten Männern anstoßen. Ganz klar, daß an diesem Abend noch viele Flaschen geleert wurden, bis wieder einmal das abendliche Heimweh dieser Wüstenarbeiter hinuntergespült war.

André bringt mich zu seiner Baracke, todmüde, aber glücklich entrolle ich den Schlafsack. Vor zwei Stunden hing ich noch im harten Sattel, wußte nicht, wo ich die Nacht verbringen werde. Nun habe ich gut gegessen, ein Bett gefunden, und morgen früh will mir André die Erdgasstation zeigen. Ein solches Glück hatte ich mir nicht träumen lassen!

„Hierher verirrt sich selten jemand“, erklärte André am anderen Morgen, als wir in seinem geländegängigen Wagen zwischen den Bohrtürmen umherkurvten.

„Von uns sind die meisten Engländer, wie du ja gestern abend schon bemerkt haben wirst. Harte Burschen, Spezialisten im Kampf um Öl und Gas. Wir kennen keine Sonntage, zwei Monate wird durchgearbeitet, dann sind wieder zehn Mille verdient. Wenn nur dieses verdammte Junggesellendasein nicht wäre und die allabendliche Langeweile. Na ja, die meisten fliegen nach den zwei Monaten auch deshalb auf einen Kurzurlaub nach Hause, sonst ließe sich der Zweijahresvertrag in diesem Glutofen auch gar nicht aushalten."

Wir passierten silberglänzende Tanks, endlose Rohrpakete und Dieselaggregate für die Stromversorgung, durch Stacheldraht geschützt. Manchmal musterten ein paar Uniformierte uns kritisch, und als ich André darauf ansprach, gab er zurück: „Militär! Öl- und Gasvorkommen sind in Algerien verstaatlicht, Fremde werden hier natürlich nicht besonders gern gesehen, fotografieren streng verboten. Du hast doch deinen Apparat zurückgelassen?"

Ich beruhigte ihn, obwohl ich gestern abend noch schnell eine Nachtaufnahme der Fackeltürme gemacht hatte!

„Dort drüben steht Pompage 1, da stieß man zuerst auf das Gas, weitere Versuchsbohrungen ergaben, daß unter dem Sand noch Milliarden-Vorräte lagern – Hassi-R'Mel ist zur Zeit das größte Erdgaslager der Welt . . ."

Ja, Gas und Öl bedeuten Reichtum, sie werden die Zukunft Algeriens bestimmen. Aber noch sind die unermeßlichen Gewinne aus den Bodenschätzen sehr ungleich verteilt. Auf meiner Fahrt durch das Land sah ich Luxus im Norden und tiefe Armut in den ländlichen Gebieten. Algerien ist trotz der sehr raschen Industrialisierung immer noch ein Land der Hirten und Bauern.

Doch acht Jahre erbittert geführter Unabhängigkeitskampf gegen die Franzosen haben ein Zusammengehörigkeitsgefühl geschaffen und sie in dem Willen bestärkt, mit eigener Kraft eine gerechtere Gesellschaft nach den Regeln des Sozialismus aufzubauen. Nicht nur politische, sondern auch menschliche Umwälzungen finden statt, die Generationen überspringen: Im Camp bedienen Nomadenburschen moderne Maschinen, während ihre Väter noch ruhelos mit Zelten und Kamelen durch die Wüste ziehen . . .

Solche Überlegungen gingen mir durch den Kopf, als ich anderntags wieder das Camp verließ. Die Männer hatten mich überreichlich mit Proviant und Tee eingedeckt, so daß ich diese Sorgen los war. Einer der Engländer steckte mir sogar noch zehn Dinar zu, er sagte, er sei einmal in Deutschland so gastfreundlich aufgenommen worden, und jetzt wolle er sich revanchieren. So was!

Die Stahlskelette wurden kleiner, verschwanden hinter einer Sanddüne, die Wüste hatte mich wieder.

Vor mir liegen 130 Kilometer, das ewige, leichte Auf und Ab der Straße. Trotz der beklemmenden Eintönigkeit ringsum neue Entdeckungen, neue Erlebnisse: langsam trottende Kamele, wiegend hintereinander marschierend. Rast bei Beduinenkindern, welche sich nahe der Straße aufhalten und mich anstaunen. Aus rostigen Blechbüchsen trinke ich ihre saure Kamelmilch, die sie glucksend aus aufgetrennten Autoschläuchen herauslassen. Nachmittagssiesta unter Palmenschatten in einer winzigen Oase, zwei Drittel der Strecke liegen hinter mir.

Doch dann kündigt sich wieder bewohntes Gebiet an, die Land-

Zum Schutz gegen den aufkommenden Sandsturm hüllt sich der Nomade in seine Djellabah

Eine Männerrunde beim Spiel

Abendlicher Heimritt

schaft des M'zab. Zuerst erblickt man nur einzelne Sträucher, hernach Dattelpalmen und bewässerte Gärten, und wenig später etwas Unfaßbares, wenn man tagelang durch Steppe und Wüste gefahren ist: Über sanfte Hügel liegen fünf weiße Städte hingestreut, dazwischen dunkelgrüne Palmenhaine, darüber wölbt sich ein azurblauer Himmel, wahrlich ein Stück Märchenland, wie aus „1001 Nacht".

Ich lasse das Rad die Kehren hinunterrollen, fahre hinein nach Ghardaia, dem Hauptort dieser Pentapolis. Die Welt der Basare zieht mich magisch an.

Ein großer Platz, der Souk, liegt arkadenumsäumt in der Sonne, es ist Freitag, Hauptmarkttag.

Ich erklimme ein schiefes Kastenhaus, denn nur von oben läßt sich das lebendige Treiben überschauen: Teppichhändler, nach Ellen messend, kehliges Versteigerungsgeschrei. Alte Männer, Abrahamsgesichter, sinnierend in der letzten Sonne. Zusammenstehend in weißen Togamänteln, die hellhäutigen Mozabiten. Frauen, zur Unkenntlichkeit vermummt, huschende Gespenster. Ein Lesekundiger, ein zerfledderter Koran. Barfüßige Kinder scharen sich um Märchenerzähler. Hungrige Hirten löffeln schmatzend Couscous. Salzverkäufer, blökende Hammelherden, leuchtende Orangen mit grünen Blättern dran, hundertfältiges quirlendes Leben, Feilschen und Gedränge: der Marktplatz von Ghardaia.

Dahinter die Stadt: durchbackene Lehmhäuser kleben an einem Hang mit Gassen, so schmal und winklig, daß hochbeladene Esel sich nur mühselig hindurchzwängen können. Obenauf, auf der Spitze des völlig verbauten Hügels, das mächtige Minarett. Früher diente es als Wachturm; für die strenggläubigen Mozabiten ist es heute der mahnende Finger ihrer Vergangenheit. Die Vorfahren flüchteten im 11. Jahrhundert als verfolgte und verschworene Glaubensgemeinschaft bis hierher in die Wüste, gruben Tausende von Brunnen, pflanzten Palmen, trieben Handel, schufen aus dem Nichts blühende Städte. Erst dann waren sie gerettet.

Ich habe Quartier gefunden in einer abgelegenen Seitenstraße, in der Herberge von Mohammed ben Abdullah. Eigentlich wollte ich

Ghardaia, die Stadt der Mozabiten

Zwei Mozabiten im Gespräch

nach drei Tagen Aufenthalt in der Mozabitenstadt weiterradeln, doch fettes Hammelfleisch, saftige Mandarinen und ungewohntes Brunnenwasser machten einen Strich durch die Pläne: Magen- und Darmverstimmung! Matt und zerschlagen lag ich in meinem Zimmer und zählte die Fliegen an der Decke. Obendrein verursachte mir die noch ungewohnte Hitze weitere Komplikationen, zu abrupt war einfach die Umstellung auf die Wüstensonne gewesen. Ich faßte daher nach sorgfältigem Kartenstudium den Entschluß, die 270 Kilometer nach El Golea nicht tagsüber, sondern in zwei Nachtetappen herunterzustrampeln.

Anderntags, als ich mich wider Erwarten besser fühlte, startete ich in der nachlassenden Hitze des Abends in Richtung El Golea, und welche Schinderei daraus wurde, habe ich eingangs geschildert.

Mr. „No Problem“

Ich traf ihn bei Achmeds Café in El Golea. Er war etwa dreißig Jahre alt, braungebrannt, ein Typ Was-kostet-die-Welt. Er schob ein kleines grünes Fahrrad neben sich mit einem Rucksack auf dem Gepäckträger.

„He“, rief ich, „willst du auch nach Kapstadt?“

„Peut-être, kann sein, die Welt ist groß“, gab er zurück.

Roger kam aus der Schweiz, war über Frankreich und Spanien nach Afrika geradelt und jetzt mit seinem klapprigen Stahlroß von Marokko herübergezockelt. Das wären alles „no problems“ gewesen. Er sprach von Niamey im Niger als nächstem Ziel, man werde sehen, life sei great.

„Nicht schlecht, dein Rolls-Royce“, bemerkte er zu meinem Fahrrad, „fünf Gänge, neu, très confortable.“ Und dann zum Kellner: „Garçon, noch zwei thé minthe, s'il vous plaît.“

Wir unterhielten uns in einer Mischung von Englisch und Französisch, Deutsch beherrschte er nur sehr wenig, dafür aber noch zwei andere Sprachen. „Ich hatte auch einmal ein besseres bicycle“, fuhr er fort, „doch gleich in meiner ersten Afrikawoche stahl man mir das Rad. Kein schöner Empfang! Für zwanzig Mark habe ich mir dann dieses marokkanische Tretmobil gekauft, damit ich mir noch ein wenig Afrika anschauen kann. Wie bist du nach El Golea gekommen? Von Algier? Transsaharienne?“

Unser Tee war inzwischen gebracht worden, und zusammengefaßt erzählte ich ihm den bisherigen Verlauf meiner Reise.

„Dabei hatte ich auch ein weniger schönes Erlebnis, wie du! Es war kurz vor dem Sonnenuntergang in den Atlasbergen, als ich eine Abendstimmung fotografieren wollte. Ich achtete nicht auf eine Wagenkolonne, die langsam die Serpentinen herauffuhr, und noch ehe ich den Apparat richtig eingestellt hatte, brauste ein Jeep auf mich zu, heraus stürzte ein Offizier der Armee und nahm mir die Kamera weg – er dachte, ich hätte den Militärkonvoi aufgenommen! Alle Proteste halfen nichts, zwei Tage wurde ich in der Gendarmerie des nächsten Ortes festgehalten, bis der Film in Algier entwickelt war! Hätte sich auch ein nur annähernd militärisches Objekt gezeigt, wäre ich ‚dran' gewesen!"

Wir tauschten an diesem Nachmittag noch etliche Erlebnisse und Erfahrungen aus, bis wir schließlich auf die Schwierigkeiten der vor uns liegenden Strecke nach In Salah zu sprechen kamen. Ein Algerier vom Nebentisch unterbrach unsere Überlegungen.

„Entschuldigen Sie, wenn ich Ihr Gespräch mitangehört habe, aber wollen Sie tatsächlich mit Ihren Fahrrädern nach In Salah fahren? Wissen Sie denn nicht, daß irgendwo da draußen die Route nationale 1 im Sand endet? Und wie wollen Sie das berüchtigte Plateau von Tademait bezwingen, dort könnten Sie nicht nur vor Durst, sondern auch vor Trostlosigkeit sterben! Denken Sie an Sandstürme,

Blick vom Ksar auf El Golea. Tausende von Dattelpalmen bilden das Herz der Oase

Skorpione und trügerische Luftspiegelungen. Bleiben Sie hier, die Wüste verzeiht keinem, glauben Sie mir!"

„Allah-hu-akbar, Allah-hu-akbar, Allah-hu-akbar!"

Ein langgezogenes, klagendes Rufen vom Moscheeturm unterbrach seine Warnungen, die Stimme des Muezzins rief die Gläubigen zum Abendgebet!

Nachdenklich geworden schlenderten wir noch ein wenig um die Stadt, ich konnte mich nach den Warnungen des Mannes eines unguten Gefühls nicht erwehren!

Wir bestiegen dann den Ksar, einen festungsartigen Tafelberg hinter dem Ort. Von oben hatten wir einen herrlichen Blick über das Land. Das flache Licht der untergehenden Sonne umspielte schwankende Dattelpalmen, eingebettet im Gelb der Wüste, lagen die braunen Lehmhäuser El Goleas, geteilt durch ein schmales, schwarzes Band, das sich 430 Kilometer nach Süden weiter ins Ungewisse hineinwand – unsere Straße nach In Salah!

Daß sie nicht ungefährlich ist, wußten wir nun, daß sie mörderisch werden kann, sollten wir noch erfahren – Allah-hu-akbar, Allah ist groß!

Morgen früh werden wir aufbrechen – wird es gutgehen?

Sahara – grausam und schön zugleich

Im ersten Licht der Morgensonne sattelten wir unsere Stahlrösser und checkten uns gegenseitig durch: Wasser – Proviant – Reifen gut aufgepumpt? Alles in Ordnung, ça va, ab ging's.

Mr. „No Problem" schmetterte passenderweise „arrivederci Roma", und das aus voller Kehle, während östlich die ersten goldgelben Dünen auftauchten, Ausläufer des „Grand Erg Oriental".

„Good bye, auf Wiedersehen", pfiff er weiter. Endlos die Straße vor uns, kein Lüftchen regte sich, ein Glückstag für einen Radfahrer! Abwechselnd im Windschatten fahrend, fraßen wir die Kilometer nur so in uns hinein. Ein Tagespensum hatten wir uns nicht gesetzt, doch als die Sonne von Westen nun auf unsere rechten Gesichtshälften brannte, waren wir schon ein mächtiges Stück vorangekommen. Abgekämpft suchten wir vor Nachteinbruch einen Platz zum Schlafen, und der ist in der Wüste gleich gefunden: nämlich da, wo man augenblicklich steht!

„Junge", stellte Roger fest, als er den Verpflegungsbeutel ausleerte, „Junge, sind wir reich: Wir haben Brot, Sardinen, Käse und Orangen, sauberes Wasser und sogar noch etwas feste Schokolade, ist das nicht ein first class service?"

Er mußte es wissen, denn sein Magen hatte in den fünfzehn Jahren, in denen er schon in der Weltgeschichte umhergondelte, bestimmt schlimmere Tage gesehen.

Ja, die Wüste zwingt den Menschen, wieder bescheiden zu werden, und bei längerem Bleiben kann man völlig andere Wertmaßstäbe vom Leben bekommen!

Zusehends wurde es dunkler, eilig zerrten wir fast sämtliche Kleidungsstücke heraus und streiften sie über, denn die Nacht würde eiskalt werden. Verpackt wie die Mumien legten wir uns auf den harten Boden.

Mr. „No Problem" hatte sein Tabakspfeifchen angesteckt, neben ihm lag sein kleiner Koala-Teddy aus Australien. „Mmh, la vie est belle", murmelte er und blies dabei den Rauch zu den Sternen hinauf, die zum Greifen nah schienen, „it's like in paradise!"

Der Wind sang leise in den Radspeichen, der Mond stieg höher, eine Sternschnuppe verglühte, dann schlief ich ein . . .

Gegen Morgen weckte mich die Kälte, schlotternd kroch ich aus dem Schlafsack. Im Osten zeigte sich ein heller Streifen, die letzten Sterne verblaßten. Wir erlebten einen herrlichen Sonnenaufgang, und urplötzlich wurde es wärmer. Ich setzte den Esbitkocher unter Feuer und stellte Wasser auf. Der heiße Tee weckte unsere Lebensgeister.

Dann traute ich meinen Augen nicht: Eine Gestalt näherte sich uns, eingehüllt in eine Djellabah, um den Kopf den Chéche, das Sonnenschutztuch, gewunden.

Dann stand sie vor uns, legte eine Hand vor die Brust – Salaam aleikum, aleikum Saalam –, schlurfte weiter, von einem Nichts ins andere . . .

„Ich kenne das", sagte Roger, während wir schnell die Räder startklar machten, „ein Kundschafter, Quartiermacher einer Karawane, die vielleicht Stunden später seinen Spuren folgt. Die Männer orientieren sich an Pflanzen und Dünen, an Wind und Sternen, verlaufen sich nie – Fähigkeiten, die wir Europäer schon längst verloren haben."

Rätselhafte Sahara!

Wir radeln. Vor ein paar Stunden quälte uns noch die Kälte, jetzt dörrt uns wieder die Sonne aus. Gleichförmig drehen sich die Pedale, das einzige Geräusch ist das Scharren einer Kette am Schutzblech.

Die Stunden verrinnen, die Sonne klettert zum Zenit. Die Einöde verflacht immer mehr, wir nähern uns der „Wüste in der Wüste", dem Tademait-Plateau! Eine flache Felsebene, soweit das Auge reicht, und darauf nichts als Steine, Steine, Steine, von einem Horizont zum anderen. Kein Strauch, kaum ein Hügel, nicht die geringste Abwechslung, eine Landschaft wie ein Alptraum! Das ist die Wüste in ihrer einsamsten und abschreckendsten Form!

Wir sind auf einmal sehr still geworden, keiner spricht mehr ein Wort, ich spüre Beklemmung hochsteigen. Warum kann man die Entfernung nicht mehr abschätzen? Fahren wir auf der Stelle? Unsere anfangs so forsch begonnene Wüstenfahrt wird zusehends langsamer.

Durst! Schal und warm schmeckt das Wasser, weiter! Aber was ist mit meinem Vorderrad los? Es schlingert verdächtig in der Gabel! Sorgenvolles Anhalten, ein Blick bestätigt meinen Verdacht: Die Felge ist an der Schweißnaht angebrochen! Ich wische mir die Tropfen von der Stirn, zeige Roger die Bescherung, bald wird das Rad an dieser Stelle zusammenknicken. Sollen wir zurück oder ein Fahrzeug zum Weiterkommen abwarten?

„Wieviel Wasser haben wir noch?" Roger schätzt grob: „etwa

fünf Liter ... Es ist besser, wir bleiben hier und machen uns ein Sonnendach."

Seit Stunden schon halten wir Ausschau nach einem Lastwagen, doch nichts, nur Steine, Stille und eine unbarmherzige Sonne. Einer muß doch kommen. Herrgott, ist das heiß unter der Plane, wie lange müssen wir noch aushalten? Um uns flimmert die Luft, wie über einer Kochplatte, und wir sprechen kaum noch, um den Mund nicht noch mehr auszutrocknen. Wenn das nur gutgeht ...

Da – ist es schon eine Sinnestäuschung, oder bewegt sich der Punkt tatsächlich? Erregt starren wir zum Horizont nach Norden. Kein Zweifel, ein Fahrzeug! Es scheint in der kochenden Luft heranzuschwimmen, dröhnt näher, bullernd kommt ein riesiges Ungetüm zum Stehen. Es ist ein Wassertransporter durch den Grand Sud der Sahara. Wir wissen, daß es den staatlichen Transportunternehmen verboten ist, Leute mitzunehmen – wird man mir Beistand leisten? Roger springt auf das Trittbrett und erklärt die Situation, er kann die zwei Männer überreden. Sie helfen, wenn auch widerwillig, mein Rad wird hinter das Führerhaus gebunden, und ich steige vorne mit ein. Roger bleibt zurück, wir haben ihm genügend Wasser und einen Teil meiner Ausrüstung gelassen, irgendwo werden wir uns wieder treffen ...

Stunden später: Der Transporter biegt vom Fahrdamm auf eine kaum markierte Piste ab.

Der Fahrer: „Wir müssen zu einem neuen Ölfeld, Wasser bringen, Sie verstehen. Nach In Salah sind es noch einhundert Kilometer. Es tut mir leid, Sie hier absetzen zu müssen ..."

Ich sagte merci und gebe ihnen eine Schachtel deutscher Zigaretten, aufheulend verschwindet der Wassertransporter hinter Staubwolken, und ich stehe bangend vor meinem Fahrrad: Wird die Felge noch die einhundert Kilometer aushalten?

Ich würge ein Stück hartes Brot hinunter und trinke einen Schluck Wasser, im Westen fällt die Sonne wie ein Stein senkrecht vom Himmel.

Es ist kühler. Entschlossen trete ich in die Pedale. Noch fahre ich,

Sanddünen mit vom Wind hervorgerufenen Rippelungen

Die „Wüste in der Wüste“, das berüchtigte Plateau von Tademait

und dazu noch auf einer Teerstraße! Scheuernd schlägt das Rad an die Gabel, egal, nur drehen muß es sich. Doch nach zwanzig Kilometern zwingen mich kopfgroße Steine zum Anhalten – wo ist die Straße geblieben? Weg, einfach und endgültig weg! Vergessen und verloren liegen ein paar Teerplatten im Sand, das ist alles, was von der Transsaharienne übriggeblieben ist. Statt dessen eine Piste, die hinunterführt in einen ungewissen Abgrund; ich stehe am südlichen Plateauabbruch, zweihundert Kilometer Steinwüste sind zu Ende.

Niedergeschlagen sehe ich in das dunkle Tal, wo die sandige Spur in spitzen Kehren hinter Felstrümmern verschwindet. Vorbei ist die Hoffnung, auf festem Boden noch im Laufe der Nacht in In Salah zu sein. Verzweiflung überkommt mich, und die Warnungen des Algeriers fallen mir wieder ein, „. . . endet irgendwo im Sand!"

Was soll ich jetzt bloß machen, hier mitten in der Wüste? Soll ich hier übernachten und den morgigen Tag abwarten, auf einen weiteren Lastwagen hoffen? Nein, das hat alles gar keinen Zweck, ich muß weiter, die Nachtkühle ausnützen und so weit wie möglich vorankommen, bevor die Sonne wieder aufgeht!

Im Schrittempo rüttle ich die steinige Lehmpiste hinunter, ramme in tiefe Löcher, erwarte von Minute zu Minute das Auseinanderbrechen des Vorderrades. Es wird immer dunkler. Wohl habe ich das Licht eingeschaltet, aber der Dynamo dreht sich zu langsam. Mit einem Klebeband befestige ich daher die Stablampe am leergemachten vorderen Gepäckträger, doch lange werden die Batterien nicht mehr reichen. Elende Schüttelei! Wenn ich den Lenker auch nur kurz loslasse, stürze ich. Da – hörte ich nicht Stimmen? Unmöglich, dumme Gedanken, wer soll hier sein, vielleicht war es ein Tier, weiter! Doch da rennen zwei Gestalten auf mich zu, in tarnfarbener Montur – es sind algerische Soldaten! Und sie lachen, lachen unentwegt, können sich nicht beruhigen. Was ist nur los, sehe ich so komisch aus? Ach so, jetzt begreife ich, ein europäischer Tourist fährt mit einem Fahrrad in der Nacht den Abbruch des Plateaus von Tademait hinunter – wenn das kein Grund zum Lachen ist! Die Burschen nehmen mich in ihre Mitte und nach einigen Felsbiegungen erkenne ich in gleißendem Scheinwerferlicht die Silhouetten von Zelten, Lastwagen und einer riesigen Asphaltaufbereitungsanlage. „Wir sind eine Pioniereinheit und bauen am letzten Abschnitt der Saharastraße nach In Salah“, erklärt der eine. „Unsere Vorarbeiten sind fast abgeschlossen, in den nächsten Monaten wird asphaltiert.“

Aus dem Kessel einer Feldküche geben sie mir einen Schlag Suppe, der Tee steht daneben, und ich bin froh, so unerwartet noch auf Menschen gestoßen zu sein. Ich bin zum Umsinken müde. Die Nachtkälte kriecht unter meinen Anorak, und ein aufkommender Wind wirbelt weiße Staubschwaden durch das Lampenlicht. Ich will nur noch eines: schlafen! Aber wo? Ich hoffe, in einem der Armeezelte eine warme Ecke zu bekommen, doch als ich freundlich einen Offizier um die Erlaubnis bitte, bedeutet er mir eisig: „Nein, unmöglich! Sie sind Ausländer, und das hier ist ein Camp der algerischen Armee.“ Und dann drohend: „Verschwinden Sie hier, allez, oder ich lasse Sie festnehmen!“

Danke, mir reicht es! Auf der anderen Seite steht ein Lastwagen, und hinter seinen Zwillingsrädern kauere ich mich in den Windschutz. Nun bereue ich es bitter, daß ich Roger meine Schlafmatte und die Plane zurückgelassen habe, hilflos frierend liege ich in meinem dünnen Schlafsack auf hartem Steinboden. Mir fällt ein, vor einem der Zelte eine Wolldecke gesehen zu haben. Im Schutz der Nacht und in den dichten, jagenden Staubwolken robbe ich zurück: die Decke liegt noch da! Niemand bemerkt mich, aber ich muß sie mir „ausleihen“, wenn ich morgen früh nicht halb erfroren aufwachen will. Denn inzwischen hat sich der Wind zu einem eisigen Sandsturm gesteigert. Staub knirscht zwischen den Zähnen, der Sturm fegt mit fürchterlichem Heulen durch die Finsternis, und als ich wieder im Schlafsack liege, bricht vollends die Hölle los: Dreck und Steine prasseln auf mich herab, der Sturm reißt mir immer wieder die Decke weg, es ist einfach grauenvoll! Wo mochte Roger jetzt sein! Der Gedanke, daß er jetzt noch schutzloser irgendwo in der Wüste liegt, läßt mich schaudern, welch ein entsetzlicher Tag heute . . .

Gerädert erwache ich wieder, ich habe mehr gefroren als geschlafen. Rundum liegt eine friedliche Wüste, als hätte nie ein Sandsturm getobt.

Dann erhalte ich die erneute Aufforderung fortzugehen, meine Wasserflaschen läßt man mich noch füllen, zum Essen besitze ich nichts mehr.

Als ich den vorgewalzten Fahrdamm unter die Reifen nehme, ist die Hitze schon unerträglich – und das kurz nach neun Uhr! Verbissen fahre ich der Sonne entgegen, steige manchmal ab und prüfe die Felge, sie hängt nur noch an Millimetern – wie lange noch? Schon liegen dreißig Kilometer hinter mir, dann bekomme ich sie zu verspüren, die Folgen der stundenlangen Fahrt in dem Glutofen. Die Hitze legt sich um den Schädel wie eine Eisenkette, die Sonne wird zum Ungeheuer. Mein Hals ist trocken wie ein knorriges Holzstück, und nirgendwo ein Schatten außer meinem eigenen. Durst. Gierig setze ich die Wasserflasche an die rissigen Lippen, die Zunge löst sich wieder vom Gaumen. Lange halte ich das nicht mehr aus, ich muß unter Schatten, wenn ich heute abend nicht ausgetrocknet hier liegen will. Ein paar Kilometer schinde ich mich noch weiter, dann kann ich nicht mehr, beim besten Willen nicht – aus!

Mit letzter Kraft schleppe ich mich zum nächsten Dornbusch, reiße ein Handtuch heraus und werfe es über die kahlen Zweige. Dann kippe ich um. Als ich meinen Kopf in den tellergroßen Schatten gelegt habe, stürzt ein Schwarm grünschillernder Fliegen auf mich und versucht in Augen, Ohren und Nase zu kriechen.

Die Gedanken drehen sich im Kreis, kommen nicht weg von Gehörtem und Gelesenem. Zwanzig Stunden kann der Mensch es aushalten, in sengender Wüstensonne ohne Wasser zu sein. Ein helles, leuchtendes Rot vor den Augen zeigt an, daß der Hitzetod nur noch Stunden entfernt ist. Es ist der qualvollste Tod überhaupt, da man langsam mit verwirrten Sinnen sein eigenes Sterben miterleben muß . . .

Nachmittag: Die letzte Flasche ist leer. Ich bin schon zu apathisch, um dem ständig wandernden Schatten des Tuches nachzurücken.

Grell sticht die Sonne durch die geschlossenen Lider. In meinem Kopf fängt es an zu brummen, ich fühle Übelkeit hochsteigen. Plötzlich, von ganz ferne, vernehme ich Motorengeräusch. Die Rettung. Hinter einer niedersinkenden Staubwolke kommt ein Lkw zu stehen. Zwei vermummte Männer springen herab, bringen Wasser, ich erhebe mich schwindelnd, wenig später liegen ich und mein Rad zwischen Kisten und Säcken, und eine Stimme sagt: „Bald sind wir in In Salah."

In Salah – eine Insel im Sandmeer

Es gibt vier Hauptpisten, die die Sahara in Nord-Süd-Richtung durchqueren: eine im äußersten Westen durch Spanisch-Sahara und Mauretanien, dann die berüchtigte Bidon-V-Piste der Franzosenzeit; im Osten führt eine von Libyen über das Tibestigebirge zum Tschadsee, und durch Algerien und den Niger verläuft die Hoggar-Piste.

Auf dieser zentralen Route bin ich mit meinem Fahrrad bis kurz vor In Salah gekommen, dann mußte mich vierzig Kilometer vor dem Ziel jener altersschwache Lastwagen aus dem Sand auflesen. Das war gestern. Dabei fuhren wir noch zweimal fest, und zweimal hieß es: Alles runter, schieben! Einer der Männer rief jedesmal lauthals Allah um seinen Beistand an, während wir andern Sandbleche verlegten, Achsen freischaufelten und dann noch auf die herausächzende Karre aufspringen mußten – Insch'allah!

Beim dritten Mal steckten wir schließlich so fest im Sand, daß sich Allah eine ganze Stunde Zeit ließ, ehe er die Hilferufe vernahm und uns endlich von dem Graben, Schieben und Schimpfen erlöste – Insch'allah!

Verwunderlich war dieses dauernde Einbrechen eigentlich nicht, denn die letzten Kilometer bestanden aus nichts anderem als feinem, glasigem, rotem Sand, und aus diesen Wogen tauchten in der Ferne

In Salah ist ständig von den Wanderdünen bedroht. Zäune aus Palmzweigen sollen die Sandmassen aufhalten

wie eine Fata Morgana die ersehnten Palmkronen von In Salah auf – wir waren durch.

Gegen Abend – ich kam gerade von dem kleinen Markt – überholten mich auf dem Weg zur Palmerie einige völlig staubüberzogene Kombi-Wagen, und auf einem war ein kleines grünes Fahrrad festgebunden – Roger . . .!

Eine französische Expedition, die unterwegs zum Tschad war, hatte Roger am Morgen nach unserer Trennung auf dem Tademait-Plateau aufgefunden, nachdem er die Nacht über wehrlos jenem orkanähnlichen Sturm ausgeliefert gewesen war.

„Es war nicht das reine Zuckerlecken, Helmut, wirklich nicht, aber c'est l'afrique."

Wir lagerten in der Palmerie, nahe einer gefaßten Quelle. Heute war Waschtag gewesen, Hosen und Hemden hingen über Büschen und Sträuchern zum Trocknen.

„Wenn nicht endlich ein Camion kommt zum Weiterfahren, sind wir schön aufgeschmissen", gähnte Roger von seiner Decke herüber.

„Eine Bank zum Geldwechseln gibt es hier nicht, und unsere paar Dinar reichen gerade noch für drei Makkaronentöpfe bei Achmed. Dann müssen wir auf Datteln mit Wasser umstellen."

Roger hatte recht: Seit fünf Tagen hingen wir in In Salah, und es kam einfach kein Lastwagen von Norden durch. Nicht mal ein Touristenauto ließ sich mehr blicken, die doch früher überall zu finden waren, aber die gefaßte Straße ging ja nicht ganz bis In Salah, und was danach kommt, ist die Piste, das Risiko, das Abenteuer.

„Wie weit ist es eigentlich nach diesem Tamanrasset", wollte Roger weiter wissen, „und wie lange ist man bis dorthin wohl unterwegs?"

Ich strich den Sand glatt und steckte zwei Dattelkerne hinein.

„Dieser Kern soll In Salah sein und der hier Tamanrasset, so." Mein Finger zog eine gebogene Linie zwischen den Punkten. „Das ist die Pistenverbindung, siebenhundert Kilometer nichts als Steine. Ab und zu vielleicht ein paar halbversiegte Brunnen und arme Nomaden, mehr nicht. So drei, vier Tage wird man schon brauchen."

Roger legte die Stirn in Falten, kniff ein Auge zu und meinte: „Also keine Chance für uns Drahteselreiter, then wait and see, says the englishman . . ." Wir warteten, wir sahen: einen 15tonner Diesel, der sich anderntags nach In Salah „hereinmahlte"! Endlich! Wenn sie Platz haben und Geld brauchen, können wir weiter! Roger übernahm den Handel um den Fahrpreis, schön langsam ging man das Feilschen an. Eine halbe Stunde, vier Kaffee und einige Zigaretten brauchten sie, bis ein Handschlag alles klarmachte: Gegen achtzig Dinar (ca. 50,– DM) die wir erst in Tamanrasset zu zahlen brauchten, waren wir beide und unsere Fahrräder dabei!

Ein Abend in der Wüste

Wer In Salah auf der Ladefläche eines Lastwagens nach Süden zu verläßt, rumpelt anfangs über eine weite, leicht gewellte Ebene. Die zerfurchte Piste ist zügig zu befahren, ein routinierter Fahrer wird ungeachtet der trügerischen Sandlöcher das Tempo beibehalten. Von der Oase aus könnte man noch lange die eingeschlagene Richtung verfolgen, da die hinteren Wagenreifen baumhoch Staub und Dreck aufwirbeln. Deshalb wird ein Passagier auf der Ladung auch bald mit einer rötlichen Staubschicht überzogen sein. Der Reisende sollte daher schon vorher wissen, daß er nun kein Normaltourist mehr ist, sondern eher ein Abenteurer, dem es nichts ausmacht, wenn die Staubschicht in den nächsten Tagen zu einer Kruste anwächst und allmählich Augen und Ohren verklebt. Weiter sollte er gewappnet sein gegen glühende Sonne und strenge Nachtkälte, er sollte aus dem Rucksack zu leben verstehen und überhaupt auf allen Komfort verzichten können, denn die kommende Rüttelei auf ungefederten Lastwagen über wellblechartige Pisten wird ihm tagelang die Knochen durcheinanderwirbeln.

Aber abends, wenn die Hitze nachläßt und das Fahrzeug irgendwo neben der Piste steht, dann kann er aufatmend von der Ladung springen und seine Feldflaschen am Wasserfaß nachfüllen, sie an aufgesprungene Lippen setzen und den trockenen Hustenreiz mit lauwarmem Wasser hinunterspülen. Er wird wieder aufleben, Gedanken fassen und trotz Durst, Staub und Strapazen feststellen, daß ihn die Wüste, die freieste Landschaftsform der Erde, mit ihrer Einsamkeit und Stille, die zeitweise vollkommen zu sein scheint, nun endgültig im Innern gepackt und überwältigt hat.

Wie klein und bedeutungslos ist doch ein Mensch in dieser Weite!

Während er dies in der kurzen Dämmerung vielleicht in sein Tagebuch schreibt, werden die blauen Schatten zusehends länger, und die Sonne verschwindet als gelbroter Punkt hinter dem Horizont, dort, wo die fahlbraune Einöde und der Abendhimmel sich aneinanderschmiegen. Die letzten Lichtstrahlen verwandeln eine Handvoll vergessener Wolken in flammendes Feuer, ringsum senkt sich die Nacht, und am schwarzen Firmament macht man zwischen den aufblitzenden Gestirnen das schon vertraute Sternbild, das „Kreuz des Südens", aus . . .

Unsere Fahrer hatten ein paar dürre Büsche gesammelt und entfachten ein Feuer. Ein anderer bereitete mit Fleisch, Salz und Gewürzen eine Suppe zu. Sie brauchte ihre Zeit, und wir richteten uns inzwischen zur Nacht ein. Schon gewohnheitsmäßig stieß man mit dem Fuß die Steine um, denn man wollte seine Decke ja nicht unbedingt in die Nachbarschaft eines Skorpions legen. Nach einer Stunde war es soweit. Fünf verstaubte Gestalten saßen im Kreis um ein Feuer, schlürften eine heiße, scharfe, aber köstlich schmeckende Suppe, wie sie wohl nur Abdoul zubereiten konnte.

Nachher rief uns das singende Teewasser nochmals zusammen, und Abdoul braute mit ernstem Gesicht und unnachahmlichen Handbewegungen jenen grünen, süßen Tee, der mit Minzblättern verfeinert wird, und ohne den ein Wüstenbewohner einfach nicht leben kann.

Schäumend sprudelte die heiße Köstlichkeit in die kleinen Gläser, sie wurden herumgereicht, und jeder saß still seinen Gedanken nachhängend und dem Gefühl einer nie gekannten Freiheit mit untergeschlagenen Beinen in der Runde. Ein halber Mond hing als silberne Sichel zwischen einer funkelnden Sternenpracht, und kein Geräusch, kein Lärm, nichts störte diese Vollendung von Stille, Sand und Sternen . . . Das war der erste Tag.

Da – da vorn! Rauch, Feuer, ein Auto brennt!

Als unser Fahrzeug die Stelle erreicht hatte, war nichts mehr zu retten. Letzte Flammen züngelten aus einem ausgebrannten Personenwagen, und ein Mann stand verzweifelt daneben, der noch ein paar Habseligkeiten hatte retten können. Er war Belgier, wollte mit einem normalen Personenwagen die Wüste bezwingen, und nun stand er vor den Resten seines Unternehmens. Die Wüste hatte zugeschlagen! Dabei hatte er noch Glück, daß wir vorbeikamen, denn viele Fahrzeuge zählt man auf der Strecke In Salah – Tamanrasset nicht! Wir nahmen den Mann zu uns herauf, ein weiterer ausgeglühter Wegweiser markiert nun den Weg durch die Wüste.

Doch es sollte nicht bei diesem einen Unglück des zweiten Tages bleiben, denn am Spätnachmittag stießen wir auf einer Sandhochfläche auf jene französische Expedition, die mit einer Sendung von Hilfsgütern in den Tschad unterwegs war. Ihr Lastwagen stand abgeladen und eingeknickt auf der Piste – Achsenbruch! Zwei Tage hatten die Männer schon mit Reparaturversuchen verbracht, ohne Erfolg! Auch wir konnten da nicht mehr helfen. Ihre letzte Hoffnung bestand nun darin, daß sie mit dem leeren Lastwagen versuchen wollten, nach In Salah zurückzufahren, um dort eine Werkstatt aufzusuchen. Viel Glück, Freunde, lebt wohl. –

Reisen in die Wüste sind Reisen ins Abenteuer – allen vorgespurten Pisten und moderner Technik PS-gewaltiger Fahrzeuge zum Trotz. Daß die Besatzungen aber bei Pannen einander beistehen, ist ungeschriebenes Gesetz der Wüste.

Nach diesen Vorfällen waren wir jedenfalls alle froh, am dritten Tag dieser Fahrt durch Wüstenlandschaften von atemberaubender Schönheit wohlbehalten Tamanrasset erreicht zu haben, ohne zerfetzte Reifen, Vergaserbrände oder versandeten Motor. Bestimmt war unser Glück aber auch jenem dreimaligen Umfahren eines Grabmals zu verdanken gewesen, das am Rande eines hohen Felsberges, zwei Drittel des Wegs nach Tamanrasset, steht. In dieser mit den Fahnen des Propheten geschmückten Grabkapelle befindet sich die Ruhestätte eines Marabouts, eines Heiligen des Islam. Unzählige Reifen- und Kamelspuren beweisen, daß auch andere Autos und Karawanen diesem alten Brauch der dreimaligen Grabumkreisung folgen, um so weiterhin gefahrlos die Sahara durchqueren zu können.

Tuareg und Hoggargebirge

Tamanrasset – der kleine Hauptort des riesenhaften Südalgerien, dicht am Wendekreis des Krebses gelegen. Tamariskenbäume säumen die Hauptstraße, die als einzige einen festen Belag hat, und an der sich einige Krämerläden und verschlafene Restaurants reihen.

Tamanrasset, das ist aber auch geographischer Mittelpunkt der Sahara und Zentrum für ein Volk, dessen Name bei vielen magische Vorstellungen weckt: Ritter der Sahara, verschleierte Herren der

Neben Hitze und Staub sind Fliegen eine weitere Plage in der Wüste

Zwei Tuareg in Tamanrasset. Sie verschleiern ihr Gesicht

Wüste, Menschen unbekannter Herkunft – das Volk der Tuareg.

Zunächst aber ist Tamanrasset für mich wieder die Verbindung zur Außenwelt, denn es gibt eine Post, wo ich Briefe abholen kann, eine Bank zum nötigen Geldwechsel, ferner kann man hier ein Hospital finden, sogar einen kleinen Flugplatz und ... eine Menge Europäer!

Noch vor zehn, fünfzehn Jahren sah man im Ort kaum einen Fremden, kaum ein Auto, und es gab noch keine komfortablen Hotels.

Heute aber wird dieses malerische, am Fuße des schroffen Hoggargebirges liegende Tamanrasset immer mehr zu einem Treffpunkt eingeflogener Andenkensammler, denen ein Reisebüro „Gefährliche Wüstenausflüge" auf halblahmen Kamelen vermittelt, und die sich, mit Shorts und Minis bekleidet, mit verwegenen Hüten und Instamatics behängt, unter die stolzen Tuareg mischen, die in ihren langen wallenden Gewändern gelassen und würdevoll dem seltsamen Treiben zusehen, das da über sie hereingebrochen ist. „Blaue Nomaden" nennt man die Tuareg wegen ihrer indigofarbenen

Gewänder, „die Freien“ nennen sie sich selbst. Es sind stolze, kriegerische Menschen, das Volk der verschleierten Männer. Hinter kunstvoll verschlungenen Gesichtstüchern funkeln freiheitsliebende Augenpaare. Die Tuareg tragen ihre Schwerter nicht nur zur Zierde. Der Kolonialmacht Frankreich lieferten sie die blutigsten Kämpfe, und sie rebellieren selbst heute noch vereinzelt gegen die staatliche Oberhoheit Algeriens. Ein ausgeprägtes Klassenbewußtsein gliedert sie in Adlige, Vasallen und Sklaven. Sie leben halbseßhaft am Rande von Tamanrasset und in den unwegsamen Hoggarbergen, oder sie ziehen als nomadisierende Viehzüchter auf der ewigen Suche nach Weideplätzen durch die Steppen und Savannen der südlichen Sahara, die Sahel-Zone.

Man trifft aber auch noch einen anderen Menschenschlag in Tamanrasset, so zum Beispiel die Besatzungen von Landrovern und VW-Bussen, die jetzt noch, da die geplante Trans-Saharastraße eine Wüstenfahrt einmal zum Wochenendausflug machen wird, auf abenteuerlichen Pistenfahrten die Sahara durchqueren. Meist sieht man sie über Afrikakarten gebeugt, von gebrochenen Federn und verstopften Luftfiltern sprechend, bei ihren Fahrzeugen im Schatten von Tamariskenbäumen.

„. . . uns hat es auf diesem Abschnitt zwei nagelneue Stoßdämpfer zusammengeschlagen, innerhalb einer Woche! Nehmt bloß Ersatz mit!“

„. . . habt ihr auch die verdorrten Tierkadaver in Mali gesehen? Junge, hat das gestunken . . .“

„. . . ein Stein schlug uns einen Riß in die Ölwanne, mit Kaugummi abgedichtet erreichten wir gerade noch ‚Tam‘.“

Diejenigen, die „rauf“, also vom Süden, kommen, tauschen Tips über Wasserstellen im Sahel gegen den Pistenzustand vor In Salah und gegen das neue Hotelschwimmbad in Ghardaia, das ihnen die „runter“, also südwärts, Fahrenden dafür verraten.

Aber vorerst können sie alle nicht mehr weiter, weil Tamanrasset zu einer Mausefalle geworden ist! Das Benzin, das alle Autos nach „Tam“ lockte, fließt nicht mehr! Kein Tropfen Treibstoff mehr ist der Zapfsäule am Ende der Hauptstraße zu entlocken, und das seit zehn Tagen!

Ein von Tag zu Tag länger werdender Fahrzeugpulk wartet dort sehnsüchtig auf den notwendigen Stoff, der zuerst einmal von Hassi-Messaoud, einem Öl- und Raffinerielager knapp 2000 Kilometer im Norden, heruntergefahren werden muß.

„Beide Tankzüge liegen irgendwo mit Motorschaden auf der Piste, wann sie kommen, weiß niemand, Insch'allah!" sagt der Tankmann.

Viele verkaufen nun ihre letzten Reserveliter zu Phantasiepreisen an diejenigen, deren Urlaub und Geld zur Neige gehen, deren Schiffsbuchungen in Algier verfallen und deren Visa ablaufen.

Natürlich sitzen jetzt auch Roger und ich fest. Zwar brauchen wir kein Benzin für unsere Fahrräder, dafür aber der Landrover von Ibrahim, der uns für je 80 Dinar mit nach Agadez nehmen will.

„Morgen kommt bestimmt Petrol", tröstet er uns immer wieder, „morgen fahren wir bestimmt nach Agadez!"

Doch morgen kann in Afrika auch nächste Woche sein. Wer Afrika bereist, muß Geduld mitbringen! Daß diese Zwangspause, aber auch ein unvergeßliches Erlebnis mit sich brachte, will ich nun schildern. Während der langen Wartetage, die wir meist Kaffee und Tee schlürfend in den billigen Restaurants verbrachten, machten wir die Bekanntschaft von Herrn Schefter, einem Deutschen, der zu geologischen Studien im Hoggar unterwegs war.

„Demnächst fahre ich wieder ins Innere des Gebirges, ihr könnt mitkommen, wenn ihr wollt. Ich will auf den Assekrem, einen der höchsten Gipfel des Hoggars." Das ließ ich mir nicht zweimal sagen, da doch dieses Gebirge in seiner Wildheit und Einsamkeit kaum zu übertreffen ist.

Am nächsten Morgen holte er uns wie ausgemacht bei unserem verfallenen Haus außerhalb von Tamanrasset ab. Er hatte noch genug Reservesprit, um diese zweitägige Rundreise wagen zu können.

Auf einer sandigen Piste näherten wir uns dem ersten, isoliert aus der Umgebung emporragenden seltsam geformten Bergkegel.

„Das sind die Reste ehemaliger Vulkane, die bis auf ihre Basaltschlote abgetragen sind. Wind, Sand und Sonne haben sie systematisch zerfressen“, erklärte Schefter. „Durch den hohen Temperaturunterschied von Tag und Nacht wurden die Steine auseinandergesprengt. So sind im Laufe von Jahrmillionen die typischen Hoggarformationen entstanden.“

Zwischen diesen bizarren Zeugen ehemaliger starker vulkanischer Aktivität lagen weite Flächen, bedeckt mit Verwitterungsschutt und schwarzen vulkanischen Flächengesteinen. Unser Bus kletterte höher und höher, immer schmaler und kurvenreicher wurden die kaum befahrenen Wege, kein Tier, keine Pflanze, eine Gebirgswüste von erschreckender Fremdartigkeit. Schon wollten wir vor der letzten, steilsten Serpentine aufgeben, aber im Rückwärtsgang schafften wir auch diese gewaltige Steigung noch, dann war endgültig Schluß.

Der Tag neigte sich seinem Ende zu, als wir zu Fuß die letzten dreihundert Meter zur Bergspitze hinaufstiegen. Polternd rasselten losgelöste Steine hinter uns in die Tiefe, dann waren wir oben, auf dem Dach der Sahara. Auf knapp 3000 Meter Höhe!

Windböen zerrten an der Kleidung. Aber überwältigt standen wir da. Dieser Blick auf eine Trümmerlandschaft mit gigantischen Basaltpyramiden, die wie Finger vorweltlicher Riesen in den Himmel ragten, brachte jeden zum Schweigen. Als glühender Feuerball verschwand die Sonne hinter einem Vulkankegel, und um uns nichts als unendliche Einsamkeit und Stille.

Waren wir auf einem anderen Stern?

Der Mensch, so schien es, hat in diesem Irrgarten, in diesem zerschrundenen, toten Herzen der Sahara keinen Platz, keine Daseinsberechtigung mehr. Und dennoch: Dieses zerklüftete Durcheinander zerborstener Berge, dieses Chaos bizarrer Felsformationen barg einmal Leben!

Tausende von Felsbildern beweisen es, hier im Hoggar wie auch im Nachbargebirge Tassili, sie zeigen die Sahara als ein grünes Land, mit Elefanten, mit Giraffen, mit Antilopen und Krokodilen. Das war vor 10 000 Jahren. Dann trocknete die Sahara langsam aus. Flüsse ver-

Wie Finger vorweltlicher Riesen ragen Felsnadeln und Bergspitzen des Hoggargebirges empor

siegten, Seen verschwanden, die Vegetation ging immer mehr zurück. Ganze Völkerwanderungen fanden statt, aber die Hirten und Jäger jener Generationen hielten die Ereignisse ihrer Zeit in Felsmalereien fest. Die jüngsten Darstellungen dieser vorgeschichtlichen Künstler zeigen Kriegsszenen und Kämpfe um die letzten Weideplätze des nun fast völlig ausgetrockneten Landes. Als unsere Zeitrechnung begann, war aus der grünen Sahara schon längst eine tödliche Wüste geworden!

„... es waren die anstürmenden Araber, welche die letzte große Kultur, die der sagenhaften Garamanten, in die lebensfeindlichen Gebirgswüsten zurückdrängten. Die Nachkommen jener aufgeriebenen Stämme sind heute wohl die Tuareg." Schefter führte seine Ausführungen anderntags im „Café de la Paix" in Tamanrasset fort.

„Und warum verschleiern sich nun die Tuaregmänner?" fragte ich ihn. „Hing das mit der Unkenntlichmachung bei ihren Karawanenüberfällen zusammen?"

„Das mag mit ein Grund gewesen sein, eine endgültige Erklärung hat aber bis heute noch niemand gefunden. Vielleicht finden sie es unschicklich, daß ein Mann seinen Mund und seine Nase zeigt, aber in erster Linie wird der Litham wohl als Schutz gegen Wind und Sand gedacht sein, denen sie ja dauernd ausgesetzt sind."

„Haben sie überhaupt noch eine Existenzgrundlage?" wollte ich weiter wissen. „Was machen sie, wovon leben sie?"

„Früher, als sie noch ihrem unsteten Wanderdasein nachgingen, verlangten sie von durchziehenden Karawanen Wegzölle, züchteten das berühmte Rennkamel, das weiße Mehari, und von ihren Raubzügen in die südlichen Saharadörfer brachten sie sich Sklaven mit, da der adlige, der hellhäutige Targi Handarbeit verachtet. Heute ist von den einstigen Herrschern der Wüste nicht mehr viel übriggeblieben. Die meisten Tuareg im Hoggarbereich fristen ein kümmerliches Dasein mit der Herstellung von Souvenirs für die Touristen, andere verdingen sich als Fremdenführer. Karawanenraub liegt nicht mehr drin, Kamelzucht lohnt sich nicht mehr, Autos und Flugzeuge brauchen keine Tuaregführer, und ihre Zufluchtstätte, die Wüste, steht

Afrikaner sind Balancekünstler. Diese Frauen tragen Körbe mit Sand

heute jedem offen. Sie verlieren immer mehr die Verbindung zu ihren Traditionen; ihre hochstehende Kultur mit einer einzigartigen Schrift und Sprache verfällt immer weiter unter dem Einfluß westlicher Zivilisation, das echte Wüstennomadentum hat seine Rolle ausgespielt . . ."

Es ist soweit, wir können unsere Sachen zusammenpacken, wir können zur Paßstelle gehen und uns ausstempeln lassen, wir können uns von Freunden verabschieden, denn es gibt wieder Benzin in Tamanrasset! Das 14tägige zermürbende Warten hat ein Ende gefunden, alles stöhnt ein aufatmendes „Endlich", ein Tanklastzug ist durchgekommen! Randvoll werden Kanister und Tanks gefüllt, die meisten Fahrzeuge verlassen „Tam" noch in der gleichen Stunde.

Auch Roger und ich haben das getan, eilig wurden unsere Räder auf dem Dach von Ibrahims Wagen festgezurrt, ab ging's, vorbei an jenem Schild, das an einer Hauswand hängt und das ich noch heute vor mir sehe: Algier 2060 km, Ghardaia 1430 km, Niamey 2500 km, Agadez 980 km. Das sind afrikanische Entfernungen!

Für die Strecke Tamanrasset–Agadez benötigte unser Fahrzeug, in dem noch ein paar andere Wandervögel mitfuhren, nicht länger als 24 Stunden! Das ist kaum glaubhaft, wenn andere für dieselbe Entfernung zwei, drei Tage brauchten, doch was Ibrahim auf dieser Jagd nach Süden mit seinem Landrover machte, ist nur Leuten zu empfehlen, die wie er in der Wüste aufgewachsen sind, nämlich: nachts fahren! Über eine „route ondulée", eine wellblechartige Piste, hetzte Ibrahim seinen Landrover Richtung Grenze. Mit 70, 80 Stundenkilometer flogen wir nur so über die Kuppen dieser Waschbrettfolter, preschten durch ausgetrocknete Flußläufe mit trügerischem Treibsand, stürmten Geröllhügel hinauf, als ob es gegolten hätte, mit aller Gewalt die verlorene Zeit einzuholen.

Noch vor Mitternacht wurde die Niger-Kontrollstation Assamaka passiert, dort ein kurzes Niedersinken im kühlen Sand, ein Schluck Wasser aus einem artesischen Brunnen und eine Stange Zigaretten für den einsamen Grenzposten, dann rasten wir weiter, quer über eine weglose Kiesebene, die kilometerbreit im Mondlicht glänzte.

Jeder wäre am anderen Morgen verirrt und verloren abseits der Hauptroute aufgewacht, nur Ibrahim nicht! Vier Stunden Schlaf hatte er uns gegönnt, dann jagte er seinen Wagen wieder über den feuchten, festen Morgensand, um die Hauptpiste wiederzufinden.

Die Gefährlichkeit seiner nächtlichen Abkürzungen machten uns die traurigen Überreste vieler Autowracks deutlich, die gar nicht weit von der Hauptrichtung entfernt im Sand steckengeblieben waren und deren Besatzung oftmals umgekommen war.

„Dieses Fahrzeug dort hatte nur einen Defekt am Anlasser. Wegen des Sandes konnten die Leute ihren Wagen nicht mehr anschieben. Man fand sie vertrocknet neben einem Steinhaufen."

Ibrahim sagte das gleichmütig, für ihn war der Tod in der Wüste nichts Tragisches mehr.

Die Fahrt ging weiter, in die gleißende Helle und dröhnende Hitze des Mittags hinein. Nur knapp markiert war die Piste, vom Sandwind blankgescheuerte Benzintonnen und zerrissene Reifen wiesen die Richtung, und einmal geriet ein weißgebleichtes Kamelgerippe in unseren Gesichtskreis.

Apathisch hingen wir auf unseren Plätzen, keiner hatte mehr Lust zu einer Unterhaltung. Ich öffnete ein Fenster, um etwas Kühlung zu finden – und erlebte eine heiße Enttäuschung! Die Außenluft war so mit Sonnenglut aufgeladen, daß der Fahrtwind noch heißer war als die stehende Luft in unserem Brutkasten!

Seit Tamanrasset waren wir durch fast vegetationsloses Gebiet gefahren, aber nun tauchten streckenweise dürre Akazien und abgestorbene Baumstrünke auf, die harte, kurze Schatten warfen.

Dann überholten wir eine Karawane. Wie an einer Schnur aufgereiht schritten beladene Kamele, von schwarzverhüllten Männern geleitet, neben der zerfurchten Piste her, in die sich die Abdrücke von vielen Huftieren mischten. Ein Ereignis, ein Brunnen kündigte sich an!

Schon entdeckte man einzelne Kamele, dann Ziegen-, Esel- und Rinderherden, ein einziges staubaufwirbelndes Durcheinander, das sich auf einen Punkt zuschob, an den Brunnen von In-Abangarit.

Wir stoppten und stiegen aus, die Hitze traf mich wie ein Faustschlag, ich vermeinte, flüssiges Blei zu atmen! Ich schüttete Wasser über den Kopf, die Verdunstungskälte bewahrte mich vor völligem Umsinken.

Das Treiben an diesem Brunnen ist schwer in Worte zu fassen.

Die vor Durst jämmerlich schreienden Viehherden umlagerten zwei steingefaßte Brunnenlöcher, an deren Ränder sich Wassertröge befanden, wo ausgemergelte Kamele ihre langen Hälse hineinsenkten und gierig die Sandbrühe in sich hineinsogen.

Frauen und Mädchen, groß und stolz, drängten sich zwischen die Tiere an den Brunnen, um die Guerbas, die Ziegenbälge für den Trinkwasservorrat mitzufüllen. Schwarzverbrannte Männer mit aufgekrempelten Beinkleidern zogen qualvoll Meter um Meter endlos scheinender Brunnenseile herauf, einen erlösenden Schrei ausstoßend, wenn der schwere Ledereimer mit letzter Kraftanstrengung endlich über den Brunnenrand schwappte . . .

Agadez – das Tor zu Schwarzafrika

Ibrahim hat uns dann am späten Nachmittag vor einem kleinen Hotel in Agadez abgesetzt. Bestimmt ahnte er, was wir seit Wochen nicht mehr kannten und wonach wir uns nach dieser Höllenfahrt noch mehr sehnten, nämlich nach einer richtigen Dusche – der Staub und Dreck war schon zu einer zweiten Haut geworden!

Agadez ist eine der ältesten Städte der südlichen Sahara. Flach liegt sie in der Wüste, und alle gestampften Wege enden irgendwo im Sand.

Kommt man aus dem strenggläubigen Algerien herunter, so überfällt die Stadt einen geradezu mit ihrem pulsierenden Leben und Treiben. Die verschleierten Gestalten und die monotone arabische Musik sind verschwunden, jetzt sieht man Frauen, Mädchen und Männer in farbenprächtigen Stoffen und Gewändern, den Boubous. Sitzt man abends beim „bière niger" vor einer der vielen kleinen Bars, so tönt von allen Ecken und Enden Getrommel ans Ohr – man ist in Schwarzafrika!

Jeder Fremde wird wohl zuerst zum großen, mit Mattenbuden bestandenen Markt gehen, und dort wird er auch alle Vertreter der südlichen Saharavölker treffen können. Fulbe, Haussa, Tuareg, Kanuri, Sudanneger – ein bunt gewürfeltes Bild mit allen Abstufungen der Hautfarben.

Die meisten sind Nomaden, die mit ihren Tieren von Brunnen zu Brunnen ziehen und ein- oder zweimal im Jahr Agadez aufsuchen, um unentbehrliche Dinge zu kaufen; vielfach wird sogar noch Tauschhandel mit Naturalien getrieben.

Die uralte Karawanenstadt mit ihren Lehmbauten wird überragt von einem obeliskförmigen, mit Stützstacheln verzierten Minarettturm, der fast 30 Meter hoch in den wolkenlosen Himmel ragt. Roger und ich quartierten uns in ein nicht gerade billiges Hotel ein, und zusammen durchstreiften wir die Stadt.

Meine weiteren Erkundungsgänge mußte ich dann aber allein unternehmen, denn Roger nahm die sich nicht allzuoft bietende Gelegenheit wahr, auf einem weiteren Fahrzeug direkt nach Niamey zu gelangen.

„Au revoir, good-bye, Helmut. Einmal sehen wir uns wieder!"

Er notierte meine Adresse in seinem kleinen Taschenkalender, in dem hinten einige Karten eingedruckt waren. Auf jeder Seite ein Erdteil – Rogers Weltatlas! Mit einem Bleistift machte er auf der Afrikaseite einen Strich von Marokko bis Agadez – 3000 km waren zurückgelegt!

„N'oublie pas, l'afrique est grande! Vergiß nicht, Afrika ist groß!"

„Bon voyage, Mr. No Problem!"

So war ich nun wieder allein, aber verlassen kam ich mir in Agadez eigentlich nie vor.

Durchstreifte ich weiter das Gewirr von Gassen, so sah ich Hand-

Buntes Treiben herrscht auf dem großen Markt von Agadez

werker im Schatten ihrer sonnengetrockneten Lehmziegelhäuser sitzen, und jedes der zerfurchten Gesichter erzählte die Geschichte eines harten und einfachen Lebens.

Ich war bei den Schuhmachern und sah die Herstellung der hübschen, rotgefärbten und bestickten Tuaregsandalen, in der Gasse der Wollweber fand ich die farbprangenden Tücher, und zwei Winkelzüge weiter konnte ich die Kunst der Silberschmiede bewundern.

Bilder wie vor Jahrhunderten! Agadez ist wie eine Reise in die Vergangenheit, und man kann eigentlich gar nicht durch die geschichtsträchtige Stadt gehen, ohne an die früheren Karawanen zu denken, die auf ihren Saharadurchquerungen die Stadt als einen der Umschlagplätze für ihre Waren ansteuerten. In monatelangen Reisen brachten sie Datteln und Seide, Eisenwaren und Wolle vom Mittelmeerraum herunter und nahmen auf ihrem Rückweg Salz, Gold, Häute, Elfenbein und Sklaven mit.

Heute aber hat der Lastwagen fast ganz das Kamel verdrängt, besonders auf den großen Überlandpisten. Aber es gibt sie noch, die vierbeinigen Wüstenschiffe, denn auf unzugänglichen und kleinen Routen sind ihre Dienste weiterhin unentbehrlich. Man kann sogar noch große Herden sehen, denn ein erwirtschafteter Gewinn wird meist nicht auf die Bank getragen, sondern wieder in Kamelen angelegt, da mit der Herdenvergrößerung auch das Ansehen des Besitzers wächst. Etwa 300 bis 500 DM bezahlt man für ein gesundes Tier, und Eigentümer von mehr als 50 Kamelen gelten als reich.

Es war ein Deutscher, Heinrich Barth, der auf einer seiner Forschungsreisen durch die Sahara als erster Europäer überhaupt um 1860 dieses Agadez fand und die Stadt beschrieb. Sicherlich hat sich seither außer den wenigen Kraftfahrzeugen, dem elektrischen Strom und zwei Hotels kaum etwas verändert.

Komme ich einmal wieder hierher, werde ich das alte verlassene Haus am kleinen Markt besteigen, in dem ich mich eine Woche lang aufgehalten und unter einem Sternenhimmel geschlafen habe, wie ihn Europa nie sehen wird.

Morgens werde ich dann wieder zu Hassan, dem Wasserverkäufer gehen – gegrüßet seist du, o Fremder – und ihn fragen, ob man für 7 Pfennig immer noch 5 Liter Wasser bekommt, die ich damals täglich getrunken habe.

Ich werde wieder zum „Big Boy" gehen und mir seine guten Makkaronis bestellen, und auf dem Nachhauseweg werden die Händler wie eh und je bis spät in die Nacht vor ihren Brettertischen sitzen und auf Kundschaft warten. Ich könnte im flackernden Schein Dutzender selbstgemachter Petroleumlämpchen noch eine Zigarette rauchen, die einzeln verkauft werden, und wenn sich drüben wieder bei der Bar an der Ecke Burschen und Mädchen treffen, könnte ich noch lange ihr Lachen und Scherzen auf dem flachen Hausdach hören, wo ich inzwischen in meinen Schlafsack gekrochen bin.

Eine Höllenfahrt

Nach einer Woche Aufenthalt habe ich Agadez wieder verlassen, auf einem weiteren Lastwagen, Kurs Westen, wo tausend Kilometer entfernt unter dem Horizont Niamey liegt.

Um es gleich zu sagen: Die Fahrt wurde ein Martyrium! Eingekeilt zwischen Zwiebelsäcken, Unmengen leerer Konservendosen und dem Gepäck meiner etwa 25 schwarzen Mitreisenden, also Ziegen und überquellenden Koffern, saß ich schicksals- und gottergeben. So rumpelten wir aus Agadez hinaus, die Luft war zum Ersticken vor Staub- und Schweißgeruch. Eine hochgezogene Blechverkleidung versperrte die Sicht nach außen, und über uns brannte gnadenlos die Sonne Afrikas, deren Glut in dem abzugslosen Wageninnern loderte.

Ich weiß nicht mehr, wieviel Hitzegrade es überhaupt waren, ich weiß auch nicht mehr, wie laut das Geschepper der herumfliegenden Blechbüchsen und das jämmerliche Gemecker der Ziegen war, aber es hat gereicht, um bei einigen alten Frauen Erbrechen auszulösen. Sie übergaben sich über ihre Nächsten, da ja alle wie Ölsardinen zusammengequetscht saßen. Eine versuchte wenigstens, ihren Mageninhalt in einer Schüssel aufzufangen und ihn über die Seitenwand zu kippen, was sie aber nicht hätte tun sollen, denn die ganze Brühe wurde nun vom Fahrtwind wieder hereingedrückt und hing dann fein verteilt auf den Köpfen und Gesichtern der Hintensitzenden, zu denen auch ich gehörte. Im ersten Augenblick war es sogar kühlend, wirklich!

Nun war ich ja schon einiges gewöhnt, seit ich durch die Sahara reiste, und nahm daher diese Dusche mit einer beinah genauso fatalen Ruhe wie meine Mitfahrer auf mich, aber als sich dann auch noch aus den entsetzlich stinkenden, halbverfaulten Rinderhäuten, auf denen ich saß, kleine fette weiße Würmer herausbohrten und mir die Beine hochkrochen, da schnappte ich nach letzter Luft . . .

Nach Tagesreisen von drei- bis vierhundert Kilometern wurde abends in irgendeinem Nest angehalten. Dann torkelte man – in Stücke geschüttelt – von der Pritsche herunter und schlief am Straßenrand ein, so wie man war: dreckig, schweißig, hungrig.

In den Ortschaften fielen mir die vielen bettelnden Kinder und die vielen älteren Menschen auf. Die kleinen Märkte boten fast nichts an, außer teuren Fruchtkonserven und Ölsardinen. Die Menschen wirkten ausgelaugt und apathisch.

Anderntags ging es mit neuen Leuten und neuer Ladung weiter, aber noch immer über die gleiche Wellblechfolter, so daß nach einer Stunde Fahrt wieder alles zu einem Eintopf aus Zwiebeln, Flaschen, Kartons, Büchsen, Säcken, Koffern und einem Fahrrad durcheinandergewirbelt war. Fuhren wir auf Querfeldeinfahrten abgelegene Dörfer an, so schlitterte der Wagen oftmals in ausgetrocknete Flußbetten, aus denen er mit aufheulendem Motor und durchdrehenden Rädern wieder herausächzte.

Zog ich mich an der Wagenbrüstung hoch, um einen Blick auf das Land zu erhaschen, verbrannte ich mir die Finger an glühend heißem Metall. Hinter uns zog in dicken Schwaden aufgewirbelter roter Staub, legte sich auf die verdorrte Steppe und auf meine Brillengläser, bis ich alles rosarot sah. Trotzdem nahm ich die Tierkadaver und ausgebleichten Gerippe am Pistenrand wahr. Die Brunnen waren immer dicht von Menschen und Vieh umlagert. Ich konnte nicht genau aus-

Der Holzrand dieses Brunnens ist von dem tausendfachen Heraufziehen der Wassereimer fast zersägt

machen, ob die Menschen uns nur zuwinkten oder etwas von uns wollten.

Am dritten Tag waren wir schließlich in Disso angelangt, dem Pisten- und Straßenschnittpunkt im südlichen Niger. Urplötzlich endete das Rumpeln, und wir rollten auf einer geteerten Straße – gab es das noch?

Ja, das gab es noch! Guten, festen, ehrlichen Asphalt! 2500 km Sahara und eine vierwöchige Gewalttour lagen hinter mir!

2500 km Poltern und Dröhnen, das Pistenfahren war zu Ende!

Ich schickte ein Stoßgebet zum Himmel vor Erleichterung.

Kreuzlahm und mit weichen Knien sprang ich vom Lkw, das Fahrrad wurde mir herabgereicht. Als erstes mußte ich sämtliche lockeren Schrauben nachziehen, einige waren schon verschwunden. Ich sah mich um und entdeckte neben ein paar Hütten einen Brunnen. Endlich Wasser! Ungeachtet der Vorübergehenden legte ich mich mit der Badehose unter das Rohr, aus dem mindestens 35° warmes Wasser floß. Der Staub, Schweiß und Dreck von Tagen wurde abgespült.

Ich faßte etwas Proviant, hartes Stangenbrot und Corned beef, füllte alle meine Flaschen auf und schwang mich in den Sattel. Es gab nur eine Straße aus dem Dorf. „Nach Niamey“ stand groß auf einem Straßenschild. Erst spät in der Nacht bin ich dann in die Stadt eingeradelt, die Freude, auf einer guten Straße endlich wieder radfahren zu können, war stärker als alle Hitze an jenem Tag.

Die Hungersnot im Sahel

Am nächsten Morgen führte mich mein Weg zum Hauptpostamt.

„Hermann“, sagte ich und schob meinen Ausweis vor, „poste restante, sind Briefe für mich da?“

Mir wurde gleich ein ganzer Packen überreicht, und im Schatten eines Baumes vergaß ich für eine Weile Afrika. Was gab es Neues in der Heimat?

Doch die Ablenkung war von kurzer Dauer, aus einigen Briefen zog ich Zeitungsausschnitte, überflog die Überschriften: Hungersnot in Westafrika – Sand, Dürre, Tod – Lautloses Sterben – Dürrekatastrophe im Sahel – Sofortaktionen gelaufen – Hunderttausende bedroht!

Im ersten Augenblick wußte ich gar nicht, was damit gemeint war. Aber dann fand ich die Zusammenhänge und die schreckliche Erklärung für die Tierkadaver und Gerippe entlang der Piste, für das Geschrei und die ausgestreckten Hände an den Brunnen – HUNGER!

Das war keine gewöhnliche Bettelei gewesen, hier ging es um das nackte Leben!

Ich holte mein Tagebuch aus den Packtaschen und blätterte zurück.

22. 4. 73, Agadez: Heute Ostern, gehe spazieren, komme vor Stadt, Pferdekadaver liegt immer noch da, an den gebrochenen Augen hän-

gen jetzt Trauben von Fliegen. Gehe zu den Zelten, sehr sehr viele, die meisten schäbig, auch welche aus Lumpen und Kartons gemacht, Kinder mit aufgeblähten Bäuchen, Frauen, die aussehen, als hätten sie nie gelacht, ausgemergelte Männer, Halbwüchsige betteln mich an. Alter Mann wäscht sich aus blauem Teekännchen Hände und Mund, verneigt sich in Richtung Mekka, murmelt Abendgebet.

Dann verglich ich diese Eintragungen mit den Korrespondentenberichten der Zeitungen, die ich geschickt bekam.

„. . . vor Agadez sind Nomaden zusammengeströmt, sie haben die Wüste verlassen und ziehen auf der Suche nach Wasser südwärts. Die Hirtenvölker der Peulh und Tuareg haben fast den gesamten Besitz verloren, sie sind zu Bettlern herabgesunken. Geduldig warten sie, bis sie eine Handvoll Hirse bekommen, andere haben resigniert. Nach vier Jahren Mißernten ist jetzt die Not zur Katastrophe geworden. Abseits der Durchgangspisten sind schon Tausende von Tieren krepiert, nur die kräftigsten Nomaden haben Agadez erreicht, eine Spur von Tierkadavern hinter sich herziehend. Europäische Sofortprogramme laufen an, Milchpulver und lebenswichtige Versorgungsgüter werden mit Militärmaschinen über den unwegsamen Gebieten abgeworfen. Eine Luftbrücke soll eingerichtet werden, bricht die Versorgung ab, müssen Tausende sterben . . .“

Ich versuchte, mir die Tage in Agadez zurückzurufen. Eigentlich merkte man in der Stadt davon nicht viel, und ich las ja auch keine Zeitung. Wohl wurde ab und zu etwas von „famine“ – Hungersnot – gesprochen, aber wann gab es in diesen Regionen schon genug zu essen!

In den Hotels saßen Touristen, und da war jenes bunte und phantastische Reiterfest vor Ostern, an dem die Frauen in weißen, rotbestickten Blusen und um die Hüfte geschlungenen Indigotüchern pfundweise Silberschmuck spazierenführten. Abends bruzzelten Lämmer auf den Spießen. Auf dem Markt gab es genügend Getreide, und jeden Tag wurde frisch geschlachtet, Fleisch schien nicht teuer zu sein . . .

. . . Natürlich: Es waren die Schafe und Ziegen der Nomaden vor der Stadt, die ihre letzten Tiere für ein Spottgeld verkaufen mußten, um weiterleben zu können. Unvorstellbar, aber die bittere Wahrheit!

Eine Begegnung mit einem Mädchen kam mir in Erinnerung, sie war eine Peulh, eine Angehörige jener schönen, schlanken Rasse, die seit urdenklichen Zeiten den Raum zwischen Urwald und Wüste durchzieht.

Sie zeigte mir eines der kleinen wunderbaren Silberkreuze von Agadez.

„A vendre, monsieur."

„Es ist schön. Gehört es dir?"

„Oui."

„Wieviel willst du dafür?"

„Moins cher, billig, 1000 CFA (ca. 13,– DM)."

Ich betrachtete es genauer, es war weitaus mehr wert, fein ziseliert, reines Silber. Bei den Silberschmieden wäre es erheblich teurer.

„Und warum möchtest du es verkaufen. Dann hast du keinen Schmuck mehr."

„Wir haben kein Geld mehr und nichts mehr zu essen. Deshalb verkaufe ich es."

„Hast du noch andere Kreuze?"

„Nur noch eines, es gehört meiner Schwester."

Ich habe ihr etwas Geld gegeben und das Kreuz nicht genommen, so schön es auch war. Vielleicht trägt sie es heute noch an ihrem Hals.

Ich blätterte weiter.

Tahoua: Lkw kommt abends spät an, furchtbarer Durst, trank ca. 5 Becher Tee, den es überall für 10 Pfennig gibt. Schlafe wieder im Sand, die Nächte jetzt sehr warm. Wache früh auf, gehe durch den Ort, alles liegt im Sand, wie tot, die meisten keine Decke, groteskes Bild.

Birni N'konni: Der Wagen ist ziemlich leer geworden, esse Reis, sandig wie immer. Als ich Plastikteller leer habe, ist mir Kind vor die Füße gekrochen, sieht mich mit seltsam ernsten Augen an. Warum steht es nicht auf? Es kann nicht, Beine verkrüppelt, dünn wie Streichhölzer, schorfbedeckt. Ich kaufe ihm eine Portion Reis, nach drei

Minuten ist der Teller leer, leckt ihn aus, wie lange hat es schon nichts mehr Richtiges zu essen gehabt?

Dogondoutchi: Kaufe Batterie für Taschenlampe für fast zwei Mark. Alter hält Schüssel hin, gebe ihm 100 CFA (ca. 1,30 DM), er schüttelt mir die Hand. Ein Blinder wird von einem Mädchen herumgeführt, leiert Koransuren, leerer Blick nach oben, niemand gibt etwas . . .

All diese Mosaiksteinchen hatten sich jetzt zu einem Bild zusammengefügt, das mir messerscharf ins Bewußtsein drang: Du bist Augenzeuge der beginnenden Hungersnot geworden!

Ich habe meine Briefe und Zeitungsartikel dann wieder zusammengefaltet und auf eine leere Seite im Tagebuch geschrieben:

Wenn die Hirtenvölker noch weiter ihre Rinder, Ziegen und Kamele verlieren, ihren gesamten Besitz also, hat wohl auch ihr Nomadendasein ein Ende. Und ist es nicht demütigend für ein Volk wie die Tuareg, das seit Jahrhunderten auf seine Freiheit stolz ist, nun wie armselige Bettler um eine Handvoll Hirse zu bitten! Die stolzen freien Menschen, die niemand besiegen konnte, werden von der Wüste besiegt.

Zu Gast bei Monsieur Atawel

Niamey ist die Hauptstadt der Republik Niger. Als die Franzosen im vorigen Jahrhundert hier ankamen, bestand der Ort aus einer Ansammlung von Strohhütten. Heute aber ist Niamey die junge Metropole eines Pufferstaates zwischen Arabisch- und Schwarzafrika.

Niamey liegt am Nigerfluß. Er ist der Lebensnerv der Stadt. Eine moderne Brücke überspannt den mächtigen Strom, der jetzt aber in den trockensten Monaten des Jahres zu einem schmalen Rinnsal zusammengeschrumpft ist. Überall stehen Sandbänke und Klippen hervor, so daß der Fluß nur noch mit kleinen Booten befahren werden kann.

In einer Bucht wassern die Pirogen, andere liegen herausgezogen auf dem Ufer. Ich gehe hin, und die Bootsführer laden mich für wenig Geld zu einer Fahrt ein. Ich sage zu, und bald gleitet unsere Piroge langsam auf der Mitte des Flusses dahin. Es ist der längste Strom Westafrikas, über 4000 km schlängelt er sich von Guinea durch Mali, die Niger-Republik bis nach Nigeria, ehe er in den Golf von Guinea mündet. Zahlreiche Forscher versuchten den Lauf des Flusses zu enträtseln und opferten dabei Gesundheit und Leben.

Geschickt treibt der Bootsführer mit seinem Stechpaddel die Piroge stromaufwärts. Er sitzt auf der äußersten Heckspitze, und wir gleiten an blankgewaschenen Felsen vorüber, andere Boote kommen uns entgegen, die Männer rufen sich Grußworte zu. Am Ufer gegenüber liegt das große Haus, wo ich schon seit Tagen wohne.

Wie ich dorthin fand?

Das ist schnell erzählt. Ich mußte Monsieur Atawel, so heißt der Besitzer, Grüße seines Bekannten aus Deutschland ausrichten, und da hat er mich gleich dabehalten. Gemessen an der letzten Zeit ist mir dieses Glück auch zu gönnen, und die Tage bei Monsieur Atawel werden mir ewig in Erinnerung bleiben.

Er arbeitete beim Verkehrsministerium, war ziemlich vermögend, nannte drei Frauen sein eigen, und mich stellte er nach den erlebten Strapazen wieder auf die Beine.

Einmal sagte er zu seinem Diener: „Borro, hol ein paar Hühner, heute abend essen wir mit unserem Gast afrikanisch." Und Borro nahm mein Fahrrad, fuhr damit stolz wie ein König zum Markt, kaufte ein paar Hühner, und als Borro wiederkam, hingen sechs Stück kreischendes Federvieh mit zusammengebundenen Füßen über dem Fahrradlenker. Voilà. Dann hackte Borro den armen Hühnern mit seinem größten Messer die Köpfe ab, ließ sie zum Gaudium der Kinder noch ein paar Sekunden herumrennen und begann dann mit Rupfen und Kochen.

„Drei mit Paprika, drei ohne", befahl Monsieur Atawel, und als alle in der Freiluftküche schön knusprig gebruzzelt waren, war es ungefähr neun Uhr geworden, genau die richtige Zeit, um im heißen Afrika ein ausgedehntes Mahl zu beginnen. Zuerst wurde eine Schüssel mit

Wasser, Seife und Handtuch herumgereicht, dann legten wir los. Zwei Männer (Frauen dürfen selten an einer Männergesellschaft teilnehmen) gegen sechs Hühner und Unmengen von Bier und Whisky.

„Junge, Junge", stöhnte ich nach eineinhalb Stück, „das hält ja vor bis zum Meer runter."

„Nur zu, deutscher Radfahrer! Es ist noch weit bis Kapstadt!"

Unsere Hände und Kinnbacken trieften vor Fett, denn gemäß afrikanischer Sitte verschlangen wir die Hühner ohne Besteck.

Dann „warf ich das Handtuch", mein zusammengeschrumpfter Magen war solchen Mengen einfach nicht mehr gewachsen, und ehe er vollends aus den Fugen krachte, entließ ich lieber die verspeisten Hühner wieder in die Freiheit – schade um die viele Arbeit von Borro.

Aber nicht nur wegen dieser Völlereien werde ich Niamey nie vergessen. Nein, sondern weil ich mich seit Wochen wieder einmal richtig unterhalten konnte, da Atawel fast fließend Deutsch sprach.

So saßen wir abends oftmals vor seinem Haus in bequemen Sesseln und unterhielten uns bei eisgekühlten Getränken über Afrika, Deutschland, meine Fahrt und natürlich auch über die Niger-Republik.

Nachdem unser Gespräch auf die Dürrekatastrophe gekommen war, sagte er:

„Was Sie unterwegs gesehen haben, ist nur ein ganz schwaches Bild der Wirklichkeit. Draußen, abseits der Durchgangspisten, spielen sich Tragödien ab. Wissenschaftler wiesen auf die drohende Entwicklung schon seit Jahren hin, aber die Welt nahm keine Notiz davon. Sehen sie hinunter auf den Fluß. Von Jahr zu Jahr führt er weniger Wasser. Niemand weiß, wo das noch hinführen wird. Aber wenn der Grundwasserspiegel in den fruchtbaren Überschwemmungsgebieten in den nächsten Jahren noch mehr sinkt, dann können unsere Bauern nur noch beten."

Das Eindrucksvollste von Niamey ist ohne Zweifel das Nationalmuseum, das man sich aber nicht als totes Steingebäude mit verstaubten Kunstwerken darin vorstellen darf. Es ist ein Freilichtmuseum mit Häusern und Dörfern der verschiedenen Volksstämme

Auf der Brücke in Niamey. Das Mädchen links trägt drei Zeitalter auf dem Kopf: Blechschüssel, Kürbisschale und Plastikwaren

der Niger-Republik. Man kann da in Ruhe die Bauweise der Halbkugelhütten und Mattenzelte mit den Kralen und Lehmbauten der seßhaft lebenden Stämme vergleichen, ohne daß man dabei, wie in richtigen Dörfern, in den Wohnbereich der Menschen eindringt. Hier aber wird man sogar aufgefordert hereinzukommen, denn die Musterhäuser stehen nicht etwa leer, sondern in ihnen arbeiten Angehörige der betreffenden Stämme. Es sind Handwerker und Künstler, die vor den Augen der staunenden Besucher aus Leder, Metall und Holz wunderbare Dinge herstellen. Man kann sich einen Ring oder eine Ledertasche ganz nach seinen Wünschen anfertigen lassen.

Ich habe aber mehr gesehen als diese bekannte Sehenswürdigkeit. Ich war unten am Fluß, bei den Wäschern, wo Kinder zwischen den zum Trocknen ausgebreiteten Tüchern herumtollen, ich war auf dem Tiermarkt über der Brücke, und ich war immer wieder auf dem Grandmarché, denn Märkte sind Treffpunkte der Menschen. Als ich noch nicht bei Atawel wohnte, ging ich abends immer zu den runden

Marktmammis, die mir laut und fröhlich ihren braunen Reis und eine scharfe Fleischsoße darüber für nicht mehr als 50 Pfennig verkauften. Zu trinken gab's Wasser aus verkratzten Plastikbechern, so viel man wollte.

Hatte man allerdings Lust auf etwas Kaltes – und man will hier in Niamey eigentlich immer etwas Kaltes trinken –, so pfiff ich einem Cola-Jungen, der sofort ein Geschäft witternd seine fahrbare Holzkiste herlenkte, ein Stück Stangeneis (das in einen Rupfensack eingewickelt war) in eine Blechbüchse warf und das gewünschte Getränk hineinkippte. Daß aus der Büchse schon Dutzende andere getrunken hatten, störte bei dem erfrischenden Trunk in der Hand und der glutheißen Luft ringsum nicht weiter.

Auf dem Markt verkaufte ich auch meine letzten warmen Sachen. Der Pullover, der Schal, die Gummiplane, alles fand Interessenten und nach Stunden auch Käufer.

Der Erlös reichte gerade für ein paar neue Plastiksandalen und eine kurze Hose, aber als ich mich damit aufs Fahrrad setzte, um den steilen Abhang zu Atawels Haus hinunterzuschießen, hätte ich laut aufschreien können – der Fahrtwind verbrannte mir fast die Oberschenkel!

Kaum glaubhaft, aber in Niamey war es so heiß.

Die Wetterspalten in der Zeitung meldeten 48 Grad täglich, im Schatten, wohlgemerkt!

Und dazu war die Luft wegen des Flusses schwer und feucht, sie saugte nicht mehr den Hautschweiß auf. Ich bekam eine Schweißdrüsenentzündung, war an Armen und Beinen rot wie eine Tomate. Keinem wünsche ich einen Nigeraufenthalt in den heißesten Monaten des Jahres, im April und Mai. Schon das Schlafen in einem Hotel ohne Klimaanlage ist fast unmöglich! Bei Atawel habe ich das Bettgestell aus meinem Zimmer sofort ins Freie gestellt. Doch mehr als einmal wälzte ich mich schlaflos die halbe Nacht auf Abkühlung wartend von einer Seite auf die andere.

Unentbehrlich für die Nacht wurde ab Niamey das Moskitonetz, denn ohne dieses schützende Stück Stoff wäre man hilflos den

Moskitos, diesen sirrenden Minivampiren ausgeliefert gewesen. Es waren die Vorboten der kommenden feuchtheißen Gebiete, und wenn ich daran dachte, wie schon Millionen ihrer Artgenossen mit gewetzten Saugstacheln hungrig auf mich warteten, waren das weniger schöne Aussichten.

Aber noch befand ich mich in Niamey, eine Woche war schon verstrichen, und das Visum für Nigeria ließ immer noch auf sich warten. Aber dann kam doch die Stunde, wo ich aufatmend meinen Paß mit dem eingedruckten Sichtvermerk von der Botschaft Nigerias wieder abholen konnte, und damit waren – nach zehn Tagen – auch die Ruhetage bei Monsieur Atawel zu Ende.

Ein paar Stunden, nachdem ich meinen Paß in Empfang genommen hatte, schob ich mein Rad aus seinem Garten hinaus, ade, Monsieur Atawel, ade Niamey!

Gutgelaunt und tatendurstig radelte ich zur Ausfallstraße, vor mir lagen rund tausend Kilometer bis hinunter zum Meer. Aber zunächst hieß es noch die 150 km bis Dosso herunterzustrampeln, die ich nicht nochmals unter der Sonne zurücklegen wollte.

Ich umkreiste den kleinen Triumphbogen am Ortsausgang, die letzten Lichter verschwanden, und dann nahm mich die nächtliche Straße auf.

Um die Verdunstungskälte voll ausnützen zu können, fuhr ich nur in kurzer Hose, die Nacht war so warm wie ein Sommertag in Deutschland.

Schwungvoll trat ich in die Pedale, das Radfahren machte wieder Spaß, und Nachtetappen war ich ja von Algerien noch gewöhnt.

Die Landschaft lag ruhig vor mir, und ich hatte die Straße ganz für mich allein, das milchige Licht eines untergehenden Halbmonds war hell genug, um ohne Dynamo fahren zu können. Mitternacht war längst vorbei, als aus einem Dorf eine Gruppe Pferdereiter mit wehenden Umhängen über die Straße preschte und gedämpften Hufschlags von der Nacht verschluckt wurde. Manchmal flackerte von Ansiedlungen noch Feuerschein herüber. Ich hatte gute Fahrt gemacht, das letzte Licht der Mondsichel beleuchtete die geisterhafte

Stimmung: Eine Straße, ein Radfahrer, ein lautloses Gleiten durch die Nacht, sonst nichts . . .

Sonst nichts?

Sekundenlang vermeinte ich, verhaltenes Fauchen und Hecheln hinter mir zu hören . . . Doch nicht etwa ein Raubtier?

In Niamey hatte man mich öfter vor Löwen gewarnt, ob im Spaß oder Ernst, hatte ich nie herausfinden können.

Aber ehe ich diesem Schreckensgedanken weiter nachhängen konnte, prallten auch schon von beiden Seiten kläffende Schatten gegen mich . . . Hunde! Lautlos waren sie mir aus einem Dorf gefolgt. Der fremde Geruch mochte ihre Jagdlust geweckt haben. Sie schnappten nach meinen Beinen, verbissen sich in die Packtaschen, ein wütendes Gebelfer ausstoßend. Ich riß die Luftpumpe aus der Halterung, und während ich immer noch angsterfüllt wie verrückt in die Pedale trat, schlug ich mit schnellen Schlägen auf die anspringenden Körper, ein-, drei-, vier-, fünfmal! Ein jaulendes Aufheulen zeigte an, daß ich gut getroffen hatte, dann hatte ich sie abgeschüttelt . . .

Mir saß der Schrecken so in den Gliedern, daß ich die ganze Nacht nicht ein einziges Mal mehr angehalten habe. Als sich die bienenkorb-

Endlich zeichnen sich die bienenkorbartigen Hütten eines Dorfes gegen den Morgenhimmel ab

artigen Hütten eines Dorfes gegen den schmalen Morgenstreif im Osten abhoben, waren es noch 30 Kilometer bis Dosso. Unendlich langsam drehten sich die Zahlen des Kilometerzählers, und ich kippte vor Müdigkeit fast vom Rad. Aber ich mußte durchhalten, wenn ich mich nicht bald in heißer Sonne weiterquälen wollte. Ich schüttete mir das letzte Wasser über den Kopf und erreichte unter Aufbietung der letzten Kräfte gegen neun Uhr Dosso. Dort ließ ich mich in den Schatten einer Teebude fallen und stand bis zum Abend nicht mehr auf, so ausgepumpt war ich von dieser Marathonfahrt. Essen konnte ich nichts, nur Wasser habe ich getrunken, literweise.

In zwei weiteren Tagen fuhr ich hinunter bis zur Grenze von Dahome, dem heutigen Benin. Die Abfertigung ging rasch. Eine weitgeschwungene Brücke überspannt den Nigerfluß, der hier den Grenzverlauf bildet, und als ich ihn unter mir fließen sah, dachte ich: Vielleicht sehe ich dich auch noch ein drittes Mal, ein paar Wochen älter und um rund 1500 Kilometer ‚erfahrener'. Dann war die Brücke zu Ende, und ein Schlagbaum versperrte mir die Weiterfahrt. Dahinter zeigte sich das bunte Bild eines Straßenmarktes, es war ein Sonntagmorgen, acht Uhr. Ein schriller Pfiff aus einer Trillerpfeife – das Marktgeplapper verstummte, aus dem kleinen Grenzgebäude trat ein Uniformierter. Feierlich zog dieser nun die Nationalflagge von Dahome hoch und musterte dabei streng seine Landsleute, auf daß auch jeder der rot-gelb-grünen Fahne seinen Respekt erweise!

Ein weiterer Pfiff – wegtreten! Die Zeremonie war beendet, der Grenzübergang für diesen Tag damit offiziell geöffnet, der Schlagbaum schwenkte hoch.

Als Deutscher brauchte man für Dahome kein Einreisevisum (das gleiche gilt für Benin), deshalb war die Kontrolle meines Passes auch eine kurze Formalität.

Ich schob mein Rad zur nächsten Bananenverkäuferin, schnallte gleich einen halben Ring davon auf den Gepäckträger, kaufte mir noch einen neuen, breitkrempigen Strohhut, und ab ging's, hinein nach Dahome.

Ich gebe zu, die vergangenen zwei Monate waren nicht leicht gewesen. Kümmerliche Nahrung und Höchstleistungen auf dem Rad, Anpassung an andere Lebensweisen und die immer wieder unvorstellbare Hitze verlangten dem Körper und den Nerven das Äußerste ab – es gab Stunden, in denen ich wünschte, wieder daheim zu sein!

Den Belastungen gegenüber standen aber Begegnungen mit Menschen fremder Völker, dem nie gekannten Gefühl vollkommener Freiheit und nun das Bewußtsein, es „geschafft", die größte Wüste der Erde mit Fahrrad und Lastwagen bezwungen zu haben.

Vor mir liegt die Savanne und dahinter die Tropen, radelnd geht es ihnen entgegen!

In der Geborgenheit der Savanne

Die ersten Tage in Dahome führten mich durch die karge Vegetation des Nordens. Ich sah abgeerntete Hirse- und Maisfelder, manchmal einen Streifen Land mit Baumwolle und Erdnüssen bepflanzt und dazwischen schon zaghaftes Grün, ein Erlebnis für die Augen, die wochenlang nur Sand und Steine gesehen haben.

Dieses Norddahome ist ein herbes Land, verschlossen gegenüber Fremden durch Hitze und Unzugänglichkeit. Aber es ist zugleich ein Land, in dem der Fremde freundlich aufgenommen und willkommen geheißen wird, und wo er Afrika noch erleben kann, wo es am ursprünglichsten ist, nämlich in der Savanne.

Kam ich abends in ein Dorf – und die kleinen Dörfer mit ihren runden, strohgedeckten Hütten waren unschwer ausfindig zu machen, sie lagen keine halbe Fahrradstunde von der Hauptstraße entfernt an Seitenwegen –, so waren es fast immer die Kinder, die mich zuerst entdeckten, und während ich vom Sattel stieg, mir den Schweiß von der Stirn wischte und das Rad an eine Hütte lehnte, umringte mich auch schon das erste Dutzend Dorfbewohner.

Mit einer Mischung aus Respekt und Belustigung wurde ich beäugt und bestaunt. Ein Weißer, mit einem Fahrrad, allein, und bei uns will er übernachten – nein, so was, das haben selbst wir Alte noch nicht erlebt! Was bloß den „Yovos", den Weißen, nicht noch alles einfällt, auf einem Fahrrad bis hinunter ans Meer zu fahren, das noch so viele Tagesreisen entfernt ist! Entweder ist dieses verschrobene Exemplar der weißen Rasse wirklich arm (man stelle sich vor: ein Weißer ohne Auto!) oder ein ganz Gefährlicher, vielleicht ein Spion oder sonstwas, wer weiß!

Vermutungen dieser Art sprühten ihnen förmlich aus den Augen, geduldig lächelnd beantwortete ich ihre Fragen.

„Nein, mich schickt nicht die Regierung, sie bezahlt mich auch nicht, ich mache keine Verwandtenbesuche in Afrika, ich möchte auch nicht für immer hier bleiben, non, schon morgen fahre ich weiter . . ."

Für diese einfachen Menschen war ich ein wunderliches Ereignis, gelinde gesagt. Aber warum nicht, man stelle sich vor, ein Kongoneger radelt durch den Bayrischen Wald, der Menschenauflauf ist vielleicht noch größer!

In der Trockensavanne haben die Hütten noch Rundform und Kegeldächer

Daher ließ ich mich und die Ausrüstung auch weiter ruhig anstarren, den verstaubten Drahtesel, den Kilometerzähler und die Gangschaltung – ah, wie funktioniert denn so was? Moment, ich zeig's euch, halt mal einer das Hinterrad hoch, ja, so!

Ihr meist spontanes Anerbieten, in einer Hütte zu nächtigen, habe ich fast immer lächelnd ausgeschlagen, nicht weil es mir unangenehm gewesen wäre, sondern weil ich es einfach vorzog und so auch wochenlang gewohnt war, im Freien zu schlafen.

Bevor es dunkel wurde, legte ich meine Isoliermatte auf den Boden und spannte darüber das Moskitonetz, dabei entging keine meiner Bewegungen den herumkrabbelnden Kindern.

Von Wichtigkeit war das allabendliche Abkochen des oft sehr schmutzigen Brunnenwassers für den nächsten Tag. Überall brannten Kochfeuer, und so stellte ich meinen zerbeulten Aluminiumtopf auf drei Steine, fächerte Luft darunter und bald sprudelte das Wasser so auf, daß ich mühelos den braunen Schaum mit einem Löffel abschöpfen konnte. Fand sich dann gar noch ein übriggebliebener Teebeutel im Gepäck, so braute ich mit Zucker eine süße, dampfende Köstlichkeit, von der alle gleich zweimal probieren wollten.

Wissen Sie aber, wann die schönsten Minuten der afrikanischen Dorfabende kamen? Wenn ich mit einem Handtuch behängt den Weg zum Brunnen einschlug, dort das Hanfseil hinunterließ und dann Eimer um Eimer Wasser über den staubigen, schweißverklebten Körper schüttete. Ein Labsal, das Naß an der sonnenverbrannten Haut herunterrinnen zu spüren.

Wie die Afrikaner, nur ein Tuch um die Hüfte geschlungen, saß ich dann nachher bei ihnen und trank Hirsebier, erzählte noch ein bißchen, lauschte der Musik der Stampfmörser, bis schließlich über den verglimmenden Feuern nur noch eine dünne Rauchsäule stand und die Dorfbewohner sich nach und nach zurückzogen. Dann kroch auch ich unter mein Fliegennetz und ließ den Tag nochmals in Gedanken vorüberziehen, denn einschlafen konnte ich sowieso nicht gleich: ein paar Hütten vornean wurde weitergescherzt und gelacht, mir gegenüber zupfte ein Junge verträumt seine selbstgebastelte Gitarre, ein Hund bellte den Mond an, eine Frau stampfte noch etwas Mais, vom Busch draußen schrie ein Tier, und ich lag aufgenommen inmitten dieser Dorfgemeinschaft, war geschützt und geborgen. Afrika lernte ich in der Savanne lieben . . .

Es ist früher Morgen. Ich fahre weiter durch Dahome. Der Himmel ist bedeckt, und die Sonne hat noch keine Macht. Doch um elf dröhnt die Hitze wieder, und alle Wolken sind von der Sonne aufgefressen. Auf meiner Karte ist die Straße als unterbrochene Linie eingezeichnet, in Wirklichkeit heißt das: ich muß Schlaglöcher umkurven, roten Staub schlucken und kopfgroßen Steinen ausweichen. Komme ich durch ein Dorf, so schreien die Kinder „cadeau, cadeau – gib Geschenk, Geschenk!"

Als ich vierzig Kilometer gefahren bin, halte ich an, es ist einfach zu heiß, ich will den Nachmittag abwarten.

Im kurzen, aber breiten Schatten eines Affenbrotbaumes gleich neben der Straße verdöse ich ein paar Stunden. Dann raffe ich mich

Brunnen sind Treffpunkte des Dorflebens

wieder auf. Ich ziehe mir meine Socken als Handschuhe an, damit sich die Handrücken nicht vollends in Blasen auflösen.

Im nächsten Ort ist ein großer Markt. Der Platz hallt von dem Lärm der Marktfrauen und der dudelnden Musik aus Transistorradios. Auf wackligen Holztischen und ausgebreiteten Tüchern liegen Mangofrüchte, Kolanüsse, Yamswurzeln, Erdnüsse, Eier, Gewürze, buntes Email, und in der Luft steht der Geruch von Pfeffersuppen und gerösteten Maiskolben.

Einer Bretterbar mit richtig gekühlten Getränken kann ich nicht lange widerstehen. Ich kaufe mir gleich zwei Flaschen eines teuren Fruchtsaftes und setze mich unter das Vordach eines Hauses. Kinder kommen von der Nachmittagsschule, die Mädchen in blauen Kleidchen und die Jungen in grünen Hosen und Hemden. Viele gehen barfuß, und alle haben die Bleistifte in ihr dichtes schwarzes Kraushaar gesteckt. Bald bin ich von der ganzen Schar umringt, bis ein Mädchen von vielleicht achtzehn Jahren aus der Tür tritt und die Kinder verscheucht. Sie trägt ein buntgemustertes Umschlagtuch und fragt mich in höflichem, singendem Französisch, wie ich heiße und wo ich herkomme. Erst als sie sich neben mich setzt, sehe ich, wie kunstvoll die Zöpfchen geflochten sind, die wie kleine Antennen vom Kopf abstehen. Ein kleiner Junge mit dünnen Beinen humpelt auf einer roh geschnitzten Krücke vorbei – Kinderlähmung.

Auf der anderen Straßenseite stehen dichtbelaubte Mangobäume. Als ihre Schatten länger werden, verabschiede ich mich und fahre weiter. Die Landschaft ist immer noch eintönig und der Weg nicht besser. Knöcherne Silhouetten kahler Bäume sind meine Begleiter, ab und zu ein staubaufwirbelndes Auto. Weit vorne schaukelt ein anderes Fahrrad die Straße entlang, bald habe ich den Burschen und seinen Freund eingeholt, der hinten auf dem Gepäckträger sitzt. Wir steigen ab und bestaunen gegenseitig unsere Räder. Ich lese ihm seinen Wunsch von den Augen ab, auch einmal ein solch modernes Rad fahren zu dürfen, und dann kutschieren wir nebeneinander her, er auf einem schnittigen, schmalspurigen Sportrad und ich auf dem Gepäckträger eines uralten Stahlrosses, das nur noch ein Pedal, aber dafür eine Menge rostiger

Federn als Sattel und eine riesige Motorradlampe als Galionsfigur hat.

In seinem Dorf angekommen, stellt mich Benoit, so heißt der Junge, seiner Familie vor, und der Großvater begrüßt mich mit der uralten Form des Handschlags von Westafrika: die hochgestreckten Daumen umfassen sich wechselseitig und nach dem Loslassen der Hände schnalzt man Daumen und Mittelfinger gegeneinander – bonne arrivée: Herzlich willkommen!

Ich werde hier über Nacht bleiben. Zuvor schaue ich mich noch ein wenig im Dorf um.

Die Behausungen sind rund oder rechteckig, die Wände bestehen aus Stangen und Pfählen, die mit Ruten durchflochten und mit Lehm ausgefacht sind. Die meisten besitzen keine Fenster. Mir fallen einige Speicheranlagen auf: die lange Trockenzeit zwingt die Menschen, Vorräte anzulegen.

Zwischen den gruppenförmig angeordneten Hütten spielen dickbäuchige Kinder und scharren Hühner im Sand, ein paar Schweinchen zotteln ins Dickicht ab.

Ein lautes Schreien lockt mich zu einer Gruppe von Frauen, die versuchen, ein junges Mädchen in eine Hütte zu zerren.

„Was ist los?“ frage ich. „Eine Hochzeit, sie heiratet morgen“, bekomme ich zur Antwort. Unauffällig schiebe ich mich in den dunklen Raum, in den das Mädchen inzwischen hineingezogen wurde und erhasche durch hin- und herfliegende Hände, Füße und Köpfe einen Blick des Geschehens: Sie liegt nackt und immer lauter schreiend am Boden und wird von den Frauen festgehalten, einige beginnen, aus Krügen und mit vollen Händen eine kuhdungähnliche Masse auf den schlanken Körper zu klatschen. Bald sieht sie aus, als wäre sie soeben einem Moorbad entstiegen.

Ich warte draußen, man bringt die leise Wimmernde in Decken gehüllt zum Brunnen, wo sie abgeschirmt von den dicht stehenden Frauen gewaschen wird ... seltsame Hochzeitsbräuche.

Als die Nacht hereinbricht, sitze ich im Freien in einer Männerrunde, und eine Flasche mit Palmschnaps kreist. Einer bringt eine Trommel, wie ich sie noch nie gesehen habe: Sanduhrenähnliche

Dieser Bariba zeigt mir seine Treffsicherheit mit Pfeil und Bogen

Form, ringsum mit Schnüren bespannt, oben und unten ein straff gespanntes Fell. Er klemmt sie unter den linken Arm und schlägt dann mit dem gebogenen Trommelstock auf das Fell, während die flache linke Hand synkopisch dazu den Gegentakt wirbelt. Gleichzeitig wird die Spannung der Schnüre durch Pressen und Loslassen verändert, so daß das Tamtam dazu noch auf- und abschwillt.

Immer schneller und härter trifft der Krummstock auf das Fell, der Trommler steigert sich durch Zurufe in ein wahnwitziges Tempo hinein. Vor mir springen welche auf, stampfen mit den Beinen und wiegen die Schultern im Rhythmus des abgehackten Händeklatschens der Umstehenden. Die Tänzer knicken in die Knie, einer schießt vor und feuert den Trommler mit Handbewegungen weiter an, der daraufhin mit irrsinnigen Wirbeln das Instrument bearbeitet, bis das Stakkato nicht mehr zu steigern ist und die Tanzenden nach urplötzlichem Abbruch zuckend auf den Boden fallen, eine atemberaubende Szenerie.

Dem Meer entgegen

Dahome ist ein kleines Land. In Form einer zur Faust geballten Hand liegt es zwischen dem Riesen Nigeria und dem noch kleineren Togo. Während die schon weit hinter mir liegende Niger-Republik fast nur aus Wüste und Steppe besteht, dehnt sich Dahome von einer trockenheißen Nordzone bis zu einer schwülwarmen Küstenregion.

Ich befinde mich nun etwa im südlichen Drittel des siebenhundert Kilometer langen „Handtuchstaates“, und ein vollkommener Wechsel der Landschaft hat stattgefunden. Alles ist grün. Grün in sämtlichen Schattierungen. Aus der Savanne ist endgültig Wald geworden. Es ist nicht mehr so heiß, dafür dauernd feucht und schwül, selbst in den Nachtstunden. Das Atmen macht in dieser Luft Mühe, und oftmals muß ich am Nachmittag vor dem Regen unter ein Dach flüchten.

In den Dörfern war ich immer von einer großen Kinderschar umringt

Die noch immer ungepflasterte, aber flott befahrbare Straße säumen Bambus- und Bananenstauden. Es kommen Hügel und kleine Flüsse, Ananasfelder und Ölpalmen. Sie wachsen immer dichter, werden zu Wäldern, und eines Tages spüre ich vor der Stadt Bohicon wieder guten, griffigen Asphalt unter den Reifen, ein Schild steht am Straßenrand: „Cotonou 120 km“ – so weit ist es noch bis zum Meer!

In Bohicon werde ich von einem jungen Amerikaner angesprochen, der als Austauschlehrer in Dahome unterrichtet. Er lädt mich ein, bei ihm zu übernachten, und als ich am anderen Nachmittag wieder aufbreche, gibt mir der gastfreundliche Amerikaner eine Auskunft mit auf den Weg, die mein Herz höher schlagen läßt. Etwa fünfzig Kilometer von hier befinde sich eine landwirtschaftliche Versuchsstation des Deutschen Entwicklungsdienstes, da könne ich bestimmt Landsleute treffen!

Auf dem festen Belag rollt das Rad wie von selbst, und drei Stunden später dirigiert mich ein Schild in den Busch hinein. „Tori Cada – services des volontaires allemands“ steht drauf!

Ich fahre zwischen Zuckerrohr und Yamsfeldern nach Westen. Nach einer halben Stunde gabelt sich der Grasweg, und ich weiß nicht, welche Richtung ich einschlagen soll. Mein kurzes Warten lohnt sich, denn ein hinzukommender schwarzer Landarbeiter kann mir Auskunft geben, und dann stehe ich eben bei Sonnenuntergang vor einem Steingebäude, aus dem ein Weißer heraustritt.

„Ja do schau her, a Radlfahrer, wo kommst denn du her!“ Mit diesen Worten begrüßt mich Johann, der gebürtiger Österreicher und nicht schlecht überrascht ist, noch so spät Besuch zu bekommen und dazu von einem Fahrradfahrer aus Deutschland. Er arbeitet für den Deutschen Entwicklungsdienst als Polier beim Krankenhaus- und Brunnenbau und wohnt hier mitten im Busch. Neben einem Garten hält er sich noch einen halben Zoo von Hühnern, Gänsen, Affen, Hasen, Enten und Tauben hinter dem Haus, die ich sogleich bewundern muß. Nachdem ich ihm in Stichworten von meiner Fahrt erzählt habe, bekomme ich zu einem kräftigen Vesper als Willkommenstrunk ein echtes deutsches Bier hingestellt, das mir wie flüssiges Manna erscheint. Apropos Bier! Außer seinen Tieren und Radieschen hat Johann in seiner einfachen Küche auch zwei gasbetriebene Kühlschränke stehen. Der eine ist unentbehrlich für die Lebensmittel und der andere noch wichtiger, der dient nämlich der kühlen Lagerung seines in diesen Breiten kostbaren Gerstensaftes!

Später sitzen wir noch gemütlich auf der Terrasse und plaudern. Hinter uns gackert das Federvieh, vor uns wiegen sich die Scherenschnitte der Plamen gegen den Nachthimmel, von einem nahen Dorf dröhnen Tanztrommeln, und über allem hängt ein großer afrikanischer Vollmond. An der dritten Stange vor dem Haus hat Johann mir zu Ehren die Flagge der Bundesrepublik zwischen der von Österreich und Dahome hochgezogen, in seinem Radiosuper gabelt er tatsächlich einen deutschen Sender auf, und ein bekannter Schlagerstar singt von Sehnsucht, Palmen und warmen Nächten, die hier Wirklichkeit geworden sind, wie die Batterie leerer Flaschen, die bequemen afrikanischen Schaukelstühle und die wunderbar würzige Tropennacht . . .

Der nächste Tag war ein Sonnabend, und Johann mußte zum Einkaufen nach Cotonou. Zu gerne wäre ich die letzten Kilometer bis zum Golf von Guinea vollends geradelt, doch Johann packte kurzentschlossen Rad und mich in seinen Kombiwagen, und so erreichte ich zwar schnell, aber wenig sportlich das langersehnte Meer, das ich vor zweieinhalb Monaten in Algier zum letztenmal gesehen hatte.

Voll Übermut stürzte ich mich in die Brandung, es war ein herrliches, prickelndes Bad, das noch erfrischender wurde, sobald ich auch nur ganz kurz an jene Tage zwischen El Golea und In Salah oder an die Lastwagenfahrt nach Niamey dachte.

Den ganzen Nachmittag lag ich am Strand, schäumend rollte das türkisgrüne Wasser gegen den weißen Sand. Die dunkelgrünen Palmen und die Konturen der Fischerboote draußen waren ein Bild des Friedens und der Ruhe, wie es schöner nicht hätte sein können.

Doch vor nicht allzulanger Zeit hieß dieser Meeresstreifen noch die „Sklavenküste", und hier spielte sich eine der furchtbarsten Epochen des Schwarzen Kontinents ab, die Zusammentreibung und Verschiffung von Sklaven! Man schätzt, daß im 18. und 19. Jahrhundert etwa 10 Millionen Afrikaner in die Schiffe gepfropft und nach Amerika gebracht wurden.

Jetzt ist das zwar alles vorbei, der Sklavenhandel ist hier zu einer nebelhaften Erinnerung geworden. Aber unter dieser Ausblutung, dieser Verschleppung und Tötung von Millionen seiner besten Menschen, hat Afrika heute noch in vielfacher Hinsicht zu leiden.

Entwicklungshelfer und Fetischeure

Die Tage in Cotonou – ich wohnte im Gästehaus des DED (Deutscher Entwicklungsdienst) – waren ausgefüllt mit Besorgungen, Briefeschreiben und dem Studium der Landesverhältnisse.

Ein Entwicklungshelfer, der schon über ein Jahr in Dahome war und gar nicht weit von meinem Heimatort herstammte, machte mir den Vorschlag, doch einmal mit hinauszukommen, um die Arbeit des DED „vor Ort" kennenzulernen.

„Bestimmt kannst du dabei weitere interessante Dinge von Dahome sehen", meinte er. „Ich arbeite in einem abgelegenen Gebiet nahe der Togo-Grenze". Das war ein Angebot, das ich unmöglich ausschlagen konnte! Denn daß dieses Land eines der ursprünglichsten Gebiete ganz Westafrikas ist, wußte ich nicht nur aus Gesprächen mit weiteren Entwicklungshelfern, sondern ich selbst hatte bei meiner Fahrt durch Dahome immer wieder die merkwürdigsten Dinge erlebt und gesehen.

Da waren zum einen jene seltsamen Lehmfiguren, die man überall unter Hütten am Wege stehend oder in den Dörfern sehen konnte. Die Bedeutung und die Zusammenhänge waren mir bisher aber nicht so richtig klargeworden.

„Das hängt mit der Naturreligion und dem Ahnenkult der Bevölkerung zusammen, und um das genauer erklären zu können, muß ich ein wenig ausholen. Auch ich konnte den Sinn dieser Fetischfiguren, wie man dazu sagt, anfangs nicht verstehen."

So begann Helmut – er hieß wie ich – seine Erklärung über den Fetischglauben. Wir brausten inzwischen im Auto über Dahomes Naturstraßen nach Nordwesten, Richtung Monofluß, das Rad und meine wichtigsten Sachen lagen hinten auf der Ladefläche. Er fuhr fort:

„Der weitaus größte Teil der Stämme Dahomes lebt noch in der Glaubens- und Vorstellungswelt seiner Vorfahren, sie sind also Animisten. Für diese Menschen ist das Leben noch etwas Geheimnisvolles, Mysteriöses, das vom höchsten Gott geschaffen wurde, und dieser Gott wiederum ist für sie unerreichbar, unerklärbar. Aber es gibt etwas, was diesen größten Gott mit den Menschen verbindet, und das sind die Verstorbenen, die Ahnen, da ja die allerersten Menschen von Gott selbst geschaffen wurden. Diese Vorfahren bilden die unsichtbare Kette zwischen Gott und den Lebenden. Das muß man wissen, wenn man verstehen will, warum die Vorfahren für einen Afrikaner so verehrenswürdig sind. Die Urahnen eines Stammes

Grasbedeckte Fetischhäuschen in Süddahome

wachen nämlich auch noch nach ihrem Tod über den richtigen Lebenswandel der Nachfahren, die Urahnen haben die Moral und Gesetze festgelegt. Ehrt man sie gebührend, so leisten sie mächtige Hilfe für ein sicheres und reiches Leben. Übergeht oder beleidigt man sie, so werden sie zu gefährlichen Feinden!

Und um nun auf deine Frage nach den Lehmfiguren zurückzukommen: Sie stellen versinnbildlicht jene Ahnen dar. Dabei müssen es nicht immer die Urvorväter eines Stammes sein, sondern es sind auch erst jüngst Verstorbene, die man auf solche Art ehrt und in Gedenken hält."

„Aber warum bringt man den Figuren Speisen und Getränke?" fragte ich.

„Für einen Afrikaner ist ein Verstorbener erst dann ‚richtig' tot, wenn keiner seiner Nachkommen mehr sich an den Verstorbenen erinnern kann. Deshalb muß den Toten auch weiterhin Nahrung gebracht werden, im weiteren Sinne ist das mehr symbolisch zu verstehen, genauso wie die Grabbeigaben anderer Völker."

Wir bogen in einen noch engeren Weg ein, fuhren durch Wasserlachen, so daß der Schlamm hoch aufspritzte, kamen an Hütten vorbei, und einige Kinder winkten uns zu, sie schienen das Auto zu kennen.

„Wir sind bald am Ziel, schnell noch ein paar Worte über die Wudus, die Geister, die mit ihrem Wirken den Ahnen keineswegs nachstehen. Dieses Wudus sind weitere unsichtbare ‚Wächter' über die Stammesgemeinschaft. So werden alle Naturerscheinungen, wie Donner, Blitze, Wasserstrudel, Regenbogen, Sonnenfinsternisse, deren Entstehung für die einfachen Menschen unerklärlich ist, als Kräfte der Geister gedeutet. Sinnbilder oder Fetische der Geister sind bestimmte Pflanzen, hohe Bäume und Tiere, aber auch leblose Dinge, wie Knochenamulette, Fellstücke und Tierzähne. Auch ihnen müssen Opfer gebracht werden, um ihre Bosheit zu besänftigen und zum anderen, um sie weiterhin günstig zu stimmen."

„Das habe ich schon einmal erlebt", warf ich ein, „ich kam einmal im Norden Dahomes in ein Dorf, wo ein Krokodil in einem ausgetrockneten Tümpel gefangengehalten wurde. Dem Dorfzauberer mußte ich ein Huhn kaufen, der mit dem jämmerlich gackernden Tier das Krokodil aus einem Erdloch lockte. Unter großen Beschwörungsformeln wurde nun dem Huhn der Kopf abgeschnitten, und dann warf der Zauberer den noch zuckenden Körper dem Krokodil vor. Blitzartig schoß das Reptil vor, riß das mit gräßlichen Zähnen bestückte Maul auf und verschlang das Huhn mit einem einzigen Hinunterwürgen ..."

„Hier bei uns ist die Pythonschlange ein solch heiliges Tier – übrigens keine Giftschlange –, das unter keinen Umständen getötet werden darf. Als ich einmal zufällig eine mit dem Auto totgefahren habe, wurde ich prompt von dem Dorfzauberer, dem Fetischeur, darauf angesprochen."

Er unterbrach seine weiteren Ausführungen, da wir in seinem Dorf angekommen waren und der Wagen vor einem einfachen Steinhaus hielt.

„Das hier ist unser Buschpalast", erklärte Helmut lachend, „ohne Strom, ohne fließendes Wasser, ohne großen Komfort. Hier lebe ich mit einem zweiten Entwicklungshelfer für die Dauer meines Aufenthaltes in Dahome."

Hier opfert der Dorfzauberer dem „heiligen Krokodil" ein Huhn

Er machte mich mit seinem Kollegen bekannt, und nachdem wir zu Abend gegessen hatten, setzten wir unsere Gespräche fort.

„Aus wieviel Leuten setzt sich euer Projekt nun zusammen", fragte ich, „und was sind die Aufgaben?"

„Wir sind zu viert. Eine Krankenschwester berät die Familien in gesundheitlichen Fragen und Hauswirtschaft. Unser Diplomlandwirt befaßt sich mit der Ertragsverbesserung der Agrarprodukte und dem Anbauversuch neuer Reissorten, ein Kaufmann übernimmt die Vermarktung und baut das Genossenschaftswesen der Bauern aus. Ich bin Techniker, ich repariere Maschinen und baue Brunnen."

„Und wie ist der Erfolg eurer Arbeit?"

„Als Entwicklungshelfer sollte man sich darüber im klaren sein, daß man nicht innerhalb kurzer Zeit jahrhundertealte Lebensweisen der Menschen in einem fremden Land umkrempeln kann – und sei es mit noch so viel Idealismus", sagte Helmut mit einigem Nachdenken. „Schon mancher packte nach einem halben Jahr wieder zerknirscht und entnervt die Koffer, weil alle aufopfernden Bemühungen und Anweisungen gar nicht oder nur kurze Zeit befolgt wurden. Folglich ist eine gründliche psychologische und pädagogische Vorbereitung weitaus wichtiger als die lückenlose Beherrschung von totem Fachwissen. Wohl ist dies neben Geld auch eine wichtige Voraussetzung, aber ohne die Fähigkeit, sich in die Mentalität fremder Völker hineinzudenken, wird der Erfolg gleich null sein. Man muß die Menschen schrittweise aus ihren eingefahrenen Lebensgewohnheiten herausführen. Für uns im Dorf hier ist es schon ein großer Erfolg, wenn die Frauen in Zukunft nicht mehr ungefiltertes und unabgekochtes Sumpfwasser verwenden, obwohl es weitaus ‚aromatischer' schmeckt, wie sie behaupten. Aber nachdem jetzt eine Reihe neuer Brunnen fertig sind, ist die Infektionsgefahr mit Wurmkrankheiten und dergleichen auch schon wesentlich gesunken."

„Wie ist das Verhalten der Bevölkerung?" erkundigte ich mich.

„Die Ältestenräte in den Dörfern sind immer sehr entgegenkommend und aufgeschlossen. Manchmal gibt es kleine Schwierigkeiten mit unseren afrikanischen Dienststellen in Cotonou, aber die Bevölkerung hat uns immer große Gastfreundschaft bewiesen."

Das konnte auch ich seit meinem Aufenthalt in Dahome bestätigen, und noch lange saßen wir an jenem Abend im Schein der Aladinlampe und unterhielten uns über Entwicklungshilfe.

Am andern Tag wurde ich dem Dorfchef, dem „chef de village", vorgestellt. Als Willkommenstrunk ließ er zwei frische Kokosnüsse herbeiholen, ein gezielter Schlag, ein Splittern – beide Nüsse waren blitzschnell von seiner „coup-coup", seinem Hackmesser, geköpft worden. Die frische, süße Kokosmilch schmeckte unvergleichlich gut, es hatte sich überhaupt noch kein Fruchtfleisch gebildet.

Wir gingen vor das Dorf. In meterhohen Graswogen standen riesige Brettwurzelbäume, und durch das verwachsene Unterholz waren Pfade zu außenliegenden Hütten geschlagen. Dann kamen wir zu Äckern – aber was für Äcker! Durch Brandrodung hatte man dem Busch ein paar Quadratmeter abringen können. Überall lagen angekohlte Baumstämme und verbranntes Gestrüpp umher. Der Boden war mit Knaupen, Baumstümpfen und Steinen bedeckt, und dazwischen waren Maisschößlinge gepflanzt.

„Wie lange dauert es, bis diese Fläche wieder überwuchert ist?"

„Wenn man nicht laufend abholzt, ein bis zwei Jahre", bekam ich zur Antwort, „aber länger als drei, vier Jahre kann man diese mageren Böden sowieso nicht bepflanzen. Der üppige Wuchs täuscht eine fruchtbare Erde vor, doch ohne Düngung ist sie sofort ausgelaugt."

Der „Chef" hatte ein geschultertes Gewehr bei sich, und auf dem Rückweg kamen wir an einem dunklen, bambusüberhängten Wasserloch vorbei, in dem sich Frösche und Kaulquappen tummelten.

„Das war unser alter Brunnen", erklärte uns der „Chef", während er sich mit seinem Gehilfen vor dem Wasserloch fotografieren ließ, „hier holten die Frauen das Trinkwasser, jahrelang. Aber seitdem ‚nos amis allemands', unsere deutschen Freunde, hier sind, hat es aufgehört; ich zeige Ihnen jetzt einmal unseren neuen."

Der neue Brunnen stand inmitten des kleinen Dorfplatzes, sauber gemauert, aus selbstgegossenen Brunnenringen und darüber ein Querbalken zum Hinablassen der Wassereimer.

Der Fetischeur ist an seinem Haarschnitt zu erkennen

Der „Chef de village" vor dem alten Brunnen . . .

. . . und hier vor dem neuen

„Beim Bau dieses Brunnens mußte ich einmal mehr mit dem Fetischglauben Bekanntschaft machen“, erzählte mir Helmut. „Ich war mit meinen Männern schon fast fertig, als ich aus Unachtsamkeit einen Hammer auf das Dach einer nebenstehenden Fetisch-Hütte legte. Als ich ihn wieder wegnehmen wollte, brach ein aufgeregtes Geschrei los – der Hammer war tabu geworden! Ich ließ nach dem Fetischeur rufen, und dem gelang es mit einer kurzen Zeremonie, den Hammer wieder von der ‚magischen Aufladung‘ zu befreien.“

Wie mir Helmut noch weiter erzählte, ist es wirklich nicht ratsam, sich durch dauerndes Verletzen religiöser Bräuche den Unwillen der Fetischeure zuzuziehen, besonders wenn man zwei Jahre hier zu arbeiten hat. Diese Fetischeure (oder Fetischeusen) sind die Vertreter des Animismus und zugleich die Medizinmänner. Als geschickte Psychologen und Kenner der Pflanzenwelt haben sie schon ungewöhnliche Heilerfolge bei giftigen Schlangenbissen und dergleichen mehr erzielt. Andererseits steht es in ihrer Macht, jemanden unbemerkt durch Langzeitgifte körperlich und seelisch langsam zugrunde zu richten, ohne daß der Betreffende dabei gerettet werden kann.

Ach, es gäbe noch so vieles über dieses Dahome zu berichten, von nächtlichen Ritualen, von Fetischeurklöstern, von Schlangenfesten, von Regenmachern und vielem mehr. Gerne hätte ich nochmals die Flußpferde im Mono beobachtet, den Fischern zugeschaut, neuen unglaublichen und doch wahren Geschichten zugehört.

Doch nach vier Tagen, die vollgestopft waren von Neuem und Schönem, habe ich mich von meinen Freunden verabschiedet und bin hinunter ans Meer gefahren. Auf einer herrlichen, palmengesäumten Küstenstraße radelnd, machte ich einen kurzen Besuch in Lomé, der Hauptstadt von Togo, wendete mich dann Richtung Osten und traf nach einem weiteren Tag wieder in Cotonou ein.

Drei Ruhetage habe ich noch eingelegt, dann startete ich mit einem überholten und gutgeölten Fahrrad am Morgen eines sonnigen Tages mit Kurs auf Nigeria.

Die Asphaltstraße führte durch Kokospalmenhaine und Lagunenwälder und machte dann einen Knick nach Norden zur Landeshauptstadt Porto Novo, die wesentlich kleiner ist als Cotonou. Ich hielt mich keine Minute länger auf, als zur Durchfahrt nötig ist, und so stand ich am Nachmittag vor der Grenze nach Nigeria.

„Immigration office, passport-control", stand auf einem Schild. Jetzt hieß es die englischen Vokabeln zusammenzukratzen, denn als frühere Kolonie Großbritanniens hat Nigeria Englisch als Amtssprache.

Das Visum für dieses fünfte Land meiner Afrikadurchquerung hatte ich mir ja schon in Niamey besorgt. Mein Paß war also in Ordnung.

„Zur Impfpaß-Kontrolle, nächste Türe."

Ich legte das gelbe Heft mit den obligatorischen Schutzimpfungen einem kleinen wichtigtuenden Beamten vor. Nach ausgiebigem Studium der vielen Seiten sagte der plötzlich:

„Ihre Colera-Impfung liegt ja bereits ein Jahr zurück, so dürfen Sie nicht nach Nigeria hinein!"

Ich glaubte, nicht richtig gehört zu haben, hatte ich mir doch erst gestern in Cotonou eine Auffrischungsspritze geben lassen.

Doch als ich selbst die Eintragung kontrollierte, fiel ich aus allen Wolken: Da war zwar das gestrige Datum, aber anstatt „1973" stand „1972" neben dem Stempel!

„Die Jahreszahl ist falsch", rief ich, „die Krankenschwester hat sich verschrieben, um ein Jahr! Ich bin geimpft!"

Das Männchen wiegte zweifelnd den Kopf:

„Erzählen Sie das, wem Sie wollen. Ich glaube Ihnen nicht."

Da riß ich meinen Ärmel hoch, zeigte ihm die geschwollene Einstichstelle, an der noch ein Tropfen Blut klebte und sprach minutenlang auf ihn ein, bis ich ihn überzeugt hatte und er schließlich nachgab: „Gut, ich lasse Sie passieren, aber wenn Sie sich eine Cholera holen, ist das Ihre Sache. Außerdem werden Sie nochmals bei der Ausreise kontrolliert, und ohne gültige Impfung kommen sie nicht aus Nigeria heraus."

Das hat ja noch vier Wochen Zeit, dachte ich im stillen, und bis dahin sehen wir weiter (später habe ich die „2" ganz einfach zur „3" verlängert).

Aber noch war ich nicht in Nigeria!

Wieder im Freien, mußte ich all mein Gepäck einer Frau zur Zollkontrolle auf einen langen Holztisch legen. Sie tat ihre Pflicht mit afrikanischer Ruhe und weiblicher Gründlichkeit.

„Haben Sie eine Waffe“, fragte sie zum Schluß.

„Nur ein Taschenmesser“, grinste ich schon wieder, „ist das erlaubt?“ Mit einer lässigen Handbewegung bedeutete sie mir, die Sachen zusammenzuräumen. Ich sagte: „Allright, thank you“, und damit war ich in Nigeria!

Das Krebsgeschwür des neuen Afrika

Nur einhundert Kilometer hinter der Grenze liegt die Landeshauptstadt Lagos. In meinen Packtaschen befand sich ein kleiner Reiseführer. Ich kam also nicht unvorbereitet dorthin.

„Größte Stadt Westafrikas, ehemals portugiesische Gründung, zwischen Lagunen gelegen, wichtigste Handels-, Hafen- und Industriemetropole Nigerias“, war zu lesen.

„Klima dauernd feuchtheiß, wegen der Moskitoplage früher das ‚Grab des weißen Mannes‘ genannt. Wachsende Elendsviertel infolge Überbevölkerung, Weltgesundheitsorganisation sieht sich zu ernsten Warnungen veranlaßt . . .“

So wußte ich in etwa, was mich erwarten würde. Was ich aber dann sah und erlebte, ist unvorstellbar, wenn man nicht selbst in Lagos gewesen ist.

Die Stadt begann mit einer schlaglochübersäten Einfallstraße. Der Verkehr erforderte schon in den Außenbezirken meine ganze Aufmerksamkeit. Dann verdichtete sich die Blechlawine, und alle paar Meter standen mitten auf der Straße Verkehrspolizisten. Ihr unablässiges Pfeifengetriller und die dauernd hupenden Autos vermischten sich mit dem Gestank und dem Motorenlärm zu einem wahren Verkehrschaos. Mir kam es vor, als ob sämtliche nigerianischen Autofahrer gestern erst ihren Führerschein erhalten hätten (später hörte ich, daß Nigeria erst vor einem halben Jahr von Links- auf Rechtsverkehr umgestellt hatte).

Zu allem Überfluß war es noch drückend schwül, die salzige Meerluft lag brennend auf meinen sonnenversengten Armen und Beinen.

Ergeben schlängelte ich mich weiter. Neben mir keuchten zusammenbrechende Kleinbusse, mit Menschentrauben behängt, durch die Dreckpfützen und drängten mich rücksichtslos von dem unbefestigten Bankett herunter, so daß ich fast in das Gewühl der Fußgänger auf dem Gehweg fuhr. Schließlich erfaßte mich der Sog einer Hauptstraße, und ich trieb eingekeilt in einer Blechlawine den Bank- und Versicherungspalästen, den Geschäften und Restaurants der City zu.

Die Ausrufer der total verrotteten Taxis brüllten mir beim Überholen mit durchdringendem Schreien ihre Fahrtziele ins Ohr, und mir rann der Schweiß in Strömen von der Stirn, ich wollte nur noch weg, raus, irgendwo hin, bevor ich noch wahnsinnig wurde.

Doch Lagos ließ mich nicht los, hilflos trieb ich weiter, fand mich nach Stunden am Hafen wieder, wo das Rattern der Kräne, das Heulen der Schiffssirenen und das Geschrei der herumlungernden Kinder und Bettler mich vollends aus der Fassung brachten. War denn hier in Lagos ganz Afrika zusammengeströmt!?

Die erste Nacht verbrachte ich hinter einem Busch in der Grünanlage eines Außenbezirks, nachdem ich vorher ziellos durch die nächtlichen Straßen geirrt war und keine andere Schlafmöglichkeit gefunden hatte. Am nächsten Tag lernte ich Benjamin Douglas kennen, der mich vor der Hauptpost ansprach und einlud. Er hatte ein winziges Zimmer in Yabba, einem Vorort von Lagos, aber so konnte ich wenigstens mein Rad sicher unterstellen und mich von den rasenden Kopfschmerzen erholen.

Am dritten Tag, einem Sonntag, fuhr ich mit dem Bus in die City, nachdem mir Benjamin die genaue „Marschroute" auf ein Papier geschrieben hatte. Nach einer Stunde im fliegenden Wechsel der Busse landete ich glücklich in der Innenstadt.

Sie liegt auf einer Insel und bietet mit ihren Hochhäusern und der

Im Elendsviertel von Lagos

am Wasser gelegenen Hauptstraße mit Büros, Supermärkten und sonntäglich bunt gekleideten Menschen das Bild einer modernen Großstadt, einer vermeintlich heilen Welt. Überall war der britische Einfluß an Firmen und Namensbezeichnungen sofort erkennbar.

Aber auf der gleichen Insel stehen auch noch die alten Verwaltungsgebäude aus der Kolonialzeit, grau und unansehnlich geworden. Dazwischen immer wieder mit Unkraut überwucherte Plätze und meterhohe Müllhalden. Und dann beginnt die Stadt hinter den Fassaden. Die Slums von Lagos!

Diese Slums sind wie ein Schlag ins Gesicht, wenn man solche Viertel vorher noch nie gesehen hat. Sie legen sich wie die Jahresringe eines Baumes um die City herum, stadtauswärts beginnen sie sich dann an schmutzstarrenden Kanälen entlangzuziehen, ein Elend ohne Ende.

Die Hütten sind aus Holz, Pappe und Lumpen zusammengenagelt, und wenn sie komfortabel sind, aus Wellblech und flachgeklopften

Benzinkanistern. Es ist ein Meer ekelhafter, widerlicher Verschläge, die wie Höhlen aussehen, und in denen Männer, Frauen und Kinder wie Insekten leben, besser gesagt, vegetieren.

Sie scheinen gegen Typhus, Cholera und Ruhr schon längst immun zu sein, denn es gibt keine Wasserleitung, keine Kanalisation, keine Müllbeseitigung. Statt dessen fand ich schmutzige Brunnenlöcher, stinkende Rinnsale, die als Latrinen benützt werden. Überall liegen Berge von Unrat in den Schlammstraßen, weil alles, was nicht mehr benützt oder gebraucht wird, zu den Ratten auf die Straße fliegt. Es war ein wahres Spießrutenlaufen gewesen, dort hindurch zu gehen. Sobald ich die Kamera auch nur hervorzog, flogen Arme drohend empor.

Ich fragte mich schaudernd:

„Bin ich überhaupt noch in Afrika? Wo sind die säuberlich gekehrten Dorfplätze, die schmucken Gärten, die fröhlichen Kinder und die adretten Mädchen und Frauen geblieben, wo?"

Jede strohbedeckte Negerhütte, die ich bei meiner bisherigen Fahrt sah, war eine Villa an Sauberkeit, Schönheit und Größe gewesen, gegen diese ekligen Hinterhöfe des Wohlstands.

Ich hatte wieder herausgefunden aus diesem wuchernden Krebsgeschwür des neuen Afrika, aber nur langsam klang der Schock wieder ab.

Bei Benjamin angekommen, ließ ich mich erschöpft auf seinen einzigen Stuhl sinken.

„How did you enjoy Lagos, our capital?" fragte er mich. Was hätte ich ihm antworten sollen, wie mir denn Lagos gefallen habe?

Man sah es ihm an, er war stolz auf seine hektische Hauptstadt, die im Boom des vor der Küste gefundenen Erdöls förmlich explodiert und aus den Nähten geplatzt war. Lagos, das Mekka für die des Dorflebens müde Gewordenen, für die armen Massen aus dem Norden und Osten. Sie strömen hier zusammen, um ein neues Leben zu beginnen, um reich zu werden.

Viele haben es geschafft, sie wurden mit einer glücklichen Woge hinaufgespült und schwimmen jetzt in einem Meer von Reichtum und Geld, aber noch mehr hat die Stadt in namenloses, furchtbares Elend getaucht.

Ich wollte ihn nicht kränken, wollte ihm nicht die Wahrheit sagen, daß Lagos nämlich die abscheulichste, häßlichste, widerlichste Stadt ist, die ich je gesehen habe. Deshalb sagte ich nur: „Well, Lagos ist eine moderne Stadt . . .“

Am Abend sagte Benjamin: „Gehen wir tanzen, sonntags gehen wir immer tanzen.“

Und wir zogen los, mit noch zwei seiner Freunde, suchten unseren Weg zwischen Wellblechbuden, amerikanischen Limousinen, Kramläden und grellzuckenden Neonreklamen zur „Beach-Pop-Bar“.

Ein langer Raum mit Bier- und Cola-Reklamen an den Wänden, ein Vorplatz im Freien, bunte Birnen an elektrischen Leitungen. Fast alle Plätze waren schon besetzt, viele junge Männer, kaum Mädchen. Aus einer Holzkiste kreischte ein überdrehter Lautsprecher, der Plattenspieler stand hinten an der Theke, wo der weiße Palmwein aus großen Holzfässern geschöpft wurde.

Immer mehr kamen, blieben nur kurz auf ein Bier oder tanzten. Der Lautsprecher gab eine ungeheuer vitale Musik von sich, eine Musik, bei der man nach einer halben Stunde selbst zu tanzen anfängt: Highlife!

Vor mir auf dem Zementboden bogen sich Körper, zuckten Hände im Rhythmus, fast jeder tanzte nur für sich, selbstvergessen, hingegeben dem kreischenden Sound aus Gitarren, Saxophonen und Trommeln. Wir tranken den säuerlichen Palmwein literweise, und je mehr Gläser geleert wurden, um so mehr schwollen der Rauch und Spektakel an.

„Warum ist Lagos so?“ fragte ich Benjamin. „Warum lebst du hier?“

Und Benjamin, ein Ibo, dem der Palmwein die Zunge gelöst hatte, erzählte.

„Mein Vater starb im Biafrakrieg, meine zwei kleinen Geschwister an Hunger. Es gab keine Arbeit, keine Zukunft für mich. Und so machte ich mich auf nach Lagos, um Geld zu verdienen, 16 Jahre alt war ich. Bei einem Vetter konnte ich unterkommen, ich lebte bei ihm, versuchte Arbeit zu finden, nichts. Ich zog die besten Kleider von ihm an, lief mir mein einziges Paar Schuhe herunter, fragte bei Europäern und Afrikanern um einen Job, monatelang – nichts!

Aber dann hatte ich Glück. Ich wurde als Gärtner angestellt, jetzt verdiene ich 16 Naira im Monat (ca. 65,– DM). Vier bezahle ich für das Zimmer, acht brauche ich für Lebensmittel, zwei schicke ich meiner Mutter; wenn noch etwas übrigbleibt, wird es gespart."

Er machte eine Pause, kramte eine Zigarette aus der Hosentasche und blickte mich mit seinen großen Augen an.

„Trinken wir noch einen, two Star beer more", schrie ich zur Theke, und während ich ihm Feuer gab, kam mir der Gedanke, was Lagos doch für eine aufregende, lockende Welt ist für diese jungen Afrikaner. Sie kommen mit nichts weiter als mit der Hoffnung, und dann begraben sie ihre Träume. fast einer wie der andere. Arbeitslos starren sie in der Broad- und Marinastreet in Schaufenster, sehen Dinge, die sie nie kaufen können. Viele geraten auf die schiefe Bahn und schließen sich Banden an.

Lagos hat die höchste Kriminalität von Westafrika, Diebstahl, Raub und Prostitution sind nicht mehr die Ausnahme, sondern die Regel. Und von diesem Leben in den Städten träumen noch Millionen andere in den Dörfern des ganzen Kontinents . . .

Malaria!

Lagos und das in der südöstlichsten Ecke von Nigeria gelegene Calabar verbindet eine gut befahrbare Hauptstraße. Die Entfernung zwischen diesen beiden Städten kommt etwa der Strecke Stuttgart-Hamburg gleich. Ich nehme mir vor, sie in Tagesetappen von mindestens 100 Kilometer zu bewältigen, um damit das warmschwüle Südnigeria möglichst schnell hinter mich zu bringen.

Doch eine unerklärliche Schlappheit macht meine Pläne zunichte. Schon am zweiten Tag nach meinem Aufbruch fühle ich

Die Straße von Lagos nach Calabar führt über unzählige Flüsse

mich immer erschöpfter, obgleich die Straße gut, die Sonne bedeckt ist, und ich genügend kraftspendende Konserven in Lagos eingekauft habe.

Die Kopfschmerzen werden stechender. Am Abend tanzen mir schwarze Punkte vor den Augen. Ich schaffe es noch bis zum nächsten Dorf, von einem Jungen lasse ich mich zum Town-Chief führen.

„Ich glaube, ich bin krank. Kann man bei euch übernachten?"

Der Alte sieht mich teilnahmsvoll an.

„You sick? Not good! Wait!"

Er weist mich auf eine Bank, und während er fortgeht und ich warten soll, lege ich meine Hand auf die Stirn: Fieber! Ich muß meine Phantasie zügeln, die mir alle möglichen Tropenkrankheiten einreden will. Ich fühle mich entsetzlich. Dann kommt der Alte zurück.

„Wir haben Kirche. Du zufrieden damit? Hier kein rest-house!"

Mir ist es gleichgültig geworden, wo ich schlafen kann, nur hinlegen, warm zudecken, denn Schüttelfröste packen mich . . .

Seit Niamey nehme ich Tabletten gegen die Malaria ein, aber daß es mich jetzt dennoch „erwischt" hat, ist nicht mehr von der Hand zu weisen: Frieren, Schweißausbrüche, Fieberattacken.

Ich nehme eine größere Dosis Malariatabletten ein und spüle sie mit Tee hinunter. Alle Dorfbewohner schauen zu. Nun haben sie auf einmal auch Malaria und wollen die für mich lebenswichtigen Tabletten einnehmen. Ich gebe eine dem Nächststehenden und empfehle ihm, sie schön langsam zu lutschen. Der Erfolg stellt sich zuverlässig ein. Mit verzogenem Gesicht spuckt er die weiße Kapsel wieder aus, denn der furchtbar bittere Geschmack läßt ihn und die anderen ihre Malaria schnell wieder vergessen.

Dann schiebe ich mein Rad in Richtung der Bretterbaracke, die den Dörflern als Kirche dient. Hinter mir drein pilgern Frauen, Männer und Kinder. Als sich alle hereingezwängt haben, sehen sie mir flüsternd zu, wie ich zwischen Bänken und Wänden mein Netz verspanne und mich zur Nacht einrichte.

„Good night", sage ich, fiebergeschüttelt.

„Good night", echot es.

Dann schließe ich die Türe und vergrabe mich zitternd in meinen Schlafsack. Wenn bloß die Tabletten helfen!

Ich falle in einen Halbschlaf und erwache bald wieder von schauderhaften Halluzinationen, schweißgebadet. Noch einmal nehme ich zwei Tabletten, doch genauso unruhig vergehen die weiteren Stunden, und als ich durch die Dachritzen Lichtstrahlen fallen sehe, erhebe ich mich schwindelnd und naß am ganzen Körper. Der Dorflärm hört sich an, als ob ich Watte in den Ohren hätte. Aber das Fieber ist etwas zurückgegangen.

Ich lege mich in den Schatten eines Baumes, wo ich den ganzen Tag verdöse, an eine Weiterfahrt ist noch nicht zu denken. Die lastende Schwüle vom nahen Fluß lähmt jeden Gedanken. Ich koche mir schwarzen Tee, und der Dorfälteste kommt mich manchmal besuchen. Er fragt mich in seinem gebrochenen Englisch, ob ich wieder gesund sei und ob ich schon wieder weiter wolle.

„Wenn es keine Malaria tropicana ist und die Tabletten weiter ihre Wirkung tun, vielleicht schon morgen", gebe ich ihm zur Antwort.

Ich muß ihm von meiner Reise berichten und mache dabei auch diesmal zum wiederholten Male die Feststellung, daß es weitaus eindrucksvoller ist, wenn ich sage, ich komme von Cotonou und Lagos, als wenn ich groß von Deutschland zu erzählen beginne. Denn niemand weiß so genau, wo dieses liegt.

Am nächsten Morgen ist das Fieber weiter gefallen, und auch die Kopfschmerzen haben nachgelassen. Ich darf hoffen, daß durch die Medikamente die Malaria-Parasiten in meinem Blut ihre Gefährlichkeit verloren haben und die Krankheit vorerst gestoppt ist.

Als ich wieder aus meiner Kirche trete, empfängt mich ein wolkenloser Himmel, und ich gehe zum Fluß hinunter, um meine durchgeschwitzten Kleidungsstücke auszuwaschen. Frauen und Mädchen kommen mir entgegen, aufrecht schreitend balancieren sie wassergefüllte Krüge und Schüsseln auf ihren Köpfen, gehen lächelnd an mir vorbei und sagen „alafia" – grüß dich!

Zwei Tage habe ich fast nicht gegessen, jetzt muß ich mich zur Nahrungsaufnahme zwingen: Haferflocken, Eier, Bananen, Nüsse, Vitaminpillen. Ich will weiter, obwohl mir die Malaria noch in den Knochen steckt. Ein paar Kinder ziehen eine fette Schlange mit zerhacktem Kopf hinter sich her und legen sie mir vor die Füße, vielleicht wollen sie mir ein Abschiedsgeschenk machen. Dann radle ich weiter durch Nigeria, schwunglos und angeschlagen, Kilometer um Kilometer, Tag für Tag.

Straße der Autoleichen

Ljebu Ode, Ore, Benin, Agbor, Onitsha – diese Namen sagen sich schnell, doch was liegt nicht alles zwischen ihnen!

Das ewige Auf und Ab der Straße, Berge, die immer steiler werden. Fahrt mit drittem Gang, dann zweiter, erster, absteigen, schieben. Oben angekommen: aufatmen, Gesicht abwischen, einen Schluck warmes Wasser.

Bergab mit ruhenden Pedalen und weitgeöffnetem Hemd, eine kurze, frische Wohltat.

In den fünften schalten, langsames Mittreten, gespannt um eine

Kurve fahren, Enttäuschung – ein neuer Berg, neues Seufzen. Mittagsrast in kleinen Ortschaften, Mais vom Feuer und zweifelhaftes, aber dafür kaltes Wasser, aus petroleumbetriebenen Kühlschränken.

Weiter, mit sonnenroter Nase und verbrannten Handrücken, eine schwere nasse Luft einatmend.

Seit Lagos radle ich, bis auf wenige Ausnahmen, nur durch den tropischen Regenwald. Dafür aber ist die Straße für afrikanische Verhältnisse geradezu erstklassig. Manchmal die unvermeidlichen achstiefen Schlaglöcher, aber denen kann man ausweichen, genauso wie den vielen Schlangen, die überfahren am Wegrand liegen.

Besonders nach Regengüssen kriechen sie gerne auf den warmen Asphalt, um sich zu trocknen. Manchmal lebt eine noch ein bißchen, dann warte ich und mache ein langsam fahrendes Auto mit Handzeichen darauf aufmerksam, und die Fahrer sind mit Begeisterung dabei, den Tieren vollends den Garaus zu machen. Technik: Sie nehmen Ziel auf den Kopf, bremsen kurz und scharf ab, damit die Schlange nicht nur überrollt, sondern mit blockiertem Rad zerquetscht wird!

Doch mehr als Schlangen und Schlaglöcher fürchte ich etwas anderes: Jene afrikanischen Autofahrer, die ihre immer hoffnungslos überladenen und irrsinnig rasenden Buschtaxis mit wildem Hupkonzert selbstmörderisch über die Landstraßen jagen.

Mehr als einmal muß ich mich in letzter Sekunde in den Straßengraben retten, während mir vom Wagendach herunter eine johlende Menge nachwinkt und ich fassungslos hinterherblicke.

Die Chauffeure scheinen nur zwei Geschwindigkeiten zu kennen – Stopp oder Vollgas! Seit Dahome begegnen sie mir, diese mit sinnigen Bibelsprüchen und kernigen Lebensweisheiten bepinselten Vehikel. „Father forgive me“, „Just return from Texas“, „The Lord is my Shepherd“, was übersetzt heißt: „Vater vergib mir“, „Eben zurück von Texas“, „Der Herr ist mein Hirte“, und diesen göttlichen Beistand können sie bei ihrer wilden Jagd auf abgefahrenen Reifen wahrlich brauchen. Dutzende Autowracks liegen zertrümmert am Straßenrand, und niemand schafft sie fort. Vorüberkommende schrauben ab, was sie brauchen können, und wenn die Schrotthaufen nicht schon auf dem Dach liegen, dreht man sie um, damit man besser an die Reifen herankommt; und dann übernehmen Rost und Busch das weitere Zerstörungswerk.

In der Ferne sehe ich schon wieder Unfallfahrzeuge, und als ich näher komme, liegt ein „Liebe und Frieden"-Lastwagen am Straßenrand, gerammt von einem anderen, der „Safety first" – „Sicherheit zuerst" heißt! Ich stelle mein Rad vor den „Love and Peace"-Lastwagen und gebe dem Fahrer eine Mercedes-Anstecknadel, von denen ich eine größere Anzahl als kleine Souvenirs von Deutschland mitführe.

„Da", sage ich, „hier hast du eine kleine Erinnerung an deinen schönen ‚Wa-Benzi' (Mercedes), der jetzt kaputtgefahren ist." Er lächelt ein bißchen unsicher, bedankt sich aber höflich, und ich fahre weiter, that's Africa . . .

Bei der Vorbereitung einer Afrikareise müssen die vielfältigsten Dinge geplant und berücksichtigt werden. Neben Geld, Visa und Impfungen muß besonderes Augenmerk auf die Ausrüstung verwendet werden, denn schon große Expeditionen sind an Kleinigkeiten gescheitert. Das trifft natürlich auch auf eine Fahrradfahrt zu, schon deshalb, weil ein solches Verkehrsmittel nicht gerade mit überdimensionalen Ablageflächen versehen ist, und man überdies das ganze Gepäck mit dem „Muskelmotor" fortbewegen muß. Jedes Gramm spürt man auf den letzten Kilometern einer Tagesetappe, und wie oft habe ich schon unnötigen Ballast abgeworfen. Daß aber dabei nicht auch zwei unscheinbare Tuben mit im Straßengraben gelandet sind, hat höchstwahrscheinlich meine Weiterfahrt durch Afrika gerettet, und das kam so:

Eines frühen Morgens wunderte ich mich über das dauernde Durchrutschen der Kette, und nach einem weiteren Kilometer ließen sich die Pedale vollends widerstandslos durchtreten.

„Vielleicht ein Defekt an der Schaltung", dachte ich und überprüfte die Mechanik – aber nichts war festzustellen. Ich legte das Fahrrad hin, drehte die Flügelschrauben auf und zog das Hinterrad aus der Aufhängung. Dann erschrak ich: Die ganze Zahnkranzeinheit fiel mir in die Hände, das Gewinde der Hinterachse war ausgebrochen und abgeschert! Irgendwo in Nigeria, zwischen Agbor und Dahome. Bei Kilometerstand 3278. Morgens um dreiviertel acht.

Ich baute das Rad wieder zusammen und schob es zum Dorf zurück, wo ich übernachtet hatte. Ich glaube, die Dorfbewohner begriffen nicht so recht meine niedergeschlagene Stimmung, denn an eine Reparatur war nicht zu denken.

In Deutschland wäre man ins nächste Geschäft gegangen und hätte sich eine neue Achse gekauft, aber hier? Fernab jeder Großstadt? Ich spielte in Gedanken alle Möglichkeiten durch.

Zurück nach Lagos und schweißen? Unmöglich, es ist Stahl und Aluminium! Bohren und verstiften? Geht ebenfalls nicht, der Zahnkranz ist gehärtet. Ein anderes Hinterrad montieren? Wird nicht passen, da die schweren englischen Raleigh-Räder, die sie hier fahren, alle mit Zollgewinde versehen sind. Also ein ganz neues Fahrrad kaufen? – Dann hätte ich kein Geld mehr! Wie ich es auch drehen und wenden mochte, ich sah keine Möglichkeit mehr, die Radfahrt durch Afrika fortzusetzen. An alle Defekte hatte ich zu Hause gedacht, nur nicht an ein abgeschertes Gewinde. So saß ich da und wußte mir nicht mehr zu helfen. Und dann fiel mir die letzte Möglichkeit ein, wenn ich auch starken Zweifel am Gelingen der Sache hatte. Dennoch führte ich den Versuch aus.

„Kann ich nochmals einen solch starken Schnaps haben wie gestern abend?“ fragte ich einen der Männer. (Erstaunlich: In Nigeria sagt man für Alkoholika wirklich das deutsche Wort „Schnaps“!) Freundlich wurde mir ein halbes Glas der selbstgebrannten Flüssigkeit gebracht. Ich habe den guten Mann bestimmt gekränkt, als ich mir seinen Tropfen nicht selbst einverleibte – obwohl ich auf diese Katastrophe hin gut selbst einen hätte vertragen können –, sondern als ich begann, mit dem hochprozentigen Getränk fein säuberlich alle Fettspuren an Achse und Innengewinde des Zahnkranzes wegzuwischen.

Sodann kramte ich aus der untersten Ecke einer Packtasche jene zwei kleine Tuben und vermischte zwei gleiche Teile der Pasten. Damit bestrich ich die zu verbindenden Teile, und als Achse und Zahnkranz wieder zusammengefügt waren, ging ich zur nächsten Feuerstelle, um den Komponentenkleb unter Erhitzung einzubrennen.

Was macht nur der Weiße, will er sein Fahrrad aus Kummer jetzt auch noch verbrennen? Das schienen die Umstehenden ihren erstaunten Mienen nach gedacht zu haben. Öl und Fett tropften aus den Kugellagern, und die Speichen überzogen sich rußschwarz. Nach zehn Minuten hängte ich das Rad an eine Astgabel – jetzt konnte ich nur noch hoffen! Um ganz sicher zu gehen, und um die Klebmasse ganz aushärten zu lassen, montierte ich erst am Nachmittag das Rad wieder zusammen. Würde die Verbindung dem gewaltigen Zug der Radkette standhalten?

Vorsichtig stieg ich auf, fuhr bangend ein paar Testkilometer – es hielt! An einem Hügel stemmte ich mich mit einem „entweder – oder" und aller Gewalt in die Pedale – das Rad saß fest! Ein Riesenstein fiel mir vom Herzen, ich glaube, es war eine meiner glücklichsten Minuten seit meiner Fahrt durch Afrika. Ich konnte weiterfahren!

Ins Dorf zurückgekehrt, packte ich schnell meine Siebensachen zusammen und verabschiedete mich winkend, Fortuna hatte mich nicht im Stich gelassen! Später mußte ich bei Speichenwechsel noch ein halbdutzendmal den Zahnkranz unter Erhitzung abziehen und in beschriebener Weise wieder festkleben, es hat immer gehalten, durch ganz Afrika.

Die Tage waren weiter heiß. Und weiter schwül. Wenn ich morgens ein gewaschenes Kleidungsstück zum Trocknen auf den Rucksack band, war es abends fast noch genauso feucht.

An den Straßenseiten waren kirchturmhohe Bäume meine Begleiter, und dazwischen wucherten Gestrüpp und Farne. Wohin ich auch von Berglichtungen aus blickte – unermeßliches Grün, das sich als breiter Gürtel von der Küste Nigerias bis zum Beginn der Savannen weiter im Norden hinzieht.

Doch ich steuerte weiter nach Osten. Unzählige Flüsse und Bäche drängten sich quer zur Straße, einfachste Holzgerüste führten darüber hinweg, ein paar Bohlen und starke Bretter bildeten die gesamte Brücke, die dazu so schmal war, daß nur Platz für ein einzelnes Fahrzeug blieb.

Manchmal kamen mir Menschen entgegen, die Männer das Haumesser auf dem Kopf und die Frauen Körbe und Taschen, die sie mit Früchten gefüllt zum nächsten Markt trugen. Wenn ich mich nach dem Passieren nochmals umblickte, standen sie meist da und starrten mir nach. Aber an solche Blicke hatte ich mich längst schon gewöhnt, auch an die Menschenaufläufe, wenn ich einmal einen Reifen zu flicken hatte.

Die Kinder schrien hier nicht mehr „Yovo! Yovo!“, sondern „Ojimbo! Ojimbo!“, was aber das gleiche heißt: „Weißer, Weißer!“

Hielt ich in einem Dorf oder einer kleinen Stadt an, um mir etwas einzukaufen, kamen sie neugierig näher, und waren Angst und Scheu

Keine Angst vor dem weißen Mann zeigt dieser kleine Junge

abgefallen, schwirrten sie heran wie Bienenvölker, in Aufzügen von nackt bis ganz bedeckt, und die Mutigsten stellten sich neben mich, um ja alles ganz genau betrachten zu können. Die Mütter trugen ihre Jüngsten auf dem Arm, und wenn sie mir zu nahe kamen, brachen die Kleinen in ängstliches Gebrüll aus.

Ojimbo – Weißer! Achtung, aber auch Spott lag darin, denn so ein ganz und gar weißer Mann ist ja auch etwas Komisches. Man kennt sie ja meist nur von den durchfahrenden Autos, und jetzt hält hier einmal einer, und dann sogar mit einem Fahrrad. Und wie der aussieht, was er anhat, mit einem Bart und langen glatten Haaren auf dem Kopf – ich war menschliches Neuland für sie! Öfter erlebte ich es, daß mir kleine neugierige Mädchen über den Kopf streiften, um einmal glattes Haar fühlen zu können!

Wer am besten blufft ...

Acht Tage hinter Lagos erblickte ich in der Ferne – der Wald war wieder zurückgewichen – glitzernde Masten. Eine halbe Stunde später sah ich, daß es die gewaltige Stahlkonstruktion der Brücke von Onitsha über den Nigerstrom war. Mächtig ist der Fluß angeschwollen. Zum Meer hin wird er dann mit unzähligen Verästelungen ein Delta bilden. Als ich die kilometerlange Brücke hinter mir hatte und nach einem provisorischen Endstück wieder auf festem Boden stand, war ich in der South-Eastern-Region, die sich 1967 als selbständige Republik Biafra von Nigeria loslösen wollte.

Zwei Millionen Menschen starben bei den Kämpfen, davon Hunderttausende von Kindern an Hunger und Seuchen, unsägliches Leid war über das Volk von Biafra, über die Ibos, hereingebrochen.

Auf notdürftig geflickten Fahrbahndecken fuhr ich weiter, dann kam ich zu einem Straßenstück, das während der Kämpfe zu einer Rollbahn für Flugzeuge ausgebaut worden war. Rechts und links dieses nur wenige hundert Meter langen Abschnitts steckten noch die ausgebrannten Gerippe abgestürzter Maschinen im Erdboden.

In den wenigen Steinbauten sah ich die Einschläge von Schüssen und Granaten, niedergebrannte Dörfer lagen als schwarze Klumpen in der grünen Landschaft. Und immer wieder Militärkontrollen, die mich aber nach kurzem Befragen weiterwinkten.

Bevor ich Lagos verließ, wurde ich verschiedentlich gewarnt: „Seien Sie vorsichtig, fahren Sie niemals nachts, besonders nicht in der Südost-Provinz! Viele ehemalige Soldaten besitzen noch Waffen und überfallen Durchreisende."

Diese ernstgemeinten Ratschläge – in Nigeria werden jeden Monat viele Straßenräuber öffentlich erschossen! – fielen mir wieder ein, als ich durch das ehemalige Biafra fuhr. Doch was mir dann am hellichten Tag widerfuhr, war weniger ein gefährliches als lustiges Erlebnis.

Es war kurz hinter der Stadt Aba, als ich noch morgendösig vor mich hinzuckelte und noch recht müde von der gestrigen Etappe war. Plötzlich stand hinter einer Biegung ein junger Bursche am Straßenrand und winkte mich gebieterisch heran.

Ich habe keine Zeit, dachte ich, ich will nichts kaufen und mich auch nicht ausfragen lassen, und schon gar nicht am frühen Morgen.

Doch er lief mir so vor das Rad, daß ich notgedrungen bremsen mußte, wollte ich ihn nicht überfahren. „Where is your licence for the bicycle", herrschte er mich nicht gerade freundlich an, und ich glaubte, mich verhört zu haben. Er wollte eine Lizenz für das Fahrrad sehen, einen Fahrrad-Führerschein!

„Well", sagte ich, „ich habe wohl eine Menge Papiere bei mir, aber so eine ulkige Lizenz findet sich bestimmt nicht darunter. Sorry, ich möchte jetzt weiterfahren."

Sofort hatte sich eine Gruppe Schaulustiger um uns gebildet, die unseren Wortwechsel mit gespanntem Interesse verfolgte.

„Wenn Sie keine Lizenz besitzen, dürfen Sie so nicht mehr weiterfahren! 6 Nairas (etwa 25,– DM) kostet sie, alle Radfahrer müssen sie haben!" Und drohend fuhr er fort: „Wenn Sie nicht gleich bezahlen, hole ich die Polizei!"

7 7267-17

Es wurde ernst! Einige der Umstehenden lachten schadenfroh, die Weißen muß man schröpfen, schienen sie zu denken. Andere aber unterstützten mich, als ich erklärte, ich sei Tourist, ein Fremder, der sich nur auf der Durchfahrt befindet und der solche Fahrradsteuern demnach auch nicht zu zahlen braucht. Bei der immer lauter und erregter werdenden Diskussion wurde es mir langsam ungemütlich, vor allem, als sich einige finster dreinblickende Gestalten vorschoben!

Da zog ich plötzlich meinen Fotoapparat heraus und machte überraschend ein Bild von dem eifrigen Steuereintreiber.

„So", bluffte ich, „nun werde ich mich mit diesem Bild bei deinem Boß in Calabar beschweren, daß du einem Sondergast deines Landes soviel ‚trouble' machst, und nun kann es sein, daß du deinen Job loswirst . . ."

Es wirkte wie eine kalte Dusche! Eingeschüchtert glitten seine Hände vom Lenker, und ich bahnte mir schnell eine Gasse durch die Menge und fuhr davon. – Frechheit siegt, dachte ich und lachte, denn er wußte nicht, daß ich gar nicht den Auslöseknopf gedrückt hatte, sondern den Rückspulhebel hochschnappen ließ . . . (Ich habe mich später erkundigt: Diese Fahrradsteuer gibt es wirklich im Eastern-State, allerdings zahlt man als Radbesitzer nur zwei und keine sechs Nairas!)

Einen Tag später setzte mich eine Fähre über die Mündung des Cross-Rivers nach Calabar. Die Ufer der kilometerbreiten, trichterartigen Flußmündung waren dicht mit Mangrovenurwald bewachsen. Auf meterhohen Stelzwurzeln standen weitbogige, mit wirrem Lianenwerk umwundene Sumpfbäume. Hinter unserem Schiff kreuzten schlanke Fischerboote mit Dreiecksegeln das Kielwasser.

Die zwei Stunden der Überfahrt nutzte ich zum Studium der Karte, um festzustellen, wie ich am günstigsten nach Kamerun käme. Es gab zwei Möglichkeiten. Zum einen konnte man direkt hinter Calabar zur nur 25 Kilometer entfernten Grenze gelangen, und zum anderen über das Meer mit einem Fährschiff zur kamerunischen Hafenstadt Duala.

Aber Erkundigungen bei Mitreisenden ergaben ein anderes Bild.

Die trichterartige Mündung des Cross-Rivers säumen sumpfige Mangrovenwälder. Auf dem Fluß kreuzen schlanke Fischerboote mit Dreiecksegeln

Der Grenzweg wurde als unpassierbar angesehen, und das Schiff, das die Verbindung nach Kamerun herstellte, lag seit dem Biafrakrieg auf dem Meeresboden.

Kurze Zeit später machte die Fähre fest, und ich schob mein Rad einen steilen Berg hinauf zur Stadt. Noch kannte ich dort keine Menschenseele, wußte nicht, wo ich die Nacht verbringen sollte, und die Zweifel über mein Weiterkommen vermochten mich auch nicht in bessere Stimmung zu versetzen.

Aber in Afrika können sich solche Ungewißheiten oft sehr schnell ändern!

Nach meinen Reiseerzählungen in einer Bretterbar wurde ich vom Besitzer spontan für die Nacht eingeladen, und als ich auch nur beiläufig die Sorgen meiner Weiterfahrt erwähnte, schloß er sofort seine Bude ab und schleppte mich zu einer Behörde, zum District-Commissioner. Dieser Mann war ebenfalls sehr nett, machte mir aber anhand seiner Generalstabskarte endgültig klar, daß ein unmittelbares Durchkommen nach Kamerun unmöglich wäre.

„Sehen Sie", erklärte er, und wies dabei auf das Gebiet östlich der Grenze, „nur Mangrovensümpfe, weggeschwemmte Wege und Urwälder, selbst geländegängige Wagen haben im Morast der beginnenden Regenzeit große Schwierigkeiten. Da kommen Sie mit einem Fahrrad nie durch!"

„Und wo befindet sich der nächste offene Grenzübergang?" fragte ich.

„Einhundert Kilometer weiter im Norden", sagte er, „aber da Sie ja wieder südwärts nach Duala wollen, verlängert sich der Umweg um weitere 400 Kilometer!" Schöne Aussichten!

Am anderen Morgen jedoch überraschte mich mein Freund und Barbesitzer mit den Worten, ihm wäre eingefallen, daß sich hier in Calabar ein paar Deutsche befänden! Das ließ sich hören!

Gemeinsam machten wir uns auf die Suche, und dann fanden wir zwei Montagearbeiter einer Hamburger Kühlgerätefirma – sie installierten die Anlage für das neue große Fischkühlhaus in Calabar –, die mich, als sie von der vor mir liegenden Etappe hörten, frischweg in ihr geräumiges Haus aufnahmen und von einer baldigen Weiterfahrt gar nichts wissen wollten.

„Erhol dich nur ein paar Tage", sagten sie, „wir kennen diesen Umweg, da kommt noch einiges auf dich zu!"

Aus den paar Tagen wurde schließlich eine ganze, angenehme Woche, und ich konnte bei dieser Gelegenheit auch endlich meinen Fuß auskurieren. Der Knöchel war nämlich derart von Moskitos zerstochen, daß sich eine offene, wässernde Wunde gebildet hatte, die partout nicht heilen wollte. Einem polnischen Arzt, der im Krankenhaus von Calabar arbeitete und öfters zu Besuch kam, gelang es aber dann doch, mein lädiertes „Tretwerkzeug“ mit Salben und Penicillin wieder in Ordnung zu bringen.

Schließlich wartete ich noch das Erscheinen eines kleinen Berichtes über meine Reise in der Zeitung ab, dann aber kochte ich mir wieder mal drei Liter Tee, stellte ihn über Nacht in den Kühlschrank und verabschiedete mich von all den vielen neuen Freunden schon am Vorabend; denn es gibt in Afrika nichts Schöneres, als einer aufgehenden Tropensonne entgegenzuradeln.

80 Kilometer in 13 Stunden

Die Straße führte durch eine abwechslungsreiche Landschaft, Kautschukbäume, Bambushaine, mannshohe Termitenhügel und kleine Dörfer begleiteten die Fahrt.

Es ging ständig leicht bergauf, doch die Straße war gut.

Dann aber änderte sich am Mittag das Bild schlagartig. Der Teerbelag hörte unvermittelt auf und machte einer Piste Platz, wie ich sie noch nie gefahren war! Ich schlitterte von einem Schlagloch ins andere, von einer Kurve um die nächste. Links und rechts nichts als undurchdringlicher Wald! Stellenweise war der Weg halb zugewachsen, und der an den Reifen festklebende Lehm machte das Radfahren im wahrsten Sinne des Wortes immer beschwerlicher. Manchmal mußte ich selbst bergab noch schieben, so steil und tückisch war der Pfad.

Und dann riß mir der Schaltzug. Ich ließ das Rad noch einen Abhang hinunterrollen und machte mich an die Reparatur, als ich plötzlich ein paar heftige Stiche an den Beinen fühlte.

Da – und da! Zwei, fünf, ein Dutzend großer, schwarzer Stechfliegen saß auf meinen Bein und hatte sich festgesaugt! Mit raschen Handbewegungen wischte ich sie weg, ein heißes Brennen folgte, und an den Stellen, wo sie gesessen hatten, tropfte Blut! Nur weg hier!

In Windeseile zog ich die Schrauben an und verstaute noch schneller das Werkzeug, während ich gleichzeitig um mich schlug, um die neuerlichen Angriffe der Blutsauger abzuwehren. Keuchend strampelte ich den nächsten Berg hoch, dann waren die Biester endlich abgeschüttelt.

Ich hatte größte Lust umzukehren!

Doch nach einer Pause überwand ich mich und strampelte weiter, dumpf lastete die heiße, muffige Luft auf den Lungen, und kaum ein Laut war zu hören, nur das Mahlen meiner versandeten Kette. Hügelauf und hügelab, Stunde um Stunde, bis ich endlich am Abend die nigerianisch-kamerunische Grenze erreichte.

Am Schlagbaum lehnten einige Polizisten. Sie schauten mich, den verdreckten und verschwitzten Radfahrer, wie ein Wundertier an.

Ich stieg ab und stellte das Rad hin. Dann ging ich in die kleine Holzbaracke, wo von einem Uniformierten sorgfältig meine Paßnummer notiert wurde. Er fragte mich nach dem Kennzeichen meines Autos.

„Ich bin mit dem Fahrrad von Deutschland gekommen“, sagte ich. Entgeistert schaute er von seinem Buch auf und murmelte ein „Ah, not possible“.

„Bitte“, sagte ich, „sehen Sie selbst.“

Er legte den Bleistift hin und trat hinaus, wo die andern die ganze Zeit schon das Rad begutachtet hatten. Mit einer Mischung aus dienstlicher Strenge und Privatinteresse ließen sie sich nun meine ganze Ausrüstung und vor allem das Fahrrad erklären, dann zollten sie mir anerkennenden Beifall, und mit vielen guten Wünschen versehen rollte ich auf einer schmalen Holzbrücke nach Kamerun hinüber, das genauso begann wie Nigeria aufgehört hatte: ohne Straßen! Würde man mich auch hier passieren lassen? Ich hatte kein Visum für Kamerun. Etwas besorgt reichte ich einem Posten den Paß.

„Deutscher?“ fragte er.

„Ja“, antwortete ich.

„Und wohin?“

„Nach Yaoundé, zur Hauptstadt."

„Sie müssen warten, der ‚Patron' kommt gleich!"

Gut. Warten wir eben. In Afrika kann man es wieder lernen.

Ich ging zu einem anderen Nigerianer, der seinen Zigarettenkippen nach zu urteilen schon ziemlich lange hier gewartet haben mußte.

„Wie lange sitzen Sie hier schon", fragte ich ihn.

„Seit über drei Stunden", schimpfte er, „und der Kerl ist nirgends zu finden."

Geduldig harrten wir weiter aus. Ich hatte mich bereits damit abgefunden, daß der wichtige Mensch wohl erst morgen früh wieder auftauchen würde, als vom nahen Busch Motorenlärm zu hören war! „Der ‚Patron' kommt!" rief der Hilfsposten.

Ein knatterndes Moped wurde von einem beleibten Mann den Weg heraufgesteuert und kam mit quietschenden Bremsen zum Stehen.

„Ich mußte den Wald nach Schmugglern absuchen", schnaufte er entschuldigend und fuchtelte dabei mit seinem Gewehr in der Luft herum, „die Kerle sind gefährlich!"

Wir nickten ernst und sagten „yes". Aber jeder konnte sehen, daß er auf der Jagd gewesen war, denn aus dem Beutel am Moped hing ein Affenschwanz heraus! Natürlich war der „Patron" wenig erfreut, jetzt noch angesichts des wartenden Bratens mit Tinte und Stempel hantieren zu müssen, zumal es inzwischen dunkel geworden war und sich in der Hütte nur eine Petroleumlaterne befand. Unwirsch knallte er mir eine Aufenthaltsgenehmigung für nur zehn Tage in eine leere Paßseite, und den Nigerianer raunzte er an, warum er denn nicht vormittags gekommen wäre. Dann warf er seinen Kram wieder in eine Schublade und ging schimpfend, mit der Funzel in der Hand und dem Affen auf dem Rücken, den Weg zu seinem Haus hinaus.

Im Schein meiner Taschenlampe suchte ich nach einer Schlafstelle. Der Platz zwischen drei Bäumen schien mir zum Aufspannen des Moskitonetzes gut geeignet zu sein. Am Morgen weckte mich der Lärm der Vögel, die in dem Baum über mir saßen. Eilends packte ich meine Sachen zusammen und, nachdem alles für den Aufbruch vorbereitet war, nahm ich mir die Karte vor und betrachtete die Tagesroute. Nach fünfzehn Kilometern war ein kleiner Fluß zu überqueren, der nächste Ort hieß Mamfe, die gestrichelte Linie dorthin laut Kartenlegende „eine teilweise verbesserte Naturstraße". Sie schlängelte sich auf dunkelgrünem Papier – tropischer Regenwald!

Mit meiner letzten Scheibe Brot im Bauch fuhr ich los, nach links in einen engen Pfad einbiegend. Die Äste und Zweige schlugen gegen Gepäck und Körper, und das Gras wickelte sich um Kette und Speichen. Über mir brach dampfend die Sonne aus den Wolken, und die naßverklebten, grünen Wände neben mir verschluckten das Gekreische und Gezeter der Vögel und Affen.

Als ich in einer Lichtung einen kleinen Hügel hinaufschob, begegnete ich zwei Männern, typischen Waldbewohnern: klein und gedrungen, ganz verschieden von den großen und schlanken Menschen der Savannen. Der ältere hielt einen Blechtopf und ein Haumesser in den Händen, am Gürtel seines Hüfttuches hing eine Wasserkalebasse. Der andere war besser ausgestattet, zu seinen langen Hosen trug er Plastiksandalen. Sie kamen aus einer kleinen Ansiedlung, die hinter ihnen im blauen Morgendunst lag.

Ich machte ein Bild und wollte wissen, wohin sie gehen. Da keiner Englisch konnte, machten sie mir in der Zeichensprache klar, sie würden im Busch nach Kakao suchen.

Nach zwei Stunden hatte der Grasweg aufgehört, und auf rotem, lehmartigen Boden konnte ich zügiger vorankommen.

Gegen Nachmittag wich der Wald zurück, aber dafür wurde der Weg um so schlimmer. Im Zickzack mußte ich um Felstrümmer fahren, das Rad über umgestürzte Bäume heben, und als ich ächzend einen hohen Berg erklommen hatte, verging mir vollends die Laune. Der Weg war bis in die Ferne mit einem Ragout aus Steinen, Ästen und Lehmbrocken bedeckt, und dazwischen zogen sich versandete Stellen und Schlammlöcher hin.

Es dauerte nicht lange, bis ob dieser fürchterlichen Reiterei ein beängstigend eierndes Vorderrad gebrochene Speichen signalisierte. Bloß gut, daß ich einmal Feilen gelernt habe! Alle meine afrikanischen Speichen waren nämlich viel zu lang und mußten vor dem Einziehen

Waldbewohner sind wesentlich kleiner als die Menschen der Savannen

mühsam gekürzt werden, sonst hätten sie mir den schon arg geflickten Schlauch auch von innen zerstochen!

Aber die Speichen und die Piste waren nur der halbe Teil der Leiden, der andere war die Sonne, die an diesem Tag vom wolkenlosen Himmel herunterbrannte. Zog ich wegen der Hitze mein Hemd aus, so drohte sie mich ganz zu grillen, ließ ich es an, so klebte es mir klatschnaß am Körper. Es gab nur eines: die Zähne zusammenbeißen und weitertreten, auch an diesem Tag mußte es Abend werden.

Als ich gegen Sonnenuntergang die Wellblechdächer von Mamfe sichtete, kamen sie mir wie ein Erlösungszeichen vor. Für achtzig Kilometer hatte ich dreizehn Stunden gebraucht, eine lächerliche Durchschnittsleistung im Verhältnis zu dieser Anstrengung.

Nach einer Kontrolle durch Soldaten am Ortseingang fuhr ich in die kleine Stadt, eine monotone Ansammlung ebenerdiger Häuser und Hütten mit den üblichen schmutzigen Gassen und Kramläden. Ich wankte in die erste Palmweinschenke, die ich zu Gesicht bekam.

Kannenweise trank ich das durststillende, billige Getränk, das ich nun schon lange kannte und das hier Bimbo genannt wird. Männer klopften mir freundschaftlich auf die Schultern und boten mir von einer scharfen Soße an, in die sie Kassavabrote tunkten. Mit dem Hinweis auf meine von der Sonne aufgeplatzten Lippen lehnte ich dankend ab.

Ich war so müde, daß ich kaum merkte, wie es draußen inzwischen Nacht geworden war. Auf der Suche nach einem Quartier kampierte ich schließlich außerhalb des Ortes in einem einzelstehenden leeren Steingebäude. Wie immer unter dem Netz, dem Rad daneben und der Hose als hartem Kopfkissen unter dem Ohr. Ich war zerschlagen genug, um ohne Mühe einschlafen zu können, und bald träumte ich von kühlen Herbsttagen, weißen Betten und saftigen Steaks.

Zweieinhalb Affen sind zuviel

Kamerun – woher stammt dieser Name? Als im 15. Jahrhundert die portugiesischen Seefahrer die Westküste Afrikas absegelten, entdeckten sie einen Fluß mit sehr vielen Krebsen. Sie nannten ihn „Rio dos Cameroes – Fluß der Krebse".

Daraus entstand der Name Camerones für das anliegende Mündungsgebiet, um das sich in der Folgezeit noch Holländer, Spanier und Engländer stritten.

Doch 1884 schloß überraschend der deutsche Afrikaforscher Dr. Gustav Nachtigal mit drei Häuptlingen dieses Gebietes sogenannte Schutzverträge ab und hißte die deutsche Reichsflagge – das Land war deutsche Kolonie geworden, und Nachtigal nannte es Kamerun.

Kaufleute, Handwerker, Beamte, Ärzte und Missionare kamen, errichteten Faktoreien, bauten eine Verwaltung auf, begannen den Kampf gegen Tropenkrankheiten und erschlossen das Hinterland.

Dann brach in Europa 1914 der erste Weltkrieg aus. In Kamerun leisteten die wenigen deutschen Schutztruppen den überlegenen Engländern und Franzosen eineinhalb Jahre lang Widerstand, bis sie kapitulieren mußten. Die Sieger teilten das Land unter sich auf. Der Ostteil wurde Französisch Äquatorial-Afrika angegliedert, ein kleinerer Weststreifen wurde der englischen Kolonie Nigeria zugeschlagen. Fortan wurde Kamerun in zwei verschiedene Richtungen getrieben, mit zwei verschiedenen Landessprachen. Über vierzig Jahre lang dauerte die Teilung, bis 1961 das Land zu einer freien und unabhängigen Bundesrepublik Kamerun wiedervereinigt wurde.

Kamerun besitzt viele schöne Küsten, eine herrliche Nordregion, Urwälder und Gebirge. Deshalb hat der Flugtourismus auch vor Kamerun nicht haltgemacht, und gerade von Deutschen wird das Land in den letzten Jahren immer mehr entdeckt.

„Man kann noch viele deutschsprechende Afrikaner aus der Kolonialzeit treffen“, werben die bunten Prospekte vieler Reisegesellschaften, und mir widerfuhr eine dieser aber doch wohl sehr seltenen Begegnungen in einem kleinen Dorf hinter Mamfe.

„Guten Tag, wie geht's“, sprach mich ein zahnloser Alter an, als ich mich während einer Rast den Dorfbewohnern als „German – Deutscher“ vorgestellt hatte. Im ersten Augenblick war ich sprachlos vor Überraschung. Doch als ich mich mit ihm weiter auf deutsch unterhalten wollte, sagte er nur ein Dutzend Haupt- und Zeitwörter herunter, die ihm damals, vor etwa 60 Jahren, wie ich mir schnell ausrechnete, als kleinem Jungen in einer deutschen Buschschule eingetrichtert worden waren. Er sagte noch: „Achtung! Auf Wiedersehen!“ und humpelte dann auf seinem Stock davon.

Aber außer deutschen Brocken kann man hier in Kamerun auch noch Pidgin-Englisch hören, ein abgewandeltes, mit afrikanischen Wörtern durchsetztes, einfaches Englisch, wobei technische Begriffe vielfach blumig umschrieben werden. Wenn z. B. ein Auto „am Fuß krank ist“, so hat es eine Reifenpanne, und ein „Luftlastwagen“ ist ganz einfach ein Flugzeug.

Bei meiner Weiterfahrt gen Süden begegnete ich vielfach großen Zeburinderherden, die vom Kameruner Hochland in die Schlachthöfe der Städte getrieben wurden. Wegen der Gefahr der Schlafkrankheit für die Tiere – die Überträgerin ist die Tsetsefliege – ist nämlich in den feuchtheißen Küstenniederungen keine größere Viehhaltung möglich.

Die Hirten – man nennt sie Bororos – hatten gewöhnlich die Arme über einem Stock eingehakt, der quer über ihren Schultern lag. Dann folgten ihnen Kopf an Kopf die langgehörnten Zebus, und am Schluß der Herde ging nochmals ein Hütejunge, von einem breitkrempigen Strohhut vor der Sonne geschützt. Freundlich und gelassen hoben sie die Hand zum Gruß, wenn ich an ihnen vorbeifuhr.

„Vom Sturzregen überrascht", heißt ein kurzer Satz in meinem Tagebuch, doch wem sagt das schon etwas. Ich will es ausführlich erzählen.

An einem Nachmittag baute sich eine dunkle, drohende Wolkenwand vor mir auf, und ferner Donner kündigte ein Gewitter an. Ich trat stärker in die Pedale. Staub wirbelte auf, bockige Windstöße packten mich, und der Himmel verfärbte sich tintenschwarz. Nur kein Regen, dachte ich, nur nicht auf dieser Lehmstraße. Doch der Himmel hatte kein Erbarmen mit mir, erste schwere Tropfen klatschten auf meinen Rücken, und keine Gelegenheit zum Unterstellen! In immer kürzeren Abständen schlugen Blitze beängstigend nahe im Umkreis ein, begleitet von infernalischen Donnerschlägen. Keuchend hing ich über dem Lenker, wo zum Teufel blieb das nächste Dorf, das ich schon längst hätte erreichen müssen? Ich hielt an, riß die Plastiktücher heraus und deckte das Gepäck ab. Keinen Augenblick zu früh, denn nun setzte ein Regen ein, für den ich in meiner Erinnerung kein Beispiel weiß. Das Wasser stürzte herab, als ob ein Staudamm gebrochen wäre. Augenblicklich war ich naß bis auf die Knochen, und das Rad schlitterte wie auf Schmierseife. Ich schaffte es noch bis um die nächste Biegung, dann mußte ich absteigen und aufgeben – die rettenden Hütten eines Dorfes keine hundert Meter vor den Augen! Ich versuchte zu schieben, aber Reifen und Schutzbleche waren so mit dem teigigen Lehm verkittet, daß sich nichts mehr drehte, hilflos stand ich pudelnaß in der Sintflut. Doch einige Jungen vom Dorf hatten mich erspäht und stürzten ungeachtet des Regens auf mich zu, und dann zogen und zerrten wir das schwere, vollkommen blockierte Rad in dem prasselnden Wolkenbruch durch einen roten Lehmbrei unter das nächste Hüttendach . . . Puh!

Ich wechselte meine vollkommen verdreckte Kleidung, frottierte mich ab, und als bald darauf der Regen so schnell aufhörte, wie er gekommen war, mußte ich erst mal zurückgehen, um meine verlorenen Schuhe wiederzufinden. Unterstützt von der gesamten Dorfjugend machte ich mich mit Wasser und Lappen daran, das Rad von dem Lehm abzuwaschen, doch war an eine Weiterfahrt wegen der aufgeweichten Straße nicht zu denken. (Nach solchen Sturzbächen versperren „Barrières de pluie" – Regenschranken – den Kraftfahrzeugen die Weiterfahrt. Sonst würde die aufgeweichte Straßendecke schon bald wie ein frischgepflügter Acker aussehen!) Ich war gezwungen, die Nacht in diesem Dorf zu verbringen, und erst am Nachmittag des folgenden Tages konnten sich wieder die Pedale drehen . . .

. . . sie drehten sich Richtung Kamerunberg, und als die befestigte Straße wieder erreicht war, tauchte diese höchste Erhebung Westafrikas wolkenverhängt aus dem Frühdunst vor mir auf. Dieses über 4000 Meter hohe Massiv mit jährlichen Niederschlagsmengen über 11 Meter zählt zu den regenreichsten Gebieten der Erde überhaupt, und das verspürte ich bald bei dem stundenlangen Hinaufschieben, denn mehrmals mußte ich vor Regengüssen unter die Dächer der vielen kleinen Ansiedlungen flüchten.

Die vulkanischen Böden des Kamerunberges bilden in Verbindung mit dem vielen Regen die Grundlage für eine großflächige Bananen-Plantagenwirtschaft. Hier habe ich mir die schönsten und süßesten Früchte kaufen können, Stückpreis nicht mehr als einen Pfennig!

Dann endlich war das Städtchen Buea erreicht, das in rund 1000 Meter Höhe am Südosthang liegt. Die deutschen Kolonisten wußten damals genau, warum sie Buea zum ersten Sitz der Kamerungouverneure machten, denn hier oben weht eine erfrischende, kühle Brise, der Ort selbst ist heute ein beliebter Luftkurort.

„Manga-na-lobe – Berg der Götter" wird der Kamerunberg von den Einheimischen genannt, und obwohl eine Besteigung trotz der Strapa-

Der Maiskorb der Frauen wird durch den Kopfgurt gehalten. Im Hintergrund das Kamerun-Massiv

zen sehr lohnend sein soll, zog ich es vor, am anderen Morgen wieder die Weiterfahrt anzutreten.

Dabei zeigte sich für kurze Zeit der rundgeschwungene Gipfel wolkenfrei, ein seltener Anblick, das satte Grün der mit Nebelwand bewachsenen Hänge stand scharf und klar gegen den blauen Himmel. Dann aber ließ ich meinem Stahlroß die Zügel schießen und raste 25 Kilometer nur bergab, von 1000 auf 0 Meter Höhe.

Als ich über eine weitgeschwungene Brücke nach Duala, der größten Stadt Kameruns hineinradelte, fielen mir in der Ferne Schiffsschornsteine, Masten und Kräne auf – der Hafen! Er ist der größte des Landes, und mit der Hoffnung, dort vielleicht ein deutsches Schiff finden zu können, reihte ich mich wieder in den Verkehrsstrom ein und folgte den Pfeilen der Hinweisschilder „Port – Hafen".

Um meinen Durst zu löschen, machte ich bei den vielen kleinen Restaurants am Hafengelände halt und – lief einem deutschen Seemann direkt in die Arme, der trotz des frühen Nachmittags schon mit ziemlicher Schlagseite und einem possierlichen Äffchen auf den

Schultern mir aus einer Bar entgegenschwankte.

„Was, m-mit dem Fahrrad von D-Deutschland nach hierher, nach Duala? Ah, astrein. Und die M-Mohrenkinder haben dir nichts zuleide getan? Weiß der Geier, ob ich dir das glauben soll. Komm mit an Bord, auf unserem ‚Zossen' kannst du mal wieder richtig futtern."

Das war Decksarbeiter Herbert aus Hamburg, und das war die Einladung zu einem weiteren kleinen Abenteuer. Doch ich will nicht vorgreifen. Den Rest des Tages verwöhnte mich der Smutje mit Bergen heimatlicher Kost, und als es Nacht wurde, war eine Koje zum „Knacken", um bei der Seemannssprache zu bleiben, bald gefunden. Mein Fahrrad hatte ich noch vorher im „Deutschen Seemannsheim" untergestellt, das sich in Hafennähe befindet.

Am nächsten Morgen kam Herbert mit betrübtem Gesichtsausdruck zu mir und sagte:

„Ich darf den Munki nicht nach Deutschland mitnehmen, da das Äffchen nicht geimpft ist. Deshalb schenke ich ihn dir, da du ja weiter durch Afrika fährst. Paß gut auf ihn auf, es ist ein liebes Tierchen."

Da stand ich nun mit dem Ding, das sich sogleich in meine Arme kuschelte und mich mit seinen runden Augen ängstlich anstarrte. Dem langen Schwanz nach zu urteilen war es eine Meerkatze, vielleicht ein halbes Jahr alt. Aber was sollte ich bloß mit einem Affen auf dem Fahrrad machen!

Ich überdachte das Problem in einem Liegestuhl auf dem Achterdeck, wo ich den ganzen Tag im frischen Luftzug unter einer Schattenpersenning verbrachte und das Verladen mächtiger Baumstämme in das griechische Nachbarschiff beobachtete. Währenddessen verwöhnte ich den Munki mit Bananen und mich mit Bier.

Plötzlich stürzte einer auf mich zu und schrie:

„Mensch, der Dampfer legt ab, mach, daß du aussteigst!" Den Munki packen und lossausen war eines, doch als ich nach vorne kam, waren die Leinen schon los und das Fallreep hochgezogen. Da stand ich nun, wie ein begossener Pudel, und war im Begriff, wieder nach Deutschland zurückzufahren.

„Hier, die Strickleiter", rief Herbert, „steig hinunter, los!" Ich schwang mich außenbords und kletterte, so schnell ich konnte, die schwingenden Sprossen hinab. Der Munki saß auf der Schulter, doch als ich unten ankam, war das Schiff schon knapp zwei Meter von der Kaimauer entfernt! Heiliger Strohsack! Sollte ich in den „Bach" springen? Oben hingen alle an der Reling und schauten mir gespannt zu. Ich berechnete kurz, wartete noch ein leichtes Hinschwenken des Schiffes zur Kaimauer ab, und dann stieß ich mich mit aller Kraft und federnden Knien von der Bordwand ab, der Munki kreischte auf – und ich landete denkbar knapp auf der Kaimauer! Oh! Die oben lachten und schrien „Bravo", und als ich hochblickte und zum Abschied winkte, warf ein Offizier einen weiteren Affen herunter.

„Fang", rief er, „wir bekommen sonst in Hamburg die größten Schwierigkeiten mit den Viechern."

Weich und sicher fiel ein kleiner Affe in meine ausgestreckten Hände. Ich setzte ihn zu dem Munki auf meine andere Schulter, und so ging ich mit zweieinhalb Affen wieder zum Hafentor hinaus. Ich hätte nicht soviel Bier trinken sollen bei dieser Hitze . . .

In Mamfe hatte ich meinen letzten Reisescheck in CFA-Franc, der Landeswährung von Kamerun, gewechselt. Jetzt in Duala betrug meine Barschaft umgerechnet noch ganze 15 Mark. Ich konnte mir ausrechnen, daß ich selbst bei sparsamstem Verbrauch damit kaum mehr bis Yaoundé kommen würde, wo ich eine größere Honorarüberweisung für meine Zeitungsberichte erwartete.

So geschah es – o Schande –, daß ich noch am selben Abend den mir anvertrauten Munki, der mir schon so ans Herz gewachsen war, im Seemannsheim an die Frau des leitenden Ingenieurs eines dänischen Frachters für 15 US-Dollar verkaufte. Den anderen, den Nachgeworfenen, „verscheuerte" ich für 2000 CFA (ca. DM 26,–) an einen jugoslawischen Seemann, der seinem kleinen Sohn versprochen hatte, von Afrika einen Affen mitzubringen.

Als ich am nächsten Tag ein wenig in Duala herumschlenderte, meinte ich, einen zwischen den vielen Autos auf dem großen Postplatz parkenden weißen VW-Bus irgendwo schon mal gesehen zu haben!

Richtig! Ich hatte mich nicht getäuscht! Es waren Deutsche von

Tamanrasset, die damals wie wir wegen Benzinmangels dort zwei Wochen festsaßen.

„Hoppla", sagte ich neckend, „seid ihr auch schon da?" Die Überraschung war natürlich groß, und es gab vieles zu erzählen, da sie fast die gleiche Route wie ich gefahren waren. Jetzt wollten sie ebenfalls nach Yaoundé, und als sie mir den Vorschlag machten, mich mitzunehmen, konnte, ja durfte ich nicht nein sagen, denn meine Aufenthaltsgenehmigung war noch ganze zwei Tage gültig, und nur in Yaoundé bestand die Möglichkeit einer Verlängerung! Wir holten mein Gepäck vom Seemannsheim, banden das Rad auf den Dachgepäckträger, und noch vor Mittag verließen wir Duala. Die Straße wurde bald so miserabel, daß ich Tage gebraucht hätte, um nach Yaoundé zu kommen. Fast 300 Kilometer führte sie nur bergauf. Doch mit dem Wagen schafften wir es noch vor Nachteinbruch am selben Tag.

Ich sitze fest

Ich bin also in Yaoundé, in der 1888 von den Deutschen gegründeten Hauptstadt Kameruns.

Westafrika liegt so gut wie hinter mir, aber es türmen sich bereits neue Probleme.

Bekomme ich die Aufenthaltsverlängerung, wo bleibt meine Geldüberweisung, erhalte ich Visa für die nächsten Länder, wann geht es weiter?

Die vorerst wichtigste und die in allen Großstädten immer wiederkehrende Frage der Unterkunft ist aber bereits bestens gelöst. Dank der Bekanntschaft mit einem Schweizer Missionar beziehe ich Quartier in einem leerstehenden Haus etwas außerhalb von Yaoundé. Es gehört französischen Ordensschwestern und soll innen neu hergerichtet werden. So mache ich mich hier also nützlich – streiche Fenster, repariere, verlege Leitungen – und dafür bin ich zu den Mahlzeiten im

Missionsgebäude eingeladen, das ein paar Straßenecken weiter auf einem Hügel liegt.

Arges Kopfzerbrechen bereitet mir aber die Geldüberweisung, die längst hier sein müßte. Zwar besitze ich noch einiges Geld von dem Affenhandel, aber wenn ich nicht so günstig wohnen und essen könnte, wäre ich aufgeschmissen.

Mein Paß befindet sich zur Zeit bei der Sureté Nationale. Ich mußte ein ausführliches Schreiben mit der Begründung meines verlängerten Aufenthalts mit einreichen. Hoffentlich dauert die Genehmigung nicht zu lange, da der Paß ja noch auf andere Botschaften mußte.

2. Woche

Nachdem ich in der Zwischenzeit nun sechsmal bei der Sureté war und beim letzten Mal diskret einen 500-CFA-Schein (6,50 DM) auf den Schreibtisch des Beamten schob, bekam ich vorgestern endlich die Aufenthaltsgenehmigung für drei weitere Wochen.

Anschließend ging ich gleich zur Botschaft von Zaire, und nachdem ich den üblichen langen Fragebogen ausgefüllt und eine Gebühr von etwa fünfzehn Mark bezahlt hatte, konnte ich überraschenderweise schon heute morgen ein Visum mit einem Monat Gültigkeitsdauer für dieses Land in Empfang nehmen.

Die britische Botschaft als diplomatische Vertretung von Sambia stempelte mir gar sofort – oh Wunder! – ohne Formulare und Unkosten ebenfalls ein einmonatig geltendes Visum für Sambia in den Paß. Damit wäre, was die Sichtvermerke anbetrifft, die Weiterreise bis zur rhodesischen Grenze gesichert, denn meine nächsten Länder, Gabun und Volksrepublik Kongo, verlangen von deutschen Staatsangehörigen kein Visum. (Womit die Einreise aber keineswegs schon gesichert ist.)

Am Wochenende war übrigens im *centre culturel* ein großes Folklore-Festival mit vielen Gruppen und Stämmen Kameruns: Tikar, Bamun und Bamiléké aus dem Grasland, Basa und Pygmäen aus den Regenwäldern im Süden und Südosten, Kirdi, Fulbe und Mandara aus den Steppen und Bergen im Norden. Im Beisein von hohen Persönlichkeiten wurden Tänze, Masken und farbenprächtige Kostüme gezeigt,

Folklore-Festival in Yaoundé

Tanzende junge Mädchen

die die jeweiligen Kulturen repräsentierten. Kamerun weist in ethnologischer Hinsicht eine sehr große Mannigfaltigkeit auf, wie man sie nur in ganz wenigen Staaten Afrikas finden wird.

Wenn ich abends keine Briefe schreibe, gehe ich entweder früh schlafen (auf dem Boden im Schlafsack) oder auf ein Bier in die kleine Bar gegenüber meinem Haus. Monique steht hinter der Theke und trällert ein Schlagerliedchen, während ich mich wegen des fehlenden Geldes mit mißmutigem Gesicht auf einen Hocker setze. Doch Monique lacht wie immer und mag sich über einen Europäer wundern, der die Hast seines Kontinents noch nicht abgelegt hat, obwohl ich doch jetzt schon beinahe fünf Monate in Afrika bin.

3. Woche

„Nein, bedaure, die Überweisung ist immer noch nicht da", sagen die auf der Bank und schütteln den Kopf, „kommen Sie morgen wieder" – und das jeden Tag aufs neue!

In der Mission habe ich eine Gruppe Schweizer Lehrer kennengelernt, die an der Universität Fachkurse für Kameruner Studenten geben. Auf ihren Vorschlag hin habe ich mein Handwerkerdasein aufgegeben und bin jetzt der Chauffeur ihrer zwei Mietwagen und gehe dem Koch zur Hand. Es ist immer was los bei ihnen, und übers Wochenende haben wir eine längere Exkursion ins Landesinnere geplant. Ich freue mich auf die Abwechslung.

Den Zwangsaufenthalt nütze ich natürlich auch aus, um Yaoundé näher kennenzulernen. Von dem etwa 1000 Meter hoch gelegenen Mt. Fébé hat man einen guten Überblick über die Stadt, die verstreut über viele Hügel liegt. Dank der Höhenlage herrscht hier im Vergleich zur Waschküche von Duala ein angenehm frisches Klima. Das Regierungsviertel mit den im modernen Architekturstil erstellten Gebäuden bildet einen krassen Gegensatz zu den vielen blechgedeckten Hütten der Afrikanerviertel. In der Innenstadt befinden sich links und rechts der beiden Hauptstraßen Niederlassungen europäischer Firmen und viele Haushaltswaren- und Textilgeschäfte afrikanischer oder libanesischer Händler, ein Marktviertel schließt sich an. Ein moderner Supermarkt versorgt die betuchteren Afrikaner und Europäer mit sämtlichen europäischen Waren und Lebensmitteln. Bettler und Leprakranke mit verstümmelten Händen hocken um Almosen bittend neben den Eingangstüren. Man sieht viele Autos, es gibt Hotels, und abends sitzen Touristen vor den Restaurants und schlürfen eisgekühlten, grünschillernden Menthe.

Sprachgewandte fliegende Händler schwatzen ihnen allerlei Krimskrams auf, und kleine, barfüßige Buben zeigen Kunststücke. Sie schlagen Rad oder wirbeln Stöcke in der Luft herum, während der Freund dazu auf einer umgebundenen Blechbüchse trommelt. Stolz ziehen sie von dannen, wenn ihnen ein paar Groschen zugeworfen werden.

4. Woche

Wir sind von der Autofahrt zurück, über 1000 Kilometer sind wir auf Naturstraßen gefahren. Das ist schon etwas anderes, nach so langer Radfahrt wieder mal ein Auto zu steuern. So habe ich noch ein Stück Kamerun kennengelernt. Im Bamilékéland wich der Wald einer Landschaft mit sanftgeschwungenen Hügeln, und in einem der vielen kleinen Dörfer erlebten wir ein Totenfest.

Auf einem Platz tanzte langsam und wiegenden Schrittes eine spiralförmig aufgereihte und mit Kopffedern, Ketten und Pferdeschwanzwedeln phantastisch geschmückte Menschenmenge, die von einer wehklagenden Frau angeführt wurde. In den Händen hielt sie ein Bild ihres verstorbenen Mannes, wobei sie mit einem Löffel im Rhythmus des Händeklatschens und monotonen Singsangs der umstehenden Frauen gegen den Rahmen schlug. Wir konnten in Erfahrung bringen, daß solche Totenzeremonien eine dreimonatige Trauerzeit abschließen.

Gestern sind wir spätabends angekommen, und jetzt gehe ich wieder zur Bank, zum wievielten Male schon. Ich brauche nichts mehr zu sagen, man kennt mich schon gut.

„Es tut uns leid, Monsieur Hermann, wir haben nichts bekommen."

Ich kann es nicht glauben, denn inzwischen habe ich per Briefpost den Einzahlungsschein von zu Hause nachgeschickt bekommen.

„Hier", sage ich, „sehen Sie, das Geld wurde vor sieben Wochen an Ihre Bank überwiesen."

Ich sage das nicht gerade freundlich, aber ich kann doch hier in Yaoundé nicht meinen Lebensabend verbringen.

Ebenso unwirsch zieht man mir zum Beweis des nicht vorhandenen Papieres eine Reihe Schubladen auf, und plötzlich bleibt dem Angestellten das Wort im Halse stecken: In einer der untersten Schubladen liegt die Zahlungsanweisung! Seit drei Wochen schon, wie ein Vergleich des Datums ergibt! Man entschuldigt sich vielmals mit Verbeugungen, ich aber bin in Gedanken schon auf der Weiterfahrt. Endlich! Ich gehe zur Kasse und lasse mir CFA- und französische Franc geben, fahre zur Mission und packe noch in der gleichen Stunde meine Sachen. Morgen früh will ich mit frischgespanntem Sattel den Urwaldzonen von Gabun und des Kongos entgegensteuern!

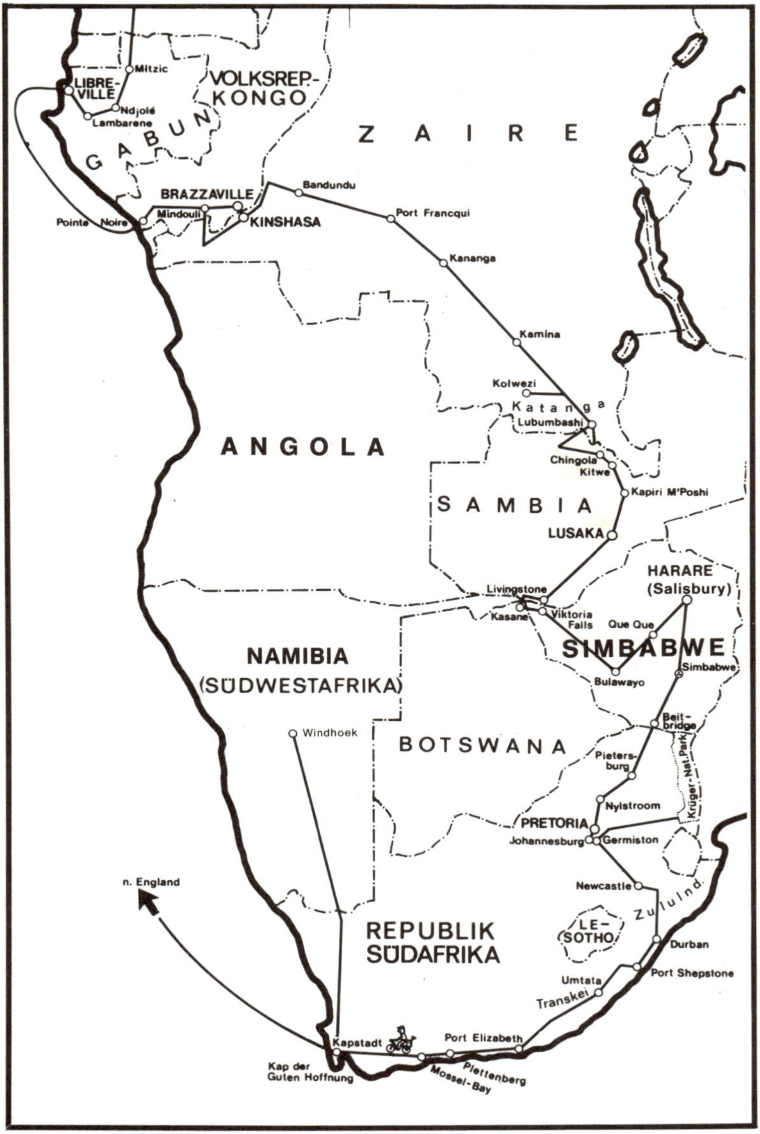

LIBRE-
VILLE
Mitzic
Ndjolé
Lambarene
VOLKSREP.
KONGO
GABUN
ZAIRE
Bandundu
BRAZZAVILLE
Port Francqui
Mindouli
KINSHASA
Pointe Noire
Kananga
Kamina
Kolwezi
Katanga
Lubumbashi
ANGOLA
Chingola
Kitwe
Kapiri M'Poshi
SAMBIA
LUSAKA
HARARE
(Salisbury)
Livingstone
Kasane
Viktoria
Falls
Que Que
SIMBABWE
Simbabwe
Bulawayo
NAMIBIA
(SÜDWESTAFRIKA)
Windhoek
Beit-
bridge
BOTSWANA
Pieters-
burg
Krüger-Nat.Park
Nylstroom
PRETORIA
Johannesburg
Germiston
n. England
Newcastle
Zululnd.
REPUBLIK
SÜDAFRIKA
LE-
SOTHO
Durban
Port Shepstone
Umtata
Transkei
Kapstadt
Port Elizabeth
Kap der
Guten Hoffnung
Mossel-Bay
Plettenberg

Afrikanische Delikatessen

Die Fahrt zur etwa dreihundert Kilometer südlich von Yaoundé befindlichen Grenze zwischen Kamerun und Gabun wurde eine Wettfahrt gegen die Zeit!

Ganze zwei Tage war meine Aufenthaltsgenehmigung für Kamerun noch gültig, und wollte ich nicht durch die mir schon sattsam bekannten Mühlen afrikanischer Bürokratie gedreht werden (bei abgelaufener Aufenthaltsgenehmigung hätte das an der Grenze zumindest geheißen: zurück nach Yaoundé), mußte ich alles dransetzen, um noch innerhalb dieser achtundvierzig Stunden das Land zu verlassen!

Mit einer kräftigen Brise im Rücken raste ich dann auch förmlich über eine gute, waldgesäumte Straße dem Süden zu, doch als sie nach 70 Kilometern in eine Lehmpiste mündete, war es mit dem guten Stundendurchschnitt des Vormittags wieder vorbei. Trotzdem legte ich bis zum Abend nochmals die gleiche Distanz zurück und verbrachte die Nacht in einem Dorf.

Je näher ich aber anderntags der Grenze kam, desto mehr verschlechterte sich der Weg, und es bestand keine Aussicht, noch vor Nachteinbruch die Grenze zu erreichen. In dieser Notsituation beschloß ich, das Rad und mich einem zufällig vorbeikommenden Buschtaxi anzuvertrauen. Ich verfrachtete Rad und Gepäck auf das Dach, bezahlte meinen Obolus und dann begann eine Autofahrt, die es wert ist, genauer geschildert zu werden.

Am Steuer saß ein Bursche, kam älter als achtzehn Jahre, eine Schirmkappe verwegen ins Gesicht gezogen. Obwohl sein Gefährt nicht mehr als fünfundzwanzig Sitzplätze aufwies, zählte ich vierzig Erwachsene, ein Dutzend Kinder und zwei Ziegen. Über unseren Köpfen wölbte sich bedrohlich das Blechdach ob des gewaltigen darauflastenden Gepäckberges.

Dann begann es an allen Ecken und Enden zu klappern und zu scheppern, ein Zeichen dafür, daß wir losgefahren waren. Als das Fahrzeug zu seiner Reisegeschwindigkeit aufgelaufen war (gleichbedeutend mit durchgetretenem Gaspedal), schwoll der Lärm so an, daß ich jede Minute das Auseinanderbrechen der Karre erwartete.

Mit halbsbrecherischem Tempo preschten wir durch die Dörfer. Hühner, Hunde und Kinder stoben um ihr Leben laufend aus der Fahrbahn, aber einmal war doch ein kleines Schweinchen zu langsam gewesen. Mit himmelangestreckten Beinen verzappelte es überfahren sein Erdendasein, während die Dörfler mit erhobenen Armen hinter uns dreinfluchten.

Der ganze Bus brüllte vor Vergnügen. Die Passagiere schienen solche Zwischenfälle als willkommene Abwechslung anzusehen, während mir himmelangst war. Auch nach zwei weiteren „erlegten" Hühnern jagte der Bursche das Gefährt unverzagt über schmale Brücken und um unübersichtliche Kurven, als ob er nicht vier Dutzend Menschen, sondern eine Ladung Kartoffelsäcke transportieren würde.

Ich jedenfalls dankte dem Schicksal, daß ich abends noch lebte.

Der Wagen hielt direkt an einem kleinen beflaggten Gebäude, wo ich und ein paar andere Grenzgänger die Papiere abgeben mußten.

„A demain", schnarrte ein schnauzbärtiger Schwarzer, als er meinen Paß nachgeprüft hatte, morgen früh solle ich wiederkommen.

Im Bus hatte ich mich mit einem Afrikaner angefreundet, und nun machten wir einen Rundgang durch den Ort.

An einer Ecke fanden wir ein Haus, das sich stolz „Restaurant" nannte. Wir traten ein und ließen uns auf zwei rohe Sitzmöbel nieder, auf dem Tisch stand eine leere Weinflasche mit einer Kerze darauf. Eine Negermammy erschien, und während sie die Kerze anzündete, fragte sie nach unseren Wünschen. Mein Begleiter bestellte, und ich sagte: „Das gleiche", obwohl ich die beiden in ihrer Sprache nicht verstanden hatte. Bald danach wurden uns ein großer Laib Maniok und zwei Flaschen Wasser aufgetischt, dazu stellte die Frau noch einen Topf mit heißer, dicker Soße, in der einige Fleischbrocken schwammen. Mit einem Löffel schöpfte sie jedem von uns etwas davon in einen Plastiknapf, und nun konnte man beweisen, daß man die Finger noch zu gebrauchen wußte.

Mit Mittel- und Zeigefinger bohrte ich ein Stück von dem Maniok ab, knetete ihn in der Hand zu einem kleinen Kloß, drückte eine Vertiefung hinein, ließ ihn zwischen Daumen und Zeigefinger gleiten, tunkte ihn in die schlüpfrige scharfe Soße und führte ihn ohne herabfallende Tropfen zum Mund, was mir die Bewunderung des Afrikaners eintrug.

Das Fleisch allerdings zerkleinerte ich zuerst ein wenig mit meinem Taschenmesser, es war mager, fest und langfaserig und hatte einen leichten Wildgeschmack.

„Was ist das für ein Fleisch?" fragte ich mein Gegenüber. „Es schmeckt gut."

„C'est du singe", gab er mir zur Antwort, und ich muß gestehen, daß ich dieses französische Wort damals noch nicht kannte. Aber als

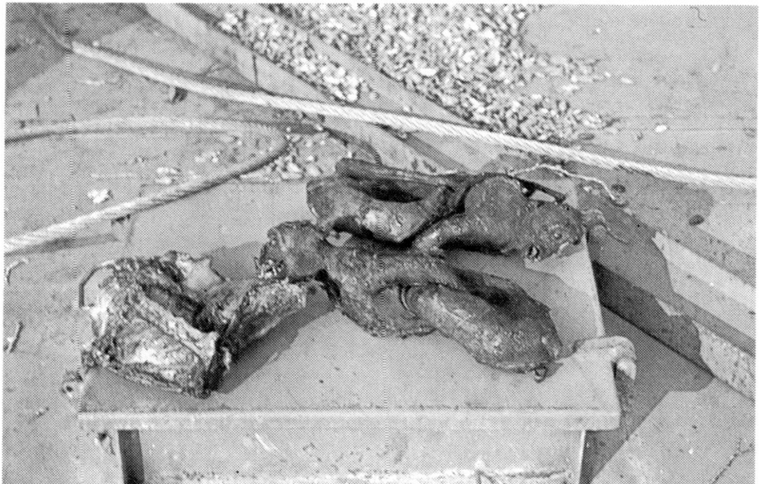

Das Leibgericht der Afrikaner: Gebratene Affen

Kameruner konnte er ja auch einiges Englisch, und als er dann „singe" mit „monkey" übersetzte, war alles klar, denn auf deutsch heißen beide Wörter „Affe" . . .

Ich aß trotzdem weiter. Für einen Afrikaner soll ja Affenfleisch die Spitze aller Fleischgenüsse sein, warum also nicht auch für mich, dachte ich.

Ich erinnere mich an Dörfer, wo Affen an Baumästen hängend zum Verkauf angeboten wurden. Dabei hatte man die Schwänze durch Schnitte hinten in den Nacken wieder zum Maul herausgeführt und verknotet, so daß die feisten Braten bequem wie Koffer nach Hause getragen werden konnten. Und da wir gerade bei kulinarischen Genüssen sind: In Dahome gibt es eine Buschratte, das Agouti, die man in Stücke geschnitten und geräuchert auf den Märkten kaufen kann. Leckerbissen dieser Art blieben mir aber erspart.

Für die Nacht konnte ich gegen einen geringen Betrag Unterkunft in einem einfachen Gästehaus finden, das Durchreisenden zur Verfügung stand. Am anderen Tag holte ich meinen abgestempelten Paß wieder ab, und dann stand ich an der Pforte von Gabun.

Im tropischen Regenwald von Gabun

Gabun ist flächenmäßig nur wenige Quadratkilometer größer als unsere Bundesrepublik Deutschland. Um aber einen Begriff von den Ausdehnungen der dortigen Wälder zu bekommen, stelle man sich die gesamte Bundesrepublik mit Ausnahme von Nordrhein-Westfalen als ein wucherndes, immergrünes Waldgebiet vor. Und hier wohnen nicht 60 Millionen Menschen wie bei uns, sondern ganze 600 000!

Diese Ausdehnungen sind eine Folge der durch die geographische Lage bedingten feuchtheißen Klimaverhältnisse. In diesen Zonen nördlich und südlich des Äquators verteilen sich bis auf wenige Ausnahmen die Niederschläge fast gleichmäßig über das ganze Jahr, was im Zusammenhang mit der sehr starken Sonneneinstrahlung

Dampfend steigt der Dunst aus dem tropischen Regenwald empor

eine treibhausartige Schwüle hervorruft und damit die Vegetationsbedingungen für den wuchernden, feuchtheißen und den wegen seiner Undurchdringlichkeit vielmals geschilderten Urwald schafft.

Doch sollte man beachten: Den Begriff Urwald bezieht man heute nur noch auf die Form des wirklich urwüchsigen, des selten von Weißen durchstreiften, ursprünglichen und unberührten Waldes. Dieser sogenannte „primäre Regenwald", um ihn einmal genauer zu beschreiben, baut sich stockwerkartig vom Boden in die Höhe. Auf der untersten Stufe findet man Farne, Pilze, Schwämme und Kräuter, die in feuchter, warmer Dämmerung wuchern. Die nächste Etage bilden Sträucher von einigen Metern Höhe und Jungbäume. Das dritte Stockwerk, die Hauptstufe, setzt sich aus den Kronen der ausgewachsenen Bäume zusammen, die durchweg Höhen von 30 bis 40 Metern erreichen. Betrachtet man dieses wogende, lichtschluckende Blätterdach von einem Flugzeug aus, erkennt man, wie einzelstehende Baumriesen als viertes Stockwerk und als sogenannte Turmregion die Hauptstufe um nochmals 20 bis 30 Meter überragen. (Der höchste

Urwaldriese, der in Kamerun gemessen wurde, hatte eine Länge von 68 Metern!)

Armdicke Lianen, Kriechpflanzen und die am Boden abgestorbenen Bäume verketten die unteren „Stockwerke" so dicht, daß dabei nur noch Elefanten durchkommen, die alles niedertrampeln, und Schlangen, die hindurchkriechen.

Doch diese primäre Form des Regenwaldes findet man immer seltener, da der Mensch rodend und siedelnd tiefer und tiefer in die unberührte Wildnis vordringt. Man hat die Wälder als Rohstofflieferanten für die Industrie entdeckt! Motorsägen bringen in wenigen Minuten Bäume zu Fall, die in ihrem jahrhundertelangen Wuchs seither nur von Naturgewalten und ihrem eigenen Absterben bedroht waren. Dichtbesiedelte Länder wie Nigeria und Ghana können sich ungenutzte Urwälder schon gar nicht mehr leisten, man braucht Platz für neue Felder (Brandrodung) und neuen Lebensraum.

Bei dieser Durchforstung entsteht der sogenannte „sekundäre Regenwald", der bei weitem nicht mehr den Artenreichtum von Pflanzen und Tieren des echten Regenwaldes aufweist, sondern eher verhältnismäßig gleichförmig ist.

Und durch diese Gleichförmigkeit fahre ich seit Tagen mit meinem Fahrrad, manchmal stundenlang, ohne auch nur einen einzigen Menschen zu erblicken. Jetzt beginnt das einst in der Wüste so heiß ersehnte Grün in seiner Monotonie erdrückend zu werden, und noch lange Wochen werde ich bis auf wenige Ausnahmen wohl nichts anderes zu sehen bekommen. In dieser wuchernden Üppigkeit fühlt man sich eingeschlossen, und das zerrt an den Nerven.

Betrachte ich aber diese urwüchsige Landschaft mit dem Auge des Fotografen, so ist es doch irgendwie ein schönes Bild. Unter mir der ziegelrote Staub der Lateritstraße, an den Seiten Grün in allen Abstufungen, und darüber ein klarblauer Himmel, der aber zuweilen hinter überhängenden Bambusstauden verschwindet.

Da – etwas Schwarzes windet sich geschmeidig wenige Meter vor mir über den Weg – eine Schlange! Ruckartig ziehe ich die Bremsen, komme gerade noch zum Halten, während die Schlange mit elastischen Sprüngen über Steine und Äste im Dickicht verschwindet – das war knapp!

Ich fahre weiter, und erst eine halbe Stunde später kommt mir diese unliebsame Begegnung richtig zum Bewußtsein. Was wäre geschehen, wenn ich die Schlange angefahren hätte? Wäre sie hochgeschnellt, und hätte sie mich in die Beine gebissen? War sie giftig? Der Farbe und Länge nach könnte es eine schwarze Mamba gewesen sein! Nicht auszudenken! Ich habe kein Schlangenserum dabei, nur eine scharfe Rasierklinge und einen Arterienabbinder. Aber bei einer schwarzen Mamba hätte ich mir den Versuch des Aufschneidens und Aussaugens ersparen können: Das Gift dieser gefürchtetsten Schlange Zentral- und Südafrikas lähmt innerhalb kürzester Zeit die Nerven und führt den Tod herbei, falls nicht sofort ein Gegengift gespritzt wird!

Gegend Abend mache ich halt in einem Dorf. Ein sand- und lehmgestampfter Platz, 100 mal 200 Schritt groß, in den Wald geschlagen, darauf eine Handvoll fensterloser Rechteckhütten mit Giebeldächern, errichtet aus dem Material, das der Busch liefert: Bambusstöcke und Knüppelhölzer für die Wände, Lehm vom Fluß zum Ausfachen, Raphia-Palmblätter als Dachauflage.

Ich lehne mein Rad an eine Hütte und sehe mich weiter um. Kugelbäuchige Kinder spielen mit Blechbüchsen, ein paar Hühner scharren im Sand, ein Mann und ein Junge sind dabei, Kakaobohnen, die zum Fermentieren tagsüber in der Sonne lagen, in Säcke einzufüllen. Jetzt sind sie fertig, und der ärmlich gekleidete Junge nähert sich mir.

„Bonjour“, sage ich, „kann man bei euch übernachten?“

Der Junge betrachtet das Fahrrad und fragt dann: „Vous êtes sportif – sind Sie Sportler?“

Ich nicke, und er geht wieder zurück und bespricht sich mit seinem Vater, dann winkt er und geleitet mich zu der größten Hütte und öffnet eine Tür, dem Mobiliar nach scheint es sein Raum zu sein. Zwei uralte französische Bettgestelle stehen darin, eines ist leer, hier könne ich schlafen.

„Bien“, sage ich, und schnalle mein Gepäck ab.

Ich habe Hunger und will mir etwas kochen, doch da keine Feuerstelle im Freien ist, gehe ich mit meinem Topf und der letzten Trockensuppe von Yaoundé in die nebenstehende Hütte.

Ich muß mich bücken, um durch den niederen Eingang hineinschlüpfen zu können. Ein Geruch von verkohltem Holz, feuchter Erde und Schweiß schlägt mir entgegen. Als sich meine Augen an die Dunkelheit gewöhnt haben, erkenne ich eine Frau, die neben einer Feuerstelle sitzt und zwischen zwei großen Steinen Maiskörner zerdrückt. Der Herdrauch hat das karge Inventar mit einer dunklen Patina überzogen, von der Decke hängen Ablagebretter, und darauf liegen Schöpfkellen und rußige Kessel. In der Nähe des Feuers trocknen auf einem flachgeklopften Benzinkanister tabakähnliche Blätter, zwei Meerschweinchen huschen pfeifend an meinen Füßen vorbei, und in einer Ecke sitzt ein nacktes Kind, das mich furchtsam anstarrt.

Die Frau hat meine Grußworte nicht verstanden, nickt aber mit dem Kopf, als ich mit Handbewegungen mein Vorhaben erkläre. Dann stelle ich den wassergefüllten Topf auf das Feuer und setze mich auf einen Stein daneben, während sie, ohne mich weiter zu beachten, den Rest der Maiskörner zerquetscht, bedächtig und sorgsam, so wie das hier wohl seit Jahrhunderten geschieht.

Als die Nacht hereinbricht, mache ich in Begleitung des Jungen noch Besuche in anderen Hütten. In einer verweilen wir längere Zeit und sitzen dabei auf dem Boden. Man hört nur die Stimmen der Bewohner, außer dem rotglimmenden Auge des Feuers ist nichts zu erkennen, und der Junge übersetzt meine Erzählungen in die Dunkelheit hinein.

In solchen Minuten kann man sich an den Beginn der Zeit zurückversetzt fühlen, ehe die Menschen die Eile erfunden haben ...

Dann gehen wir zurück, und ich krieche in meinen Schlafsack. Als ich den Docht der Petroleumlaterne herunterdrehen will, protestiert der Junge höflich, aber bestimmt: beaucoup des démons – viele Geister gibt es in der Nacht! So lasse ich sie brennen, und bald wiegt mich das Quaken der Frösche von einem nahen Tümpel in den Schlaf.

Versuchter Überfall

Anderntags radelte ich weiter, in die Urwaldschwüle hinein. Gleichbleibende Bilder: Wald, majestätische Bäume, dann und wann ein Dorf, vom Regenwald umkrallt. Unter offenen Palaverhütten saßen Männer, Kinder, die mir nachrannten und nachstarrten, bis ich um die nächste Biegung verschwunden war. Badeleben an den Flüssen, erschrecktes Gekicher und prustendes Untertauchen der Mädchen, wenn ich lautlos daherkam. Ausgebreitete Tücher lagen zum Bleichen in der Tropensonne. Frauen kamen mit Tragekörben, gebeugt unter der ungeheuren Last von Brennholz und Planten, den harten Kochbananen. Die Straße: immer noch Staub, ein elendes Gezirkel um Steine und Löcher.

Am Grenzposten, den ich, nachdem ich Kamerun verlassen hatte, erst 60 Kilometer landeinwärts erreichte, hatte man mir ein Informationsblatt in die Hände gedrückt. Das Straßennetz von Gabun hat eine Länge von 5595 Kilometern, davon sind asphaltiert: ganze 120 km – schlecht für einen Radfahrer!

Doch sollte man sich von diesen wenigen Asphaltkilometern nicht täuschen lassen, Gabun ist eines der reichsten Länder Afrikas! Waren noch bis vor wenigen Jahren Edelhölzer das einzige Exportgut des Landes, so hat man heute riesige Ölvorkommen vor der Küste gefunden. Sie haben zusammen mit den Mangan-, Uran- und Eisenerzlagern dazu beigetragen, daß, nach dem Pro-Kopf-Einkommen gerechnet, Gabun in der Rangliste afrikanischer Staaten den dritten Platz (nach Südafrika und Libyen) einnimmt. Mit anderen Worten: Der Reichtum des Landes macht es möglich, daß Gabun in den nächsten Jahren die Straßen (ich begegnete großen Baustellen), Eisenbahnen, Häfen, Krankenhäuser, Schulen usw. selbst bauen kann, die ihm bei der Erlangung der Unabhängigkeit 1960 zum größten Teil noch fehlten.

Eines Abends war ich zu Gast in einer Missionsstation, wie man sie in fast allen größeren Ortschaften findet (aber wann findet man in Gabun schon größere Ortschaften!). Im flackernden Schein einer Petroleumlampe servierte mir die Frau des „père" ein einfaches, aber wohlschmeckendes Abendessen.

„Sie befinden sich im Gebiet der Fang", sagte der père, „seien Sie vorsichtig, weichen Sie nicht von der Piste ab . . ."

Ich blickte auf das Gewehr hinter ihm an der Wand, das seinen Worten Nachdruck zu verleihen schien. Schon oft hatte man mir solche Warnungen mit auf den Weg gegeben. Doch nach meinen Erfahrungen erwiesen sich böswillige Behauptungen über Nachbarstämme bei näherem Hinsehen meist als Ausdruck uralter Stammesfehden.

Dennoch muß ich gestehen, daß ich mich seit meiner Fahrt durch den tropischen Regenwald zeitweilig gewisser Angstgefühle nicht erwehren konnte. Die Menschen schienen nicht mehr so offenherzig und frei wie die Savannenvölker zu sein, manchmal verspürte ich sogar unverhülltes Mißtrauen und Fremdenfeindlichkeit. Ich führte das aber weniger auf meine Hautfarbe als Weißer zurück, sondern erklärte dieses Gebaren eher mit der Theorie mancher Ethnologen, nach der die Waldvölker in früheren Jahrhunderten von den Savannen in die lebensfeindlichen Urwälder abgedrängt wurden und sie beim Kampf ums Dasein unter ungleich härteren Bedingungen sich nicht nur körperlich veränderten, sondern auch eine Lebens- und Denkweise erwarben, die sie mißtrauisch gegenüber allem Fremden gemacht hat. Das trifft besonders auf die Pygmäen zu, die in den isoliert liegenden Waldgebieten Zentralafrikas umherstreifen. Als Wildbeuter und Sammler haben sie sich einer feindlichen Natur angepaßt und dabei spezielle Fähigkeiten zum Überleben entwickelt. Aus dieser Waldverbundenheit leitet man ihr Feindverhalten gegen alle Eindringlinge ab. Es richtet sich nicht nur gegen Weiße, sondern auch gegen die waldzerstörenden Hackbauern und sogar gegen die Oberhoheit der betreffenden Staaten (Zaire, Kongo, Kamerun und Gabun).

Doch zurück zur Mission. Nachdem es in der Nacht geregnet hatte, erwartete ich am anderen Morgen, wegen aufgeweichter Straßen nicht allzuweit voranzukommen. Doch weiter gegen Süden war überhaupt kein Regen gefallen, und es schien wieder eine der üblichen Etappen zu werden.

Dann aber, ich mochte vielleicht 30 Kilometer geradelt sein, kam mir in einem der vielen Hohlwege ein geländegängiger Wagen entgegen. Ich ahnte nichts Gutes, als das Fahrzeug quer zur Straße anhielt und zwei Männer ausstiegen.

Ich hörte auf zu treten und ließ das Fahrrad ausrollen.

„Arrêtez", sagte der eine. „Sie sind Tourist, haben Sie genügend Geld dabei? Zeigen Sie es her!"

Das war es also! Ich gab eine ausweichende Antwort, denn daß die beiden keine Zollkontrolleure waren, für die sie sich einfältigerweise auch noch ausgaben, war mir sonnenklar. Hier hieß es, trotz der glühenden Hitze einen kühlen Kopf behalten. Ich mußte alle meine Sprachkenntnisse zusammenraffen, um den beiden die Fragwürdigkeit ihrer Absicht vor Augen zu führen, mich, „einen bekannten Weißen, der in der Hauptstadt Libreville zum 13. Jahrestag der Unabhängigkeit schon erwartet würde", in meinem Gastland Gabun auszurauben. Solche listige Ausreden hatten mir schon mehrmals aus ähnlichen Situationen herausgeholfen.

Doch die beiden waren nicht von ihrer Absicht abzubringen. Sie drohten sogar, mich nun in ihrem Fahrzeug mitzunehmen, und dazu müßten sie nur noch weiter vorne den Wagen wenden (das Gestrüpp stand so dicht am Wegrand, daß an diesem Platz keine Möglichkeit dazu bestand). Aber offenbar schienen sie es doch für besser zu halten, sich im wahrsten Sinne des Wortes aus dem Staube zu machen, denn hinter einer roten, hochaufwirbelnden Staubwolke verschwanden sie in der Richtung, aus der ich gekommen war. Ich aber pries meine Vorsicht, schon seit langem den Großteil meines Bargeldes im Schraubboden meiner Thermosflasche versteckt zu haben . . .

Am Nachmittag erreichte ich die erste Siedlung des Tages. Der Karte nach war eine größere Ortschaft zu erwarten, aber statt dessen fand ich nur eine Ansammlung von Blockhütten zwischen einer Weggabelung und dem Waldrand. Schmutzige Kinder gafften mich an, und ein Alter höhlte einen Baumstumpf zu einer Schlitztrommel aus,

Afrikanische Frauentypen

jener Trommelart, die noch heute zur Nachrichtenübermittlung verwendet wird. Ich setzte mich zu ihm und überlegte, ob es nicht besser wäre, gleich hier eine Stelle zum Übernachten zu suchen; denn wieviel Kilometer es bis zum nächsten Dorf waren, hatte mir keiner von den wortkargen Dorfbewohnern sagen können.

So mochte ich vielleicht eine halbe Stunde gesessen haben, als sich ein paar Männer näherten und mich um Geld und Alkohol angingen. Schon wieder! Die Aussicht, hier die Nacht verbringen zu müssen, war mir nicht ganz geheuer! Ich konnte sie mit Fragen über das Dorf und den Verlauf der Abzweigungen von ihrem Ansinnen etwas ablenken und erfuhr, in dieser Richtung könne man „blancs – Weiße" finden, dieser Weg führe zu einem Holzeinschlaglager!

Im Nu waren meine Besorgnis und Müdigkeit verschwunden, ich mußte dieses Lager noch vor Einbruch der Dunkelheit erreichen! Ich schwang mich auf das Rad und fuhr der Piste nach in den Wald hinein. An zwei Abzweigungen mußte ich mich auf mein Gefühl verlassen, doch dann verrieten immer häufigere Einschlagschneisen, daß ich die richtigen Wege gewählt hatte.

Ich hatte etwa zehn Kilometer zurückgelegt, als plötzlich hinter einer Biegung Menschen auftauchten, die in kleinen Gruppen beieinander standen und auf etwas zu warten schienen. Als ich abstieg, bemerkte ich einige Frauen und Männer, die mit ascheverschmierten, schweißglänzenden Gesichtern und stierenden Blickes im Gras saßen.

Was ging hier vor?

Noch ehe ich die Frage an jemanden richten konnte, fing unvermittelt im Gebüsch rechts neben mir ein wildes Getrommel an, Zweige teilten sich, und aus einem Pfad wurde eine bewegungslose Frau von zwei Männern herausgetragen, ein dritter folgte nach, das Gesicht furchterregend mit roten und weißen Farben angemalt, um den Körper ein Leopardenfell geschwungen, Rasseln und Tierklauen an Armen und Beinen. So stand er nur wenige Meter vor mir und blickte mich mit dunklen, starrenden Augen an – mir lief es eiskalt über den Rücken. Doch ohne ein Wort zu sagen, drehte sich die Gestalt wieder um und verschwand mit ihren Begleitern, die inzwischen die Frau auf den

Boden gelegt hatten, im Gebüsch.

Vom ersten Schrecken erholt, versuchte ich, von den Leuten Näheres zu erfahren. Hier fand offenbar eine Krankenbeschwörung statt, die Austreibung böser Geister durch einen Medizinmann, und die Leute waren wartende Angehörige. Aber niemand war zu einer Auskunft bereit, wie schon oft erlebte ich auch hier wieder, daß sich ein Afrikaner höchst ungern mit einem Weißen auf eine Unterhaltung über Stammesriten und -zeremonien einläßt. Einige machten sogar die Bewegung des Halsabschneidens, falls ich es wagen sollte, mit meiner Kamera bis zu den Trommeln vorzudringen, was ich nämlich nach meinem erfolglosen Fragen vorhatte.

Nach dieser unmißverständlichen Drohung hielt ich es für besser, weiterzufahren. Doch das Erlebnis stimmte mich nachdenklich. Die Transistorradios, die manche der europäisch gekleideten Männer in den Händen hielten, konnten nicht darüber hinwegtäuschen, daß trotz allen Eindringens moderner Technik in den Busch heute noch mystische Anschauungen von Ursache und Heilung einer Krankheit bei vielen Afrikanern lebendig sind. Die Kranken werden wohl erst dann neuzeitliche ärztliche Hilfe in Anspruch nehmen, wenn sich herausgestellt hat, daß die Kunst des Medizinmanns vergeblich war.

Die Sonne war eben im Begriff, hinter den Baumwipfeln zu verschwinden, als ich auf eine Lichtung stieß, auf der sich mobile Baracken, Lastwagen und Sattelschlepper befanden – das Holzcamp!

Ich hielt auf das größte Gebäude zu, das von zwei scharfen Hunden bewacht wurde, und auf deren Anschlagen hin ein Mann in der Tür erschien. Er war Franzose, und als er hörte, daß ich Deutscher bin, sagte er lächelnd: „Dann kommen Sie nur herein, Sie können sich gleich auf deutsch weiter unterhalten."

Das war natürlich eine genauso große Überraschung für mich wie auch für Manfred, einen Motoren-Techniker aus Bayern, der hier im tiefsten Busch afrikanische Chauffeure auf zwei nagelneuen, unlängst von Deutschland gelieferten Sattelschleppern einlernen mußte. Da er kaum Französisch sprach, freute er sich um so mehr, einmal seinen angestauten Unmut über seine Fahrschüler mit kernigen bayerischen

Worten loswerden zu können.

Wir saßen noch bis spät in die Nacht beisammen, und bevor wir uns zur Ruhe begaben – ein leeres Bett war für mich gleich gefunden –, sagte Manfred zu mir: „Ich habe morgen mit meinem Fahrzeug eine Ladung Stämme nach Ndjolé, einem Holzsammelplatz, zu transportieren, etwa 120 Kilometer südlich von hier. Da könntest du gleich . . ."

Ja, und so kam es, daß ich anderntags in einem deutschen Sattelschlepper modernster Bauart mit zwölf Gängen – 48 Tonnen Okoumé-Holz im Rücken – durch den Regenwald von Gabun „donnerte". Doch „donnerte" ist bezüglich der Geschwindigkeit übertrieben, denn die Fahrt über enge Buschpisten, unbefestigte Serpentinen und gefährlich schwache Holzbrücken nahm fast den ganzen Vormittag in Anspruch.

Dabei überquerten wir auch den Äquator, nunmehr über 5000 Kilometer südlich von der Heimat entfernt. Ein Schild zeigte den Wechsel der nördlichen zur südlichen Erdhalbkugel an.

Aber dann war Ndjolé erreicht, und unser Sattelschlepper stoppte hart an der Kante eines steilen Abhangs, unten floß das glitzernde Wasser eines breiten Stromes – der Ogowe. Während ich mein Rad hinter der Führerkabine losband, erschien Monsieur Perrin, Franzose und Chef des Holzplatzes. Er begrüßte uns herzlich und trug die Anzahl der Stämme in ein Buch ein. Dann ein kurzer Hebelzug, die seitlichen Stützen des Sattelschleppers klappten herunter, und mit donnerndem Getöse rumpelte Stamm um Stamm den Abhang hinunter, wo sie im hochaufschäumenden Wasser des Ogowe landeten. Nun fand sich auch die Frau von Monsieur Perrin ein, und wir wurden zum Essen eingeladen. Das Haus stand auf einem Hügel, und im großen Wohnraum muß Monsieur Perrin mein erstauntes Gesicht gesehen haben, als ich den reichgedeckten Tisch erblickte.

„Kein Geheimnis", lachte er, und wies dabei in eine Ecke des Raumes, wo Sende- und Empfangsgeräte einer starken Radiostation standen, „damit wurde mir heute morgen eure Abfahrt durchgegeben, und wir wußten von eurem Kommen. Wäret ihr unterwegs ‚en panne' geraten und bis heute abend nicht erschienen, hätte ich sofort Hilfe organisieren können."

Sprechfunk ist in diesen Waldregionen zwischen den einzelnen Holzeinschlagplätzen das einzige Verständigungsmittel, und einige umgestürzte Lastwagen unterwegs bewiesen, daß dieses Funkkontrollsystem nicht überflüssig war. Wir konnten zuhören, wie Perrin unsere Ankunft und die baldige Abfahrt von Manfred an dessen Camp durchgab.

Am Abend saßen wir noch auf der Terrasse bei einer Flasche Wein zusammen. Ich mußte von meinen Erlebnissen berichten und über die Pläne der Weiterfahrt.

„Morgen früh fährt mein Boot nach Port Gentil und dann weiter nach Libreville“, sagte Monsieur Perrin. „Wollen Sie mitfahren? Dann sind Sie schnell in der Hauptstadt.“

Ich blickte hinunter auf den braungrünen Strom, der träge im letzten Sonnenlicht dahinfloß. Auf einem Boot einen Urwaldfluß hinunterzuschippern – das war so recht nach meinem Geschmack, und so sagte ich auch sofort zu. Doch die gesamte Strecke bis Libreville wollte ich nicht mitfahren, sondern nur bis zur nächsten Stadt, nach Lambarene, wo das Urwaldhospital von Dr. Albert Schweitzer lag, und dessen Besuch ich fest eingeplant hatte. Bis dorthin waren es noch gute 100 Kilometer, also eine Tagesreise für eine kleine Barkasse.

Am Morgen des nächsten Tages bedankte ich mich für die herzliche Gastfreundschaft und verfrachtete Rad und Gepäck auf das Boot, das unten am Ogowe festgemacht war. Zwei Burschen und ein Mädchen bildeten die Mannschaft, der Diesel wurde angeworfen, am Heck pufften einige Rauchwölkchen auf, und dann lief die Maschine rund, worauf wir ablegten. Nach ein paar hundert Metern passierten wir die Stelle, wo gestern die Stämme ins Wasser gelassen worden waren. Arbeiter waren dabei, sie mit vielen anderen zu großen Flößen zusammenzustellen. Dabei sprangen sie von Stamm zu Stamm und schlugen starke Stahlösen in die Stirnseiten der Blöcke, bugsierten sie aneinander und fädelten Drahtseile durch die Ösen. Unterwegs sah ich dann auch, wie Schlepper die quer zur Flußrichtung schwimmenden Flöße wie riesige Fettaugen hinter sich herzogen.

Der Ogowe ist Gabuns größter Fluß, vergleichbar mit der Größe unseres Rheins. Doch jetzt, kurz vor der im September einsetzenden großen Regenzeit, führte er nur sehr wenig Wasser. Überall standen Sandbänke hervor, und obwohl das Mädchen am Bug stand und den Steuermann ins richtige Fahrwasser dirigierte, liefen wir einige Male mit knirschendem Kiel auf. Aber mit rückwärts drehender Schraube konnten wir wieder freikommen.

Ich saß neben dem Führerstand und genoß den kühlen Luftzug. Drüben am Ufer zog die grüne Kulisse des Regenwaldes vorüber, manchmal zeigten sich Dörfer und fischende Männer. Des öfteren gabelte sich der Fluß, und wir glitten an dicht überwucherten Inseln vorüber. Dann wieder wuchs der Strom zu seeartigen Erweiterungen an, so daß man kaum noch die Ufer erkennen konnte.

Kurz vor Lambarene sah ich einige dösende Flußpferde auf Sandbänken, dann machte die Barkasse an der Anlegestelle von Lambarene fest, die sich auf einer Insel im Strom befindet. Das Hospital von Dr. Albert Schweitzer liegt am Nordufer des Ogowe, und um dahin zu gelangen, mußte ich erneut ein Boot besteigen.

Hinter den Palmen taucht Lambarene auf

Lambarene

Dr. Albert Schweitzer und sein Urwaldhospital! Vor zwanzig Jahren durfte ich als kleiner Schuljunge mit meinen Klassenkameraden einen Film über Lambarene anschauen. Dieser Film ist mir lange unvergeßlich geblieben. Ein Weißer als Arzt allein unter Negern im heißen Afrika, das man sich damals noch voll speerschwingender „Wilder" vorstellte, die mit Giftpfeilen Jagd auf Eindringlinge machten. Ein Abenteuer, dort unten zu leben, an einem Urwaldfluß mit Flußpferden und Krokodilen ...

... und jetzt, jetzt fahre ich in einem Einbaum über diesen Urwaldfluß, ein Schwarzer sitzt hinten am Heck und paddelt mich ans andere Ufer, wo zwischen schlanken Palmen die roten Blechdächer des Urwaldhospitals durchschimmern, ich besuche Lambarene ... Vor zwanzig Jahren hätte ich mir das in meinem Kinostuhl nicht träumen lassen!

Wie sieht es nun heute in Lambarene aus?

Wenig erinnert an ein europäisches Krankenhaus mit sterilem Chrom- und Kachelglanz. Die Krankenbaracken, besonders die aus der Anfangszeit, zeigen unverkennbar Spuren der Altersschwäche. Obwohl sie wegen der Termiten aus hartem Eisenholz erstellt wurden, haben die dauernden Regenfälle und das feuchtheiße Klima ihr Zerstörungswerk getan. Das Holz wird morsch, und der Schmutz nistet sich ein.

In den Krankenbaracken herrscht drangvolle Enge, denn das Hospital hat auch nach Schweitzers Tod nichts von seiner Anziehungskraft verloren. Weit mehr als 200 Betten sind ständig belegt, dazu kommen die psychiatrische Abteilung, die Kinderstation, die Maternité, das Leprosendorf und die große Anzahl ambulanter Behandlungen. Die Patienten kommen aus allen Teilen des Landes, oft in tagelanger, beschwerlicher Pirogenfahrt, begleitet von ihren Familienangehörigen, die sie dann im Hospital versorgen. Ein praktisches und seit

Albert Schweitzer bewährtes Prinzip.

Etwa zwanzig Europäer, zumeist Schweizer und Franzosen, sind als Ärzte, Krankenschwestern und Verwaltungspersonal im Hospital tätig. Für den harten medizinischen Alltag in schweißtreibender Schwüle ist das viel zuwenig, doch wegen der niedrigen Bezahlung schrecken viele Tropenmediziner vor einer eineinhalbjährigen Verpflichtung nach Lambarene zurück. Unterstützt wird das medizinische Personal von rund vierzig afrikanischen Schwestern und Krankenpflegern.

Ludwig Ellerbrock, ein Deutschamerikaner und einer der wenigen im Hospital, die Albert Schweitzer noch kannten, ist Kurator und Verwalter von Schweitzers Hinterlassenschaft. Er kennt die Geschichte des Hospitals wie kein anderer, und während meines einwöchigen Aufenthalts erzählte er mir in vielen Gesprächen von den Nöten und Plänen des Hospitals. Neben dem Personalmangel, der räumlichen Enge und den damit manchmal verbundenen katastrophalen Arbeitsbedingungen sind die Geldsorgen noch mit am größten. Den rund neunzigtausend Mark Ausgaben pro Monat stehen nur geringe Einnahmen gegenüber,

Frauen und Mädchen versorgen ihre kranken Familienangehörigen

Der Schreibtisch von Albert Schweitzer. Hier saß der „grand docteur“ an seinen schriftlichen Arbeiten

denn die Eingeborenen sind arm, und ein Großteil muß kostenlos behandelt werden. Ein Teil der Hospitalkosten wird aus Zuwendungen der Albert-Schweitzer-Freundeskreise gedeckt, doch der Spendenfluß geht ständig zurück.

Bei einem Rundgang durchs Hospitalgelände kommt man zum Haus von Albert Schweitzer. Sein Zimmer und der anliegende Nebenraum wurden zu einem kleinen Museum eingerichtet. Da steht sein Bett, überhängt von einem baldachinähnlichen Moskitonetz, dort sein Schreibtisch mit einem schlichten Küchenhocker davor. Hier hat der „grand docteur“ im Lichtkreis zweier Petroleumlaternen neben seinen Tagespflichten noch nächtelang an Abhandlungen, philosophischen Werken und Predigten geschrieben, er war ein Schwerarbeiter auch am Schreibtisch.

Im Nebenraum kann man eine Unzahl anderer Erinnerungsstücke sehen: die Werkzeuge, mit denen die Hospitalgebäude erstellt wurden, ein Schrank mit Operationsbüchern, eine Sammlung aller

Berichte und Bücher von ihm und über ihn, in einer Ecke das alte Tropenklavier und an den Wänden Fotografien und Bilder, die von seinem Leben und Arbeiten erzählen.

Und wie soll es in Lambarene nun weitergehen?

Neben die längst fällige Modernisierung und die notwendigen Veränderungen soll auch eine verstärkte „Afrikanisierung" treten, bei der die Verantwortung für die Leitung des Hospitals allmählich in afrikanische Hände übergeht. Denn die Gabun-Regierung betrachtet die alten Baracken nicht etwa als ein hehres Denkmal, wie die vielen Traditionalisten in den Albert-Schweitzer-Freundeskreisen, sondern eher als eine peinliche Erinnerung an die koloniale Vergangenheit.

Nach vielen vorausgegangenen und wieder verworfenen Plänen soll nun nach gemeinsamen Beschlüssen des AISL, dem Dachverband aller Albert-Schweitzer-Vereine, und der Regierung von Gabun in allernächster Zeit ein Neubau geschaffen werden. Dieses neue Hospital mit einem noch größeren Einzugsbereich soll ein modernes medizinisches Zentrum werden, wobei der Schwerpunkt auf die Rehabilitation der Körperbehinderten und Leprakranken gelegt wird.

Ganz links das Grab Albert Schweitzers

Eine Familie bringt ihre Piroge zu Wasser. Die Heimreise von Lambarene auf dem Ogowe kann Tage dauern

Bevor wir Lambarene wieder verlassen, möchte ich noch das Erlebnis einer nächtlichen Pirogenfahrt schildern, die ich zusammen mit einem Schweizer Assistenzarzt in ein versteckt gelegenes Dorf unternahm. Dazu machten wir einen der Einbäume klar, die unten am Ogowe wasserten, und diese schmalen, leicht kenternden Boote verlangen einem die ganze Geschicklichkeit ab, will man nicht unvermutet umkippen oder durch ungleichmäßiges Paddeln in eine Kreisbahn geraten.

Wir waren jedoch bald aufeinander abgestimmt, und mit kräftigen Schlägen glitten wir zwischen Sandbänken flußabwärts. Die Sonne war schon untergegangen, als wir unter überhängenden Ästen in das Dämmerlicht eines kleinen Nebenflusses einbogen. Nach kurzer Zeit wurde der Fluß so schmal, daß wir uns mit den Paddeln abstoßen mußten, um uns den Weg zwischen dem gespenstisch aussehenden Astwerk umgestürzter Bäume und herabhängenden Pflanzen zu suchen. Über uns hing eine Wolke tanzender Moskitos, die sich gierig auf jede unbedeckte Stelle des Körpers stürzten. Zeitweilig war das heisere Geschrei von Affen zu hören, und Fische schnellten mit klatschenden Sprüngen aus dem Wasser, so daß ich jedesmal erschrocken die Taschenlampe auf die Stellen richtete. Nach einer Stunde erreichten wir eine erweiterte Stelle des Flusses, wo mehrere Einbäume am Ufer lagen. Wir machten unser Boot daneben fest und stiegen auf einem schmalen Waldpfad einen Hügel hinauf. Der Vollmond war inzwischen aufgegangen, und dumpfes Trommeldröhnen drang an unser Ohr, das Dorf konnte also nicht mehr weit sein. Nachdem wir die Kuppe des Hügels erreicht hatten, bot sich ein phantastisches Bild. Im hellen Mondlicht standen Hütten, und davor eine Reihe aufgestellter Trommeln, die von muskulösen Schwarzen mit wirbelnden Handflächen bearbeitet wurden. Frauen standen im Halbkreis seitlich des Feuers, hielten Hölzer in der Hand, die sie im Rhythmus der Trommeln mit harten und kurzen Schlägen aneinander schlugen, und stießen dazu einen monotonen Singsang aus. Langsam näherten wir uns, und mit einem „m'bolo" begrüßte uns der Dorfälteste, während wir von den anderen kaum beachtet wurden. Nun löste sich aus dem Dunkel eines Hütteneingangs eine Gestalt und näherte sich tänzelnd den Frauen und Trommlern; der Mann war behängt mit Affenfellen, Schlangenhäuten und getrockneten Kleintieren, die bei jedem Schritt an seinem Leib auf und ab hüpften. Um die Oberarme waren Baststulpen gebunden, an den Beinen hingen Fußrasseln, und das Gesicht bedeckte eine große, federgeschmückte und furchterregende Maske. Das Tamtam schwoll an, und dann steigerte der Maskenträger seine Tanzfiguren, die die Frauen nachvollzogen, zu ekstatischen Bewegungen, bis er nach einem jähen Abbruch der Trommelwirbel wieder in einer Hütte verschwand. Beim Wiedereinsetzen der Trommeln erschien er nochmals, das Gesicht mit einer anderen Maske verhüllt, und dann begann der Tanzablauf von neuem.

Hier ist noch der Glaube an Geister und an ein höheres Wesen lebendig, das durch Tanz und Gesang beschworen wird, dem Dorf und den Menschen wohlgesonnen zu sein. Die Maske des Vortänzers ist dabei nicht ein totes Stück Holz, sondern der Mensch, der sich dahinter verbirgt, wird zum Geist, den diese Maske darstellt, während die Maske durch den Träger die Kraft bekommt, sich zu bewegen. Masken verkörpern in Afrika das Wesen von Furchtbarem und Schönem, von Kriegen, Krankheiten, Mächten und Göttern.

Stundenlang ging der Tanz weiter, und das ganze Dorf war davon erfaßt. Kleinkinder hingen auf dem Rücken der tanzenden Mütter, die mit wiegenden Körpern und stampfenden Füßen dem Takt der Trommeln folgten und im Chorgesang dem Vortänzer mit der Maske antworteten.

Viele afrikanische Tänze sind Gruppentänze, und Tänze verkörpern für einen Afrikaner die Elemente des Lebens: Geburt, Hochzeit, Tod, Liebe, Kampf, Freude – alles wird in die Bewegung des Tanzes übersetzt, und die Menschen glauben an die Kraft der Tänze. „Wir sind die Menschen des Tanzes, deren Füße Kraft gewinnen, wenn sie die harte Erde stampfen . . .", schreibt ein großer afrikanischer Dichter, der Staatspräsident des Senegal, Léopold Senghor, und in solchen Stunden der Trommeln und der Masken, der schweißglänzenden Leiber und des zuckenden Feuers offenbart sich das alte, das ursprüngliche Afrika, das im Tanz den vollkommenen Ausdruck seiner Schönheit findet.

Erst spät sind wir an jenem Abend zurückgepaddelt; es war mir vergönnt, einen Blick in das unverfälschte und echte Afrika zu werfen. Nur selten bekommt man als Weißer solche Gelegenheit. Hier war es möglich, weil der Dorfälteste meinen Begleiter, den Arzt, durch einen Behandlungsaufenthalt im Hospital von Lambarene her kannte.

Die Rückfahrt ging wesentlich schneller, da wir die Untiefen des Nebenarmes nun kannten. Bald hatten wir wieder den Ogowe erreicht und glitten lautlos auf dem im Mondlicht silbern glitzernden Strom dahin. Die Flußpferde lagen auf den Sandbänken und gähnten mit weit aufgerissenen Schlünden zu uns herüber. Wir hielten gebührenden Abstand. Lange nach Mitternacht legten wir wieder in Lambarene an.

Die Unabhängigkeitsfeier

Noch 250 km bis Libreville!

Gleich hinter dem Hospital bog ich in eine quergerippte Staubstraße ein, die mich im Verlauf des Tages gewaltig in Harnisch brachte, denn während ich im Schneckentempo auf ihr dahinrüttelte, mußte ich noch gleichzeitig ein wahres Slalomfahren um Schlaglöcher und Steine veranstalten. Dabei liebte ich besonders die vielen Kurven. Geriet ich zu weit nach innen, dann schüttelte mir die Waschbrettfolter den letzten Gedanken aus dem Kopf, wollte ich aber, schlau geworden, an der äußeren „Straßenkante" entlangsteuern, so rutschte mir das schwere Rad wegen der von Autos nach außen geschleuderten Steine weg, so daß oft nur ein rasches Abspringen mich vor einem elenden Sturz bewahren konnte.

Ich ließ daraufhin über die Hälfte der Luft aus den Reifen. Der Trick hilft fast immer, die Stöße besser abzufedern. Aber einzelne Steine schlugen dafür bis zum Sattel durch, und nach siebzig Kilometern hatte ich das Gefühl, durch einen Betonmischer gedreht worden zu sein. Doch als ich dann bald darauf die Abzweigung nach Libreville und damit ein Stück geteerte Straße erreicht hatte, fuhr ich trotz meiner bleiernen Müdigkeit weiter – ich wollte einfach wieder einmal das Erlebnis des ruhigen Dahingleitens verspüren.

Es dunkelte schon, als ich in einer kleinen Ortschaft eintraf, die direkt am Äquator lag, den ich nun schon zum zweitenmal überquert hatte. Ein winziges Pappschild markierte die Stelle. In dem verlassenen Haus einer Transportgesellschaft fand ich eine Übernachtungsmöglichkeit, und dann ging am anderen Morgen die Rüttelei auf reifenfressendem Schotter von neuem los. Noch schlimmer aber wurde es, wenn entgegenkommende Fahrzeuge wie aufsteigende Mondraketen riesige rote Staubwolken hinter sich herzogen, die in der Windstille minutenlang in der Luft stehenblieben. Dann herrschte für eine Weile Sonnenfinsternis, und ich stand eingepudert von Kopf bis Fuß am Straßenrand. Gegen Mittag gelangte ich an eine Fähre, die einen tiefen Meereseinschnitt, den Gabunästuar, überbrückte und mich ans andere Ufer brachte. Danach aber hauchte mein hinterer Reifen endgültig sein Leben aus, durchgefahren bis auf die Leinwand mußte ich ihn gegen meinen einzigen mitgenommenen Ersatzreifen austauschen. Der vordere Reifen war zwar noch gut, aber in Libreville habe ich ihn dann ebenfalls ersetzt.

Ich fuhr wieder bis kurz vor Sonnenuntergang und machte dann halt in einem kleinen Nest.

Mein erster Weg führte mich zu einem Bach, wo ich meinen Körper von dem Staub des Tages befreite. Beim Abtrocknen meiner Fußsohlen fielen mir einige dunkle erhöhte Stellen auf, und als ich näher hinsah, entdeckte ich kleine, schwarze Würmer, die sich in einer gallertartigen Masse wanden. Beunruhigt kramte ich meine Apotheke hervor. Hingen diese ekligen Schmarotzer mit meinen dauernden Lymphschmerzen zusammen? Vorsichtig begann ich mit der Pinzette und spitzer, ausgeglühter Rasierklinge zu hantieren, wobei ich darauf

Ein Pappschild markiert den Äquator

Auf dem Weg nach Libreville

achtete, daß ich nicht die linsengroßen Wurmeinschlüsse verletzte. Dann hatte ich den ersten soweit kegelförmig umschnitten, daß ich ihn mit der Pinzette unter starken Blutungen herausreißen konnte. Sechsmal mußte ich in den nächsten Tagen diese „Notoperationen" an mir vornehmen, wobei einer dieser ekelerregenden Würmer sehr schmerzhaft und hartnäckig zu entfernen war. Er hatte sich direkt zwischen den Zehennagel und das Nagelbett hineingebohrt. Bald darauf hörten meine Lymphschmerzen auf, die also doch durch diese Parasiten hervorgerufen worden waren!

Mit Weißbrot, Sardinen und Ananas gestärkt ging ich die letzten – nun wieder geteerten – Kilometer nach Libreville an. Sie brachten keine Überraschungen mehr, und der Gedanke, den ganzen klebrigen Schweiß und Staub bald wieder in den Brandungswellen des Atlantiks abspülen zu können, beflügelte geradezu mein Tempo.

Es war Donnerstag, 16. August, als ich mein arg verdrecktes Rad an der palmengesäumten Uferstraße von Libreville entlangschob und meine Schritte zum Hauptpostamt lenkte, denn ich freute mich auf heimatliche Post. Doch die Türen des modernen Gebäudes waren verschlossen, und etwas ratlos wandte ich mich an einen vorüberkommenden Passanten.

„Wegen des morgigen Unabhängigkeitstages sind schon alle Ämter und Behörden geschlossen", erklärte dieser, „doch woher kommen Sie mit Ihrem Fahrrad, kann ich Ihnen helfen?"

Er konnte es, denn er war Lehrer, und er brachte mich zu einer leerstehenden Schule, wo ich in einem abschließbaren Raum das Rad und das Gepäck unterstellen konnte. Ich hatte also wieder einmal Glück gehabt.

Am Nachmittag schaute ich mir Libreville an. Der Name geht auf die Ansiedlung von 46 freigelassenen Negersklaven zurück, die von einem gekaperten Sklavenschiff kamen und 1849 das damalige Dorf in „Stadt der Freien – Libreville" umtauften. Der idyllische, inmitten einer üppigen Pflanzenwelt gelegene Ort wurde Ausgangspunkt für französische Vorstöße ins Kongogebiet, und als er schließlich 1903 Verwaltungssitz der französischen Kolonie Gabun wurde, nahm die

Stadt einen großen Aufschwung. Jetzt, am Vortage des 13. „Anniversaire d'Indépendance" stand sie natürlich ganz im Zeichen der großen Feierlichkeiten, überall wurde letzte Hand zur Verschönerung angelegt. Auf den Boulevards flatterten die Fahnen aller schwarzafrikanischen Länder im Wind, und draußen auf dem Flugplatz schwebte eine Sondermaschine nach der anderen ein. Frankreich schickte sogar die Concorde zum Jungfernflug in seine ehemalige Kolonie.

Anderntags war ich früh auf den Beinen, um mir einen guten Platz an der dichtgesäumten Uferstraße zu sichern, wo um neun Uhr die Parade stattfinden sollte. Eskortiert von schweren BMW-Motorrädern rollte dann zuerst eine Flotte schwarzer standergeschmückter Mercedeswagen heran, aus denen die Staatsoberhäupter vieler afrikanischer Länder kletterten, die von Staatspräsident Albert-Bernard Bongo begrüßt wurden: Ahmadou Ahidjo aus Kamerun, Etienne Eyadéma von Togo, General Mobutu von Zaire, Bokassa aus der Zentralafrikanischen Republik, Julius Nyerere von Tansania, Hamani Diori aus dem Niger – alle nahmen sie auf der nur wenige Meter von mir entfernt aufgestellten Ehrentribüne Platz.

Nach Abspielen der Nationalhymnen begann ein Vorbeimarsch, der nicht besser hätte organisiert werden können: zuerst die Verbände der verschiedenen Waffengattungen, danach Parteikolonnen in Einheitshemden und -röcken (auf denen vielhundertfach das Bild Präsident Bongos von den Vorder- und Kehrseiten lächelte), dann Kindergruppen, bunte Folkloreabordnungen der anwesenden Gastpräsidenten, Sportler aller Sparten, Schuljugend, Polizeibrigaden, Krankenschwestern und Pfadfinder – ein Zug ohne Ende. Den unaufhaltsamen wirtschaftlichen Aufschwung Gabuns demonstrierten Festwagen mit Holzblöcken und Erzen, dann zeigten Feuerwehrleute ihre neuen Wagen, Arbeiter einer neugegründeten Brauerei zogen eine riesige Bierflasche hinter sich her, dahinter kamen die Müllabfuhrwagen der Straßenreinigung und schließlich noch die Milch- und Eisverkäufer mit ihren Fahrradwägelchen – und alle wurden von den festlich gekleideten Zuschauern beklatscht und gefeiert.

Als ich mich bei der deutschen Botschaft über die Verhältnisse in meinen nächsten Staaten – Volksrepublik Kongo und Zaire – erkundigte, lud mich der Botschafter persönlich in seine Residenz ein.

„Gestern noch in Strohhütten und heute in weißen Betten", ging es mir durch den Kopf, als ich drei Tage an reichgedecktem Tisch mit Silberbesteck dinierte und dabei von meiner Radtour erzählte. Mit dem Botschafter führte ich lange Unterhaltungen, und wir tauschten unsere Erfahrungen und Eindrücke über Gabun aus.

Durch die Ereignisse der letzten Woche (versuchter Überfall, Würmer, seit Yaoundé keine Straße mehr, und nicht zuletzt durch den angenehmen Aufenthalt im Hause des Botschafters) war meine Abenteuerlust in jenen Tagen ziemlich gesunken, und schon der Gedanke, jetzt wieder 250 Kilometer nach Lambarene zurück und dann auf weiteren 1000 Kilometern Wellblechstraßen bis nach Brazzaville holpern zu müssen, wirkte mehr als demoralisierend!

Ich faßte daher einen anderen Plan ins Auge. Mit einem Schiff wollte ich entlang der Küste bis zur Hafenstadt Pointe Noire in die Volksrepublik Kongo fahren und dann wieder mit dem Fahrrad hinauf nach Brazzaville. Diese Möglichkeit würde mir 600 Kilometer und eine Menge Zeit einsparen, denn spätestens in vier Wochen mußte ich in Zaire sein, wenn mein Visum für dieses Land nicht verfallen sollte. Nun lagen zwar einige Schiffe in Libreville, aber weit draußen auf hoher See. Wie also an die „Pötte" und Kapitäne herankommen?

Möglichkeiten ergaben sich dann im 30 Kilometer südlich der Stadt gelegenen Owendo, wo ein neuer Hochseehafen entsteht, und wo sich auch ein eben fertiggestelltes „Deutsches Seemannsheim" befindet. Ich zog dorthin um und konnte nun die Seeleute der verschiedenen Schiffe bei ihrem „Landgang" treffen. Aber so viele ich auch ansprach, entweder waren ihre Schiffe auf Heimatkurs oder die Kapitäne lehnten es ab, Passagiere mitzunehmen.

Nach einer Woche Wartens hatte ich mich schon mit dem Gedanken abgefunden, doch wieder mein Fahrrad satteln zu müssen, als plötzlich eines Abends die Seeleute eines neu eingelaufenen deutschen Schiffes aufkreuzten. Ein Besuch beim „Alten", beim Kapitän, der sich interessiert meine Pläne anhörte, machte dann meine Wünsche zur Gewißheit. Er heuerte mich als Hilfsmaschinist für die Reise nach Pointe Noire runter an! Die zwei Tage bis zum Ablegen des Schiffes verbrachte ich noch am Sandstrand von Libreville. Dann war es eines Abends soweit. Zwei Seeleute holten mich mit einem Boot beim alten Hafen an der Uferstraße ab, und wenige Minuten später wurden Rad und Gepäck an heruntergeworfenen Tauen die Bordwand der „M. S. Nedderland" hochgezogen – Schiff ahoi und auf Wiedersehn Gabun (das ich damit „schwarz" verlassen hatte)!

Mit dem Schiff nach Pointe Noire

Sechs Tage dauerte die Fahrt bis Pointe Noire, auf der ich mich mit Wartungs- und Reparaturarbeiten im Maschinenraum nützlich machte. Dabei vergaß ich auch nicht mein Rad, das ich bei dieser Gelegenheit gründlich überholte und mit bestem Maschinenöl versorgte. Die Verpflegung – wie wohl auf jedem Schiff – war ausgezeichnet, und mit den Seeleuten erlebte ich in den Freiwachen manch feuchtfröhliche Stunde. In Port Gentil, an der Mündung des Ogowe-Flusses, ankerten wir noch einen Tag auf offener See, um eine Ladung Stämme an Bord zu nehmen. Das „Gold des Waldes" wurde von fauchenden Seilwinden heraufgezogen, wonach es im Bauch des Schiffes verschwand. Dabei übernahmen die Kru-boys, die afrikanischen Deckarbeiter, die nicht ungefährliche Arbeit des Verstauens der tonnenschweren Blöcke. Diese Kru-boys, Männer eines westafrikanischen Küstenstammes, die sich als Lademannschaften spezialisiert haben, werden bei der Rückfahrt des Schiffes nach Deutschland wieder in dem westafrikanischen Hafen abgesetzt, in dem sie bei der Hinfahrt angeheuert wurden. Um Geld zu sparen, laufen nämlich die Schiffe aus Deutschland mit einem Minimum an Besatzung aus und nehmen für die Lösch- und Ladearbeiten in den anzulaufenden Häfen die billigeren afrikanischen Seeleute an Bord.

Es war an einem diesigen Morgen, als die „Nedderland" in den weiträumigen Hafen von Pointe Noire einlief. Ein fast zwei Kilometer langer Damm schützt ihn gegen die anrollende See. Als „Punta negra – schwarze Landspitze" bezeichneten die portugiesischen Seefahrer des dunklen Sandsteins wegen dieses Küstengebiet, und als 1883 die Franzosen davon Besitz ergriffen, wurde daraus Pointe Noire. Der Hafen ist heute ein wichtiger Umschlagplatz für Holz, Kali und das vom Süden Gabuns kommende Manganerz. An der Pier reihten sich Schiffe aus halb Europa, und wir machten zwischen einem sowjetischen und einem englischen Frachter fest.

„Nun hätten wir's bald geschafft", sagte der Bootsmann zu mir, als die Ladebäume ausschwenkten und mit dem Löschen der restlichen Industriegüter aus Deutschland begonnen wurde, „in wenigen Tagen sind wir wieder auf Heimatkurs."

Einen Tag verbrachte ich noch an Bord, dann verabschiedete ich mich vom Kapitän und den „Jungs".

„Mach's gut", riefen sie mir nach, als ich die steile Gangway hinunterschob, „und schreib mal 'ne Karte von Kapstadt" (und die haben sie dann auch bekommen).

Die Einreiseformalitäten am Hafentor dauerten nur eine Stunde, dann war der Weg frei zum 600 Kilometer entfernten Brazzaville.

Es wurde eine Woche mühseliger Strampelei über sandige, holprige Wege, die zudem ständig bergauf führten. Und immer war es das gleiche Bild, das ich links und rechts der Piste sah: eintöniger Wald, der aber immer mehr zurückwich. In den Dörfern gab es nicht viel zu kaufen, und ich lebte wieder von meinen Ölsardinen und Bananen. Zum Übernachten hielt ich mich an die Missionen, deren Patres immer einen Schlafplatz für einsame Reisende haben. Fast parallel zur Piste verlief die Bahnlinie Pointe Noire – Brazzaville. Der Bau dieser Ein-Meter-Bahn hat eine lange und leidvolle Geschichte hinter sich. 150 000 Menschen arbeiteten elf Jahre lang an diesem strategischen Projekt, bei dem die Franzosen wegen Arbeitskräftemangel Zwangsaushebungen in ihren Kolonien Oubangui-Chari und Tschad durchführten. Bei den schwierigsten Abschnitten wurden Indo-Chinesen

Meine „Straße" nach Brazzaville

eingesetzt, ehe 1934 die „Congo-Océan" fertiggestellt worden war.

Volksrepublik Kongo – was weiß man schon in Deutschland von diesem Land Afrikas, das abseits der großen Touristenströme liegt? Es grenzt im Norden an Gabun, Kamerun und die Zentralafrikanische Republik, im Osten und Süden an Zaire. Weite Teile des Nordostens sind bedeckt mit unwegsamen sumpfigen Urwäldern, die praktisch unbewohnt sind. Den Süden und Südwesten durchziehen Hügellandschaften mit abwechselnden Feucht- und Trockenwäldern. Die Bewohner (eine Million) leben hauptsächlich von der Land- und Forstwirtschaft, doch gewinnt der Bergbau immer mehr Bedeutung. Hölzer und Diamanten sind die wichtigsten Ausfuhrgüter. Da der Fremdenverkehr bis jetzt ein noch weithin unbekanntes Wort zu sein scheint, ist ein plötzlich auftauchender Weißer in manchen Gebieten eine Sensation. Wenn er dann dazu noch mit einem Fahrrad kommt, ist das bereits verdächtig. Dazu eine Geschichte.

Als ich irgendwo unterwegs in einer Ortschaft einen Mann fragte, wo ich Mineralwasser kaufen könnte, führte er mich nicht etwa zu einem Laden, sondern zur Militärpolizei. Denen kam ich gerade recht, ihren langweiligen Tag zu verkürzen. Es wurden Fragen gestellt, For-

Zwischen den Gleisen der „Congo-Océan“ wird Markt abgehalten

mulare ausgefüllt, telefoniert, das Gepäck kontrolliert – allein, sie konnten außer der Kameraausrüstung und den vielen Filmen nichts Verdächtiges an mir feststellen. Auch hier die Standardvermutung meiner schon nach Dutzenden zählenden afrikanischen Polizeikontrollen: Ich sei ein mit einem Fahrrad getarnter Spion. Solche „Interviews“ wurden mir immer verdrießlicher, und bei der unumgänglichen Frage ‚quelle profession – welcher Beruf“ sagte ich – um sie nicht noch weiter zu beunruhigen – schon seit langem nicht mehr Fotograf, sondern Fahrradmechaniker. Denn damit hatte ich am überzeugendsten die Wahl meines Verkehrsmittels erklärt.

Ich weiß, die Beamten taten nur ihre Pflicht, und es ist nun einmal ungewöhnlich, wenn im tiefsten Afrika plötzlich ein Weißer mit einem Fahrrad auftaucht und behauptet, er käme damit von Deutschland. Aber nichts kann nach stundenlanger Fahrt so zermürbend sein, als müde und durstig in einer Bretterbaracke sitzen zu müssen und stundenlang Fragen nach Geld, dem Grund des Aufenthaltes, dem Mädchenname der Mutter und dergleichen mehr beantworten zu müssen. Um nochmals auf das Fotografieren zurückzukommen: In Kongo/Brazza ist es verboten, ohne besondere Genehmigung Bilder zu machen! Eingedenk meiner schlechten Erfahrungen in früheren Ländern habe ich mich deshalb auf das Nötigste beschränkt, denn das Risiko einer Beschlagnahme von Kamera und Filmen wollte ich nicht eingehen.

Nach Mindouli wich die Buschlandschaft gleichförmigen Grashügeln mit einem spärlichen Baumwuchs. Schwelende Rauchsäulen abgebrannter Felder standen am Horizont, und noch etwas weiter, hinter Kinkala, stieß ich wieder auf eine Teerstraße, untrügliches Zeichen dafür, daß man sich der Hauptstadt nähert. Und dann hinter einer Biegung der Kongofluß. Schäumend stürzt das Wasser zwischen mächtigen Stromschnellen hindurch, die fast die gesamte Weite des kilometerbreiten Flusses einnehmen. Hier gräbt sich der Kongo mit starkem Gefälle seinen Weg durch die Gabun-Kongo-Schwelle, ehe er sich nach vielen weiteren Katarakten bei Boma und Matadi ins Meer ergießt. Die vielen Katarakte sind dabei unüberwindbare Hindernisse für Seeschiffe, und damit waren in früheren Jahrhunderten Vorstöße ins Landesinnere schon von vornherein zum Scheitern verurteilt. Zuvor staut sich der Kongo aber noch zu einer riesigen seeartigen Erweiterung (fast so groß wie der Bodensee), und am unteren Ende dieses „Stanley-Pools“ liegt Brazzaville. Direkt gegenüber befindet sich Kinshasa, Hauptstadt von Zaire.

Brazzaville mit seinen 200 000 Einwohnern trägt seinen Namen nach dem in französischen Diensten gewesenen italienischen Graf Savorgnan de Brazza, der im Wettlauf mit Henry Morton Stanley 1880 als erster einen Stützpunkt gründete, nachdem er zuvor das umliegende Gebiet einem Häuptling abgekauft hatte. Für 900 Messingstäbchen! 1910 wurde die Stadt Sitz des Generalgouverneurs von „Afrique Equatoriale Française (AEF) – Französisch Äquatorial-Afrika“, das aus den Kolonien Chad, Oubangui-Chari, Gabon und Congo Français bestand. Weitere Bedeutung gewann Brazzaville 1940, als General de Gaulle (der mehrmals in der Stadt weilte) sie zur Hauptstadt des „France libre“, des freien Frankreichs, ernannte und von dort aus den Widerstand gegen Deutschland organisierte. Historisches Ansehen erlangte die Stadt 1944, als dort eine Konferenz stattfand, bei der Frankreich seinen Kolonien die vorläufige regionale Selbstverwaltung zugestand. Seit 1960 ist Brazzaville die Hauptstadt der selbständig gewordenen Kongo-Republik.

Nachdem ich die Nacht noch außerhalb Brazzavilles verbracht hatte, begab ich mich am anderen Morgen direkt zur Anlegestelle der Fähre hinüber nach Kinshasa. Nach einer halben Stunde Wartezeit war ich um ein afrikanisches Grenzerlebnis reicher. Aus einem unbegreiflichen Grund war es für Europäer verboten, mit dem Fährschiff nach Kinshasa überzusetzen.

Eine Hiobsbotschaft!

Sie wurde mir nach dem Besuch der Zaire-Botschaft nur mit bedauerndem Lächeln wiederholt, und auf der deutschen Vertretung ging es mir nicht besser. „Selbst uns mit unseren Diplomatenpässen wurde eine Überfahrt bisher noch nicht gestattet!"

Bekümmert schlug ich mein Quartier in einem leerstehenden Haus auf, das mir von einem Angehörigen der deutschen Botschaft freundlicherweise zur Verfügung gestellt wurde, und das direkt am Kongo lag. Hier hatte ich bei herrlichem – herrlichem! – Panoramablick auf das gegenüberliegende Kinshasa Muße genug, darüber nachzusinnen, daß es heutzutage manchmal einfacher ist, zum Mond zu fliegen, als auf eines dieser Fährschiffe zu kommen, die jeden Tag vor meinen Augen nach Kinshasa hinüberfuhren.

Um auf andere Gedanken zu kommen, sah ich mir Brazzaville an. Die Stadt ist eine Mischung von modernen Bauten und kleinen afrikanischen Vororthäusern. Die Straßen sind schachbrettartig angelegt, und in den Geschäften hängen zwischen roten Fahnen Bilder des Präsidenten. Das eindrucksvollste und schönste Gebäude der Stadt ist die Basilika „Sainte Anne du Congo", deren mächtige, geschwungene Strebepfeiler ein bemerkenswertes Dach tragen: 200 000 grüne Dachziegel verändern je nach Tageszeit und Sonneneinstrahlung ihren Farbton von blassem Grün bis Türkisblau. Unweit davon liegt Poto-Poto, ein quirliges, typisches Afrikanerviertel. Hunderte von Markthändlern bieten in mit ebenso vielen Gerüchen durchzogenen Gassen ihre Waren an, und abends brennen überall Petroleumlaternen. Ein Künstlerzentrum mit Bildern und Holzfiguren ist zu finden, und abends dudelt der „O. K. Jazz" aus den kleinen Bierbars. Als ich einmal von Poto-Poto zurückkam, sah ich bei einem Straßenhändler meine Schuhe zum Verkauf ausliegen. Ich hatte sie vor zwei Tagen wegen zu vieler Löcher weggeworfen.

So vergingen fünf Tage, in denen ich mehr oder weniger herumsaß und nicht wußte, was ich tun sollte. Eines Morgens aber, als ich wieder einmal trüben Blickes zu den Hochhäusern von Kinshasa hinüberstarrte, stand für mich fest: Du mußt trotz der gesperrten Fährverbindung versuchen, in dieses Zaire zu gelangen. Auf eigene Faust. Denn schließlich willst du ja nach Kapstadt und nicht deinen Lebensabend hier verbringen.

Meine Erkundigungen hatten ergeben, daß hundertfünfzig Kilometer weiter westlich die Zaire-Grenze bis knapp an das Städtchen Mindouli heranreicht, das ich ja bei der Herfahrt schon passiert hatte. Noch am gleichen Abend verabschiedete ich mich von den Botschaftsangehörigen – sie hatten mich über die Tage mit vielen Einladungen hinweggetröstet – und verfrachtete anderntags, um nicht noch mehr Zeit zu verlieren, mein Rad in die Kongo-Ozean-Bahn. Am Nachmittag stand ich vor einem kleinen Postenhäuschen außerhalb von Mindouli. Doch niemand war da.

„Mein Mann befindet sich seit gestern in Brazzaville", sagte eine Frau zu mir. „Aber morgen kommt er wieder."

Na ja, hoffen wir's.

Am Abend richtete sie mir ein Bett und versorgte mich mit Hühnerbraten und Maisbier. Eine freundliche Dame. Dann erschien am anderen Morgen ein Riese von einem Schwarzen. Er lachte, als er hörte, daß ich von Deutschland wäre, und erkundigte sich nach der deutschen Fußballmannschaft, denn er war ein Sport-Fan. Sein Büro war vollgeklebt mit Fußballstars aus Illustrierten, und den Ausreisestempel drückte er mir während unserer Unterhaltung über die kommende Fußball-Weltmeisterschaft so ganz nebenbei in den Paß.

„Au revoir", sagte ich und schwang mich entschlossen aufs Fahrrad, denn nun war ich auf dem Weg nach Zaire, und auch der Kongo sollte mich nicht mehr aufhalten.

Afrikanische Bürokratie

Es ging durch eine abgebrannte Graslandschaft mit spärlichem Baumwuchs. Der holprige Pfad wand sich Hügel hinauf und hinunter und verlor sich dann in der Ferne im Dunst der brennenden Sonne. Verbissen strampelte ich weiter, aber eine neue Variante afrikanischer Widerwärtigkeiten verhinderte ein schnelles Vorwärtskommen: Staub. Knöcheltief lag er mehlfein auf den ausgewaschenen Regenfurchen und setzte sich in die Schaltung. Die Reifen knirschten wie bei einer Schneefahrt. Und immer wieder teilte sich der Weg. Orientierung: Glückssache. Kein Dorf, kein Mensch war zu erblicken, bis zum späten Nachmittag, als eine zerlumpt und erbarmungswürdig aussehende alte Frau aus einem meterhohen Gestrüppfeld auftauchte. Ich konnte mich ihr nicht einmal in der Zeichensprache verständlich machen. Aber dann kam doch eine größere Ortschaft.

„Mundèle, Mundèle – Weißer, Weißer", schrien die Kinder, und ein Mann energisch: „Arrêtez – halt!" An seinem Hemd baumelte ein Parteiabzeichen, er schleppte mich zu einem „commissaire" und dieser dann zum „Chef de village".

Ich mußte meinen Paß herausholen und dem „Chef" übergeben. Er studierte ihn eingehend, Seite um Seite, wobei er mit dem Zeigefinger unter den Zeilen entlangfuhr und halblaut die Buchstaben zu Wörtern zusammensetzte. Die anderen beiden schauten ihm dabei über die Schulter. Dann gelangte er an das Zaire-Visum, und nun sahen sich die drei Köpfe einem schwerwiegenden Problem gegenüber. Rechnet man die vierwöchige Gültigkeit des Visums vom Ausstellungstag oder vom Zeitpunkt der Einreise an? Die Diskussion zog sich eine Viertelstunde lang hin, wobei zwei meinten, das Visum wäre

In der Abenddämmerung zerstampft mir dieses Mädchen etwas Mais

schon verfallen. Mit Hilfe des dritten gelang es mir aber gerade noch, sie von ihrem Irrtum abzubringen.

Doch das Drama sollte erst noch beginnen, denn nun sagte der „Chef":

„Geben Sie mir Ihr ‚carnet de passage' für das Fahrrad."

Carnet de passage?

„Ich habe keines", gab ich zurück, „niemand verlangte bisher an den letzten acht Ländergrenzen ein solches Zolldokument. Und meines Wissens braucht man das auch nur für ein Auto."

Dann der „Chef": „Ohne Carnet keine Einreise. Alle Weißen haben ein solches Carnet!"

„Aber nur, wenn sie mit einem Auto kommen", erklärte ich weiter geduldig.

Kopfschütteln und Schweigen des „Chefs".

Ich blinzelte in die Sonne und stand ziemlich sprach- und hilflos neben meinem Fahrrad, das keine Ahnung hatte, was da die drei von ihm verlangten. Dann nahm ich einen erneuten Anlauf und bemühte mich angestrengt, ihnen den Unterschied zwischen einem Fahrrad und einem Auto klarzumachen. Vergeblich. Sie verlangten, ich solle zurück nach Deutschland und mit einem Carnet wiederkommen. Ich war kurz vor dem Platzen. Die Diskussion begann in einen Streit auszuarten, doch ich zog den kürzeren. Zum Zeichen seiner Macht wandte sich der „Chef" zum Gehen und schloß das Buch, das er die ganze Zeit in den Händen gehalten hatte, wieder in seine Bretterbude ein.

Niedergeschlagen setzte ich mich auf einen Stein, die Kinder standen herum und gafften. In solchen Minuten kann man sich fragen, was alle Mühen und Strapazen einer solchen Tour wert sind, nur um sich dann in einer gottverlassenen Ecke Afrikas beim Streit um ein albernes Zolldokument wiederzufinden, blockiert von gleichgültigen und vernagelten Dörflern, denen man zum Zeichen ihrer staatlichen Autorität bunte Blechabzeichen an die Brust geheftet hatte. Es war wahrhaft zum Verzweifeln.

Doch – so sagte ich mir – hast du an den Grenzen bis jetzt nicht immer Glück gehabt? Ein unbestimmtes Gefühl verriet mir, daß ich trotz dieses vermaledeiten Carnets noch nach Zaire hineinkommen würde.

Ich schickte ein Kind los, um den „Chef" nochmals holen zu lassen. Als er kam, machte ich ihm das Angebot, ihm mein Fahrrad zu verkaufen, auf das er es letztlich wohl auch abgesehen hatte. Doch der Preis war für ihn natürlich viel zu hoch, und so saßen wir uns weiterhin wortlos gegenüber. Bis mir *die* Idee kam. Unter meinen Papieren führte ich eine polizeilich beglaubigte Aufstellung aller meiner Wertsachen, auf der auch das Fahrrad aufgeführt war.

„Hier", sagte ich, „der Polizeikommissar von Deutschland hat mit diesem Stempel bescheinigt" – und Stempel sind etwas Heiliges in Afrika! – „daß das Fahrrad mir gehört. Ist das nicht auch ein Carnet?"

Dem Alten wurde mein langes Ausharren wohl auch langsam unbequem, denn nachdem er zuerst zweifelnd, aber dann zustimmend mit dem Kopf genickt hatte, setzte ich mich in sein „Büro" hinter eine klapprige Schreibmaschine und spannte ein Blatt Papier ein. Überschrift: Carnet de passage. Dann schrieb ich die Bescheinigung ab, und der „Chef" drückte seinen Stempel darauf. Nun fehlte nur noch die Nummer des Fahrrads. Diensteifrig legte sich der hinzugekommene „Sekretär" unter das Tretlager des Fahrrads und verkündete mit lauter Stimme die dort eingeschlagenen Zahlen. Fertig. Nur noch meine Unterschrift darunter, die aber beim ersten Mal ungültig war: ich hatte zu leserlich unterschrieben! Erst die vielen Schnörkel und Striche, mit denen Afrikaner ihre Unterschrift schwungvoll zu verzieren pflegen, machte daraus ein endgültiges „Carnet de passage".

Der Weiterfahrt stand nun nichts mehr im Wege, und ich machte, daß ich so schnell wie möglich Boden gewann, ehe es sich die drei nochmals anders überlegen konnten.

Wenn ich wieder zu Hause bin, schreibe ich ein Buch über Grenzen, nahm ich mir in Gedanken vor. Diese ewigen Grenzgeschichten konnten einem wirklich den Wind aus den Segeln nehmen.

Und dann, keine Stunde später, das nächste Zaire-Erlebnis, doch diesmal ein weitaus netteres. Ich schob den Weg einen Hügel hinauf, als eine Anzahl von Jungen in blauen Hosen und Hemden mir den Weg versperrte. Da meine Wasserflaschen schon längst leer waren, folgte ich ihnen zu ihrer Missionsschule, die unweit der noch immer schändlichen Piste auf einer Anhöhe lag. Einige langgestreckte Gebäude waren U-förmig um einen Brunnen gruppiert. Daneben befand sich das übliche Gerüst mit den Autofelgen, die mit einem Eisenstab geschlagen werden und so die Glocken ersetzen. Einige Männer waren eben dabei, an zwei neuen Gebäuden das Dachgebälk aufzulegen. Ich lehnte mein Rad an eine Wand, und da kam auch schon der Père und begrüßte mich so herzlich, als ob er mich schon lange nicht mehr gesehen hätte. Stühle und Getränke wurden gebracht, und dann mußte ich von meiner Radtour berichten, worauf der Père so begeistert war, daß er vorschlug, ich müsse das Ganze nochmals in einer Rede allen Schülern seiner Missionsschule erzählen.

Fast wären diese Kinder in eine Schule namens „Ecole d'Hermann" gegangen . . .

Mir drehte sich von dem vielen kühlen Bier zwar schon ein wenig der Kopf, doch ich sagte mir, wenn du es jetzt schon geschafft hast, nach Zaire zu kommen, dann kannst du auch eine kleine Rede halten. Und es klappte großartig. Ich erzählte den über hundert Kindern von meiner Reise, von Deutschland, welche Länder ich schon besucht hatte und wo ich noch hinwollte (unter uns: Ich konnte meine Route schon auswendig erzählen). Die Kinder klatschten Beifall, und der Père freute sich. Doch dann nahm er mich zaghaft beiseite, er habe noch ein Anliegen. Ich käme doch von Deutschland, und wir hätten doch viel Geld, und bestimmt auch seine Amtsbrüder und die Kirchengemeinden dort. Ob ich bitte nicht heimschreiben könne, daß man etwas Geld für seine neue Schule schicke, es fehle noch eine Tafel und Tische und vieles mehr, ob ich das also, bitte schön, nicht veranlassen könne? Er machte eine Pause, sah mich bittend an, und dann kam es feierlich aus seinem Munde. Wenn mir das gelänge, würde er zum Dank dafür die neue Schule nach mir benennen, „Ecole d'Hermann" würde sie dann heißen, und das für alle Zeiten . . .

Ich muß zu meiner Schande gestehen, daß ich seiner Bitte nicht nachgekommen bin, obwohl ich mich damit um die sicherlich einmalige Chance gebracht habe, daß eine Schule nach mir benannt wird. Ich gab ihm meine letzten CFA-Francs und habe dann in der Mission übernachtet.

Anderntags startete ich gleich in der Dämmerung und hatte nach zehnstündiger Quälerei unter erbarmungsloser Sonne doch nicht mehr als 60 Kilometer zurückgelegt. Es war eine der elendesten Pisten, die ich je in Afrika gefahren bin. Der Lehmboden war in der Sonne zu Hunderttausenden pflastersteinartigen Kuppen zersprungen, so daß mir durch die Rüttelei die Innereien von oben nach unten gekehrt wurden. Das hatte mit Fahrradfahren nicht mehr viel zu tun. Aber dann stand ich am nächsten Vormittag am Ufer des Kongos. Tief in einem Tal eingeschnitten wälzten sich die braunen Fluten nach Westen, und über einen schmalen Pfad fuhr ich hinunter. Eine alte Fähre schwamm im Wasser, doch sie war außer Betrieb. So brachten zwei Fischerjungen mit ihren Pirogen das auseinandermontierte

Diese Aufnahme entstand, kurz bevor ich endlich die Teerstraße nach Kinshasa erreichte

Rad in schwankender Fahrt über den kilometerbreiten Fluß. Da ich noch kein Zaire-Geld hatte, schenkte ich ihnen einen amerikanischen Dollar für ihre unschätzbaren Dienste. Das Hinaufschieben über das Steilufer kostete eine beschwerliche Stunde. Die braune Graslandschaft hatte sich nicht verändert, und beim Einbruch der Dunkelheit erreichte ich gerade noch die Missionsstation Gombe-Matadi, deren Lage mir vorgestern der Père auf ein Blatt Papier aufgezeichnet hatte. Anderntags mobilisierte ich die letzten Reserven, und gezeichnet von den viertägigen Staub- und Sandabenteuern erreichte ich nach einem weiteren Tag endlich die Teerstraße hinauf nach Kinshasa.

Was würden Sie sagen, wenn morgen in Deutschland durch einen Präsidentenerlaß bekanntgegeben würde: „Ab sofort ist das Hören und Abspielen von afrikanischer Musik verboten, ebenso das Tragen grellbunter Stoffe und Frisuren im ‚Afro-Look'. Ferner darf jeder Bürger nur noch germanische Namen tragen, vor Arbeitsbeginn ist die Nationalhymne zu singen, und samstags muß jeder unentgeltlich für den Staat arbeiten. Und überhaupt ist in Zukunft alles verboten, was nicht mit der deutschen oder europäischen Geschichte und Kultur vereinbar ist!"

Nicht vorzustellen?

In Zaire ist diese Fiktion Wirklichkeit, wenn auch mit umgekehrten Vorzeichen.

„Wir haben aufgehört, euch Weiße nachzuahmen", erklärte dort der mächtige Alleinherrscher von Zaire, General Mobutu, und stellte den Frauen das Tragen von Perücken, mit denen viele ihr kurzes und krauses Haar verdecken möchten, unter Strafe. Die Miniröcke der Mädchen müssen wieder dem traditionellen Umschlagtuch, dem „Tchitenge", weichen, und die Männer tragen anstatt europäischer Anzüge eine eigens entworfene kurzärmelige Kombination, den „Abacost". Dazu gibt es bunte Halstücher, denn Krawatten kommen aus Europa und sind deshalb ebenfalls verpönt.

Diese Abschaffung westlicher Mode stellt aber nur erste Schritte dar. Jetzt muß die Bevölkerung Zaires ihre christlichen Vornamen gegen afrikanische eintauschen, auch wurden sämtliche Orts-, Provinz-, See- und Flußnamen afrikanisiert. So wurde aus der „Demokratischen Republik Kongo" Zaire, der Kongofluß heißt jetzt auch Zaire (aber jeder nennt ihn hier noch Kongo), und die neue Währung trägt ebenfalls den Namen Zaire. Die Reihe der Verbote und Umbenennungen ließe sich beliebig weiter fortführen, und Mobutu, der sich jetzt nicht mehr mit dem Vornamen Joseph-Désiré, sondern Sese Seko nennt, begründet diese radikale gesellschaftspolitische Umwälzung mit seiner Ideologie der „Authenticité". Authenticité bedeutet den vollständigen Bruch mit der europäischen Vergangenheit des Landes, eine Kulturrevolution hin zu den alten afrikanischen Sitten, Wertvorstellungen und Denkgewohnheiten.

Ich bin nun schon einige Tage in Kinshasa und habe mich bereits umgesehen. Außer dieser Politik der Authenticité, mit der jeder Fremde und Neuankömmling wohl zuerst konfrontiert wird, gibt es aber auch eine Menge anderer wissenswerter Dinge über die Stadt zu berichten. So hat sich dieses frühere Léopoldville des Belgisch-Kongo innerhalb weniger Jahre mit nun 1,5 Millionen Einwohnern zur größten Stadt Schwarzafrikas entwickelt. Sie liegt hingestreckt am Südufer des Kongos, und wenn der Satz stimmt, daß Léopoldville früher einmal die schönste und modernste Stadt zwischen Algier und Johannesburg war, so gilt das auch heute noch für Kinshasa. Es herrscht ein weltstädtisches Treiben, und die Straßen stehen voller Autos. Am großzügig angelegten Boulevard du 30. Juin wechseln sich Hochhäuser mit Banken und 3-Sterne-Hotels ab, und in einem der vielen Restaurants oder Straßencafés kann man eisgekühlte Getränke und gutgebraute Biere zu sich nehmen (man merkt, daß die Belgier hier waren!). Aber ein eigenartiges afrikanisches Großstadtphänomen fand ich auch hier in Kinshasa. Mit Einbruch der Dunkelheit verschwinden die Menschenmassen von den Straßen, und drei Stunden später ziehen die Nachtwächter vor den Kaufhäusern, Kontoren und Banken auf. Es sind zumeist ältere Männer, die sich dann auf den Gehsteigen und an den Ecken ein Feuerchen anzünden, ein Stück Fleisch brutzeln und während ihrer langen Nacht selbstvergessen irgendeine Urwaldmelodie dazu singen.

Durch einen glücklichen Zufall lernte ich Libert kennen, einen Belgier, der schon lange Jahre in Kinshasa wohnt, und der mich abends zu seinen Freunden und Bekannten mitnahm. Dabei konnte ich, da viele Deutsch beherrschten, eine Menge interessanter Gespräche führen. Viele befürchten jetzt eine Beschlagnahmung ihrer Geschäfte und ihres Grundbesitzes, da Mobutu mit der überraschenden Verstaatlichung einiger ausländischer Gesellschaften schon den Anfang dazu machte. Solche Maßnahmen erscheinen einem um so unverständlicher, da einige der Männer mit ihren Familien schon ein halbes Leben lang im Kongo sind und mit ihren Bäckereien, Elektrogeschäften und Lebensmittelläden einen redlichen Beitrag zur Entwicklung des Landes und der Stadt beigetragen haben. Libert, bei dem ich wohne, braucht mit seinem Geschäft wohl nichts zu befürchten, da er mit einer Zairerin verheiratet ist. Sie haben drei hübsche Kinder miteinander, und ihre Wohnung ist modern eingerichtet. Selbst das Fernsehgerät fehlt nicht, aus dem jeden Abend zur Nachrichtenzeit Mobutu wie ein Gott aus den Wolken erscheint und neue, frisch ausgebrütete Authentizitätsverordnungen verkündet.

So sehr mir das Verlangen einleuchtet, etwas anderes zu sein als nur eine schlechte Kopie Europas, desto unfaßbarer ist der ganz auf westlichen Luxus ausgerichtete Lebensstil dieses Mannes. Mit seinem Vermögen wird er zu dem Dutzend der reichsten Männer der Welt gezählt, und seine Freude an Prestigeobjekten zeigt sich neben einem der größten Privatdüsenflugzeuge und einem Luxusschiff auf dem Kongo auch in seiner feudalen Residenz auf dem Stanley-Hügel. Auf diesem Hügel, der jetzt natürlich anders heißt, stand noch bis vor kurzem das Denkmal des Stadtgründers Stanley – es ist der Spitzhacke und der Authentizität zum Opfer gefallen. Zaire ist der reichste Staat Schwarzafrikas, aber das Geld scheint doch sehr knapp zu sein. Eine (verrückte) Anordnung schreibt vor, daß jeder Tourist, und darunter falle auch ich, vom Zeitpunkt seiner Einreise an pro Tag umgerechnet einhundert DM ausgeben *muß*. Kontrolliert wird das durch Deklarationsformulare, die bei der Ein- und Ausreise auszufüllen sind. Nun, ich habe an „meiner" Grenze kein solches Formular ausgefüllt, aber dafür stecke ich jetzt in einem anderen Dilemma. Ich kann auf keiner Bank Geld oder Schecks eintauschen, da man dazu diese Devisendeklarationen vorlegen muß. Überall hängen Plakate in der Stadt, die unter Strafandrohung darauf hinweisen. Meine Rettung sind amerikanische Dollars, von denen ich einige als „eiserne Reserve" im Fahrrad versteckt mitführte. Libert hat sie mir auf dem schwarzen Markt zu einem recht günstigen Kurs umgetauscht.

Wegen dieses Geldmangels und nicht zuletzt wegen anderer Dinge (unter der ganz jungen Generation macht sich eine unverhohlene Anti-Weißen-Stimmung bemerkbar) ist es mir in Zaire nicht ganz geheuer. Ich werde das Land so schnell wie möglich durchqueren. Aber wie, ohne genügend Geld und ausreichend befristetes Visum? Knapp 2000 Kilometer sind es noch bis zur sambischen Grenze, und der Großteil davon undurchdringlicher Regenwald ohne Straßen. Ein Plan, den ich schon bei der Vorbereitung ins Auge gefaßt hatte, wird nun bei der Durchquerung Zaires zur Notwendigkeit: mit Flußboot und Eisenbahn! Ich habe mich auch schon am Hafen erkundigt.

Nächste Woche fährt das letzte Flußschiff (wegen des niedrigen Wasserstandes bis zum Einsetzen der Regenzeit im Oktober) den Kongo und den Nebenfluß Kasai bis zur Stadt Port-Francqui hinauf. Kostenpunkt etwa 40 DM. Dort, im grünen Herzen Afrikas, werde ich in eine Urwaldeisenbahn umsteigen, die mich weiter nach Süden bis zur Bergbauprovinz Katanga bringt, und von da ist es nur noch ein Katzensprung nach Sambia.

Da ich erst in ein paar Tagen abreise, habe ich Zeit, meine Ausrüstung wieder in Schuß zu bringen, Schreibarbeiten zu verrichten und zu fotografieren. Bei einem meiner Streifzüge durch die Stadt kaufte ich mir einmal in einer Bäckerei einige der langentbehrten frischen Brötchen. Die Verkäuferin, eine Weiße, fragte mich, ob ich Deutscher wäre. Sie stammte aus Hildesheim und erzählte mir, daß sie ihren Mann bei seinem Studium in Deutschland kennengelernt habe und daß sie nun schon seit einigen Jahren in Kinshasa lebe. Danach lud sie mich auf den Sonntag zum Essen ein, sie würde dazu noch ihre zwei DDR-Freundinnen, die ebenfalls mit Afrikanern verheiratet seien, mit einladen.

Ich war auf diese deutsch-deutsch-afrikanische Begegnung gespannt, doch ein tragischer Vorfall verhinderte sie! Als ich nämlich am Sonntagvormittag mit dem Wagen abgeholt worden war und dann gegen Mittag im Garten alles bereit stand, fehlten nur noch die zwei DDR-Familien. Plötzlich erschien eine der beiden Frauen und erzählte atemlos, der Mann der anderen Frau sei überraschend gestorben! Entsetztes Aufblicken, Fragen, Verwirrung. An ein gemütliches Beisammensein war natürlich nicht mehr zu denken. Ein paar Tage später erfuhr ich: Der Verstorbene hatte trotz seines jungen Alters, er war keine 30, eine einflußreiche und gutbezahlte Regierungsstelle inne. Dies hatte ihm wahrscheinlich den Neid von Kollegen oder einer feindlich gesonnenen Familie zugezogen, denn er merkte, daß er vergiftet worden war. Da er aber auch gleichzeitig wußte, daß für ihn keine Rettung mehr bestand, ließ er davon selbst seiner Frau gegenüber nichts verlauten, sondern hinterlegte bei der DDR-Botschaft einen Brief, der den Nachlaß regelte, und aus dem diese Einzelheiten

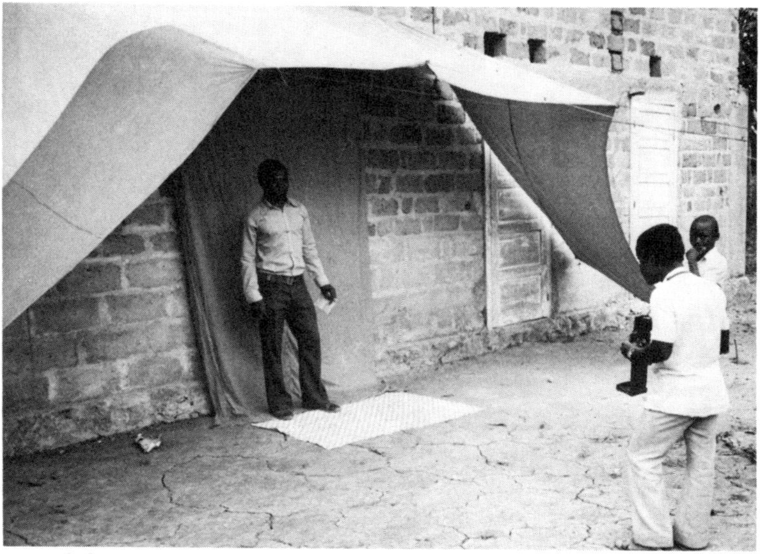

Ein afrikanisches „Paßbildstudio"

hervorgingen. Seine Obduktion ergab, daß ein furchtbares, nicht nachweisbares Gift die inneren Organe zersetzt hatte. Im Hals eingepflanzt fanden die Ärzte einen Gegenfetisch, der aber den Tod natürlich nicht verhindern konnte.

An einem anderen Tag, als ich am Spätnachmittag am Boulevard du 30. Juin in einem Straßencafé saß, hörte ich vom Nachbartisch unverkennbar schwäbische Laute.

„Aber wart', dem lerne noch 's putzen. Bei mir wird au aus de Ecka rausgefegt. Des isch er bloß net gewohnt, weil er ja in'ra Rundhütte uffgwachsa isch!" Oje, das schien eine echte Schwäbin zu sein! Für die Nichtschwaben: Sie beklagte sich einer anderen Frau gegenüber über den mangelnden Putzeifer ihres Hausangestellten.

Ich stellte mich vor, worauf sie sagte:

„Was, von Markgreninga mit 'em Fahrrädle bis zum Kongo! Des

glaub' i Ehne fei net, Sia schwendlet!"

„Nicht die ganze Strecke", erwiderte ich, ebenfalls in diesem schon lange nicht mehr gehörten Heimatdialekt, „aber es waren auch so schon genügend Kilometer."

Die gute Frau lebte erst seit kurzem in Kinshasa, ihr Mann war Repräsentant einer Stuttgarter Firma. Wir saßen lange zusammen, es gab vieles zu erzählen, und unsere Unterhaltung ließ in mir leise Heimwehgedanken und den Wunsch aufsteigen, endlich von Kinshasa fortzukommen. Aber übermorgen ist es ja soweit, da legt das Schiff ab, und ich komme meinem Ziel wieder etwas näher.

Mit dem Flußboot ins grüne Herz Afrikas

Ganze Flotten dunkelgrüner Pflanzeninseln treiben den Kongo hinunter. Unaufhörlich, Tag und Nacht, seit ich Kinshasa auf diesem Flußboot verlassen habe. Es ist ein ebenso seltsames wie praktisches Schiff. An ein bulliges Stammschiff, das mit seiner rechteckigen, kantigen Form allein gar nicht manövrierfähig wäre, sind vorne und seitlich Beiboote für Ladung und Passagiere gekettet. Mit diesen Beibooten, Pontons genannt, kann der Kapitän den Schiffsverband ganz nach Bedarf und Belieben verlängern oder verkürzen, verbreitern oder verschmälern. Wir führen vorne zwei Ladungspontons und seitlich zwei Passagierpontons, und so schieben wir die braunroten Fluten des Kongo hinauf. Der Ponton, auf dem ich mich befinde, ist mit schätzungsweise zweihundert Schwarzen mehr als überfüllt, und ich bin der einzige Weiße. Selbst hier auf dem Oberdeck der zweiten Klasse ist meine Anwesenheit eine kleine Sensation. Scharenweise kommen die Kinder heran, um mich und das Rad anzustaunen.

Der Erkundigungsradius ist nicht groß. Hier oben acht wie Kabinen aussehende Verschläge mit je zwei Doppelpritschen übereinander. Vorne Tische und Bänke und achtern die Kombüse. Unter mir

Blick in das Unterdeck, wo zwischen Schiffszubehör und Gepäckbündeln Markt abgehalten wird

die dritte Klasse, vollgestopft mit Männlein und Weiblein, Kindern und Hühnern, Großmüttern und Ziegen. Das Geschnatter, Gelächter und Kindergeplärre hört nie auf. Ich habe mich erkundigt: Zwanzig Mark muß man in der „Dritten" für die achthundert Kilometer bis Port-Francqui bezahlen. Flöhe und Läuse werden gratis befördert.

Die Bäuche der beiden Ladungspontons sind vollgestopft mit allerlei Frachtgut. Obenauf stehen unzählige Ölfässer, und wo dazwischen noch ein Platz ist, haben Marktfrauen und Händler Stellung bezogen. Überhaupt spielt sich an Bord das gewohnte afrikanische Jahrmarktstreiben ab. Es wird gekauft und verkauft, einige fangen Fische, und irgendwo steht immer einer, der singt oder trommelt.

Der Kongo führt Niedrigwasser. Überall stehen Sandbänke hervor, und das Schiff schleicht über zahllose Untiefen hinweg. Die treibenden Wasserhyazinthen tun ein übriges, so daß die Fahrt für den Steuermann nicht zu einem Vergnügen wird. Diese Wasserhyazinthen sind die Plage des Kongos. Sie verstopfen stille Seitenarme, decken die Fahrwasserbojen zu und verwickeln sich in die Schrauben kleiner Boote. Ein Amerikaner soll sie vor hundert Jahren vom Amazonas mitgebracht haben, und innerhalb weniger Jahrzehnte breiteten sie sich über alle Flüsse Zentralafrikas aus.

Noch mit einer zweiten, der Moderne entspringenden Plage hat man sich auf einer Kongofahrt abzufinden. Von früh bis spät in die Nacht plärrt über alle Decks aus bis zum Anschlag aufgedrehten Lautsprechern stupide Schlagermusik. Da der „Discjockey" vorne nur ein Dutzend Platten besitzt, geht einem das Getöse noch mehr auf die Nerven. Nur an der äußersten Pontonspitze kann man dem Lärm einigermaßen entkommen.

Wir verließen Kinshasa an einem Abend. Vor meiner Kabine begrüßte mich ein Rattenschwanz, der zwischen zwei Planken von der Decke herabhing.

Solange diese Tiere das Schiff nicht verlassen, kann ich beruhigt sein, dachte ich. Ein Schwarzer hat sie dann so lange am Schwanz gezogen, bis sie tot herunterhing. Sie hat sehr lange und laut geschrien. Danach schnitt man sie ab und warf sie zu den Fischen.

Eine halbe Stunde später tauchte die Sonne als roter Ball in die Fluten und ließ das Wasser glitzernd rot aufleuchten. Kinshasa verschwand in der Ferne, und als die Nacht hereinbrach, hatten wir bereits das Ende des über sechzig Kilometer breiten Stanley-Pools erreicht. Dann suchte ein gewaltig starker Scheinwerfer mit gleißendem Licht den Strom und die Ufer ab. Es wird Tag und Nacht durchgefahren.

Am nächsten Morgen hatten wir bereits die starke Strömung des „Kanals" passiert, wo der Kongo sich durch eine Engstelle hindurchdrückt. Früher mußten hier die Schaufelraddampfer mit Volldampf gegen die Strömung angehen, doch unsere Diesel schafften es spielend. Kamen wir an Dörfern vorbei, so rannten alle Bewohner ans Ufer und winkten. Doch viele Dörfer waren auch halb verlassen – Landflucht. Ein Problem, dem sich fast alle Staaten Afrikas im Einzugsbereich großer Städte gegenübersehen.

Je weiter nördlich wir kamen, desto mehr nahm die Ufervegetation

Abendstimmung auf dem Kongo

zu, und jetzt, kurz vor unserem Abbiegen in den Kongonebenfluß Kwa, stehen undurchdringliche Pflanzenmauern zu beiden Seiten. Der Kongo wird nun in einem weit geschwungenem Bogen bis nach Kisangani fließen, wo die Schiffbarkeit des Flusses endet.

Kongo. Vor hundert Jahren war der Kongo noch ein Strom, an dessen Lauf man die abenteuerlichsten Vorstellungen knüpfte. Als erstem Weißen gelang es 1874 bis 1877 dem englischen Journalisten Henry Morton Stanley unter unendlichen Strapazen und Gefahren dem Lauf des Kongos vom Tanganjikasee bis zur Mündung zu folgen. Er berichtet:

„In festgeschlossener Ordnung fuhren wir stromab und verfolgten unseren Weg, aber um uns diesen zu versperren, stürzten ungefähr zehn lange Kanus aus dem Schatten der palmenreichen Flußufer hervor, und die wilde Bemannung fing an, ihre Kriegsgesänge anzustimmen.

Als wir nahe an sie herangekommen waren, riefen wir ihnen laut zu: ‚Friede!' Doch die Wilden riefen: ‚Wir werden euer Fleisch essen!' Und dann schrie ein alter Häuptling irgendein Kommandowort, und plötzlich schlugen hundert Ruder das Wasser zu Schaum, und die Kanus stürmten auf uns los. Aber der Kampf war kurz . . ."

„Eins der größten Kanus, 26 Meter lang, tat verwegen den Fehlgriff, mein Boot zu seinem Opfer auszuwählen. Wir hielten unser Feuer zurück, bis es nur noch ungefähr 15 Meter von uns entfernt war, und griffen dann, nachdem wir die Mannschaft mit einer vollen Salve überschüttet hatten, das Kanu mit dem Boot an. Die Mannschaft war nicht imstande, dasselbe schnell genug zur Flucht umzuwenden, stürzte sich deshalb in den Fluß und schwamm zum Ufer, während wir uns des Kanus bemächtigten. Wir tauschten bald darauf zwei unserer kleineren Kanus dagegen aus und setzten dann unsere Reise in einer Linie fort, mein Boot voran und zugleich als Führer dienend."

Heute sind es keine blutrünstigen Wilden mehr, die sich dem Schiff in Kanus und mit Speeren nähern, sondern Dorfbewohner, die Fische und Früchte mitbringen und dafür Konserven und Bier tauschen. Ihre Technik ist ebenso einfach wie verwegen. Sie warten in

Flußmitte das Herannahen des Schiffes ab, und in dem Augenblick des Überholens klammern sie sich an der Bordwand fest oder ergreifen zugeworfene Taue. Das machen sie selbst nachts, und es ist nicht ungefährlich, denn manchmal schlägt ein Boot um, und Mann und Ladung verschwinden im Wasser. Doch in der Mehrzahl der Fälle geht es gut, und wenn die mitgebrachten Waren dann eingetauscht oder verkauft sind, werden die Pirogen losgebunden, und die Männer lassen sich wieder flußabwärts in ihre Dörfer zurücktreiben.

Der Kongo ist für Zaire mehr als nur der größte Strom. Er ersetzt beim Gütertransport ins unwegsame Hinterland die Straßen und seine Schiffe darauf einen Teil der Lastwagen.

Der Kwa wird nun immer breiter, so breit, daß man die Ufer kaum noch erkennen kann. Ich schätze die Flußbreite auf 10 bis 15 Kilometer.

Nach einer weiteren Nacht erreichen wir die Stadt Bandundu und machen für längere Zeit fest. Ein Ponton wird abgekettet und zurückgelassen. Dann heult wieder die Sirene, und die Fahrt geht weiter. Hinter Bandundu heißt der Kwa nun Kasai.

4. Tag. Die Verpflegung wird knapp! Kein Fleisch mehr! Außer dem in Kinshasa mitgenommenen Frischfleisch und den unterwegs zugeladenen Affen gibt es zu dem täglichen Maniok und Reis keine Beilagen. Nun wird an der nächsten Anlegestelle nach kurzer Verhandlung mit einem Bauern ein klappriges Rind erstanden und mit viel „Hüh" und „Hott" über ein Brett an Deck getrieben. Der Smutje macht sich sogleich an die Arbeit: Ein kreisförmiger Schlag mit dem Hackmesser, und das Rind beendet zappelnd seine Erdentage. Abends bekommt dann die „Dritte" die Innereien (sie müssen immer ihre eigenen Töpfe bringen), während wir auf Plastiktellern das Fleisch bekommen. Das gefällt zwar denen von der „Dritten" nicht, aber gesundes Aufstoßen meldet nachher doch sattgewordene „Unterdeckmägen".

Ich bin übrigens der Freund des Smutje geworden, seitdem ich ihm einmal mit seiner Feile das Beil geschärft habe, mit dem er immer seine kleinen Tomatenmarkbüchsen aufmacht. Wasser zum Kochen holt er mit einer Büchse aus dem Kongo herauf, die er an einer Leine in den Fluß hinab läßt. Zum Glück habe ich noch ein paar Chlortabletten, so daß ich das Trinkwasser desinfizieren kann.

Gestern nacht hatte ich Besuch – von einer Ratte. Sie fraß mir das letzte Brot aus dem Verpflegungsbeutel, so daß ich aus dem Verschlag auszog und die restlichen zwei Tage auf den Planken verbringen werde. Da es den Moskitos nachts aber nicht zu weit ist, vom Ufer herüberzufliegen, erwache ich jeden Morgen zerstochener.

Seit wir in Kinshasa abgefahren sind, brütet über dem Schiff eine dumpfe Hitze. Alles ist feucht und klebrig, die Hemden, die Hosen, die Luft. Das alte Stangenbrot an Bord hat den Geschmack von nassem Papier. Viel unternehmen kann man nicht, denn die kleinste Bewegung verursacht Schweißausbrüche. So sitze ich weiter neben meinem Rad und schwitze stumm vor mich hin. Kein Windhauch regt sich, die Luft steht lastend still. Rings um die Erde, längs des Äquators, liegt ein Gürtel von Windstillen, die Kalmen. So steht's zu Hause in meinem Erdkundebuch, und ich kann's hier bestätigen.

Dörfer kommen und gehen. Da und dort schlingern Einbäume. Und immer wieder schieben sich Sandinseln heran, auf denen Fischer Schilfhütten gebaut haben und auf denen die Fangnetze zum Trocknen aufgespannt sind.

Blick auf die gärende Urwaldkulisse. Gedanken an Wälder, die noch nie von einem Weißen betreten wurden, von Pygmäensippen durchstreift, von Gorillas und Waldelefanten bewohnt. Das Kongobecken ist wie eine riesige Schüssel, die zu den Rändern hin allmählich ansteigt. Und darin ein geschlossener Waldblock mit unzähligen Flüßchen und Flüssen. Der Kongo ist der größte davon, und sein Einzugsgebiet mit 3,7 Millionen Quadratkilometer ist nach dem Amazonasgebiet das zweitgrößte der Erde.

Es ist ein Gebiet, das kaum Schwankungen im Klima aufweist und in dem die Niederschläge stets höher als die Verdunstung sind. Daraus resultiert die für einen Europäer auf die Dauer unerträgliche Schwüle. Zweimal im Jahr, wenige Wochen kurz nach den Sonnenhöchstständen im Frühjahr und Herbst, setzen die Zenitalregen ein.

Dann regnet es vier bis acht Wochen fast ununterbrochen. Aber auch in den übrigen Monaten wird man hier in Äquatornähe von Niederschlägen nicht verschont. Es sind die kurzen, aber heftigen Regenschauer an den Nachmittagen und Abenden. Man nennt sie Mittagsregen, und sie entladen sich oftmals mit schweren Gewittern. Dann stieben über den Fluß bockige Windstöße heran, verfangen sich in den Uferbäumen, und grelle Blitze schlitzen schwarze Wolkenberge auf. Alles flüchtet sich dann unter die Decks und schaut dem elementaren Schauspiel zu. Doch eine halbe Stunde später ist alles vorüber, und ehe sich die nächsten grauen Wolken heranschieben, zeigt sich kurz ein blauer Himmel; und wenn es Nacht ist, blitzen die Sterne heller denn je.

Sechs Tage braucht man, um mit einem Boot von Kinshasa nach Port-Francqui hinaufzufahren, und heute ist nun der letzte. Das Schiff legt an dem Holzsteg des kleinen Hafens an. Ich bin froh, diesem aufreibenden Herumhocken entronnen zu sein. Nach der unvermeidlichen Paßkontrolle durch Militär – „votre passeport internationale, s'il vous plait" – fahre ich zwischen Palmen einen Sandweg zu der kleinen Ortschaft hinauf und erkundige mich nach einer Mission. Man weist mich zu einem außerhalb liegenden kleinen Tal, und kurz darauf stehe ich vor zwei langbärtigen, in Afrika ergrauten Patres. Nach einer herzlichen Begrüßung werde ich sofort hereingebeten und zu einem Gästeraum geführt. Unter der Dusche kann ich mir den salzigen Schweiß der letzten Woche endlich abspülen, eine Wohltat.

Aber dann muß ich erzählen, und ich tue es gern, denn die beiden sind Flamen und sprechen ein ausgezeichnetes Deutsch. Bis zum späten Nachmittag dauert unsere Unterhaltung, doch ich kann die beiden verstehen. Denn wenn man Monate und Jahre in solcher Abgeschiedenheit verbringt, verlangt einen geradezu, von Fremden, die gelegentlich von draußen kommen, Neues zu erfahren.

Am Abend wurde ich eingeladen, ins Kasino der Eisenbahner mitzukommen. Hier traf ich noch einige Europäer, Belgier und Franzosen, aber auch Portugiesen, die alle bei der KDL, der Eisenbahnlinie Port-Francqui – Lubumbashi beschäftigt sind. Die Männer hatten

Sonnenaufgang in Zaire

eine gute Nachricht für mich: Schon morgen fährt der wöchentliche Zug nach Katanga.

Eigentlich wäre an diesem Abend Filmvorführung gewesen, aber da der Zug von Lubumbashi mit der Filmrolle sich einen Tag verspätet hat, geht man zu einem fröhlichen Umtrunk über. Es wurde ein lustiger Abend.

„Trink, Deutschmann", riefen mir die beiden Patres in ihrem kehligen Flamendeutsch zu, „im Kongo ist es heiß", und ich konnte das nicht widerlegen. Mir zu Ehren legte man ein paar deutsche Platten aufs Grammophon, und wie viele Flaschen „Simba (Löwen)-Bier" eigentlich geleert wurden, weiß ich nicht mehr, ich weiß nur noch, daß ich nachher den uralten Ford der Patres anschieben mußte, und daß dann der Weißbärtige in wilder Fahrt durch den Busch steuerte – und das ohne die Gänge mit der Kupplung zu schalten, wie er mir lachend demonstrierte.

Aber eines muß man den beiden lassen: Am anderen Morgen um sechs Uhr waren sie wieder putzmunter, und während der eine die Glocke läutete, machte sich der andere zum Zelebrieren der Frühmesse fertig.

Als dann um acht Uhr die Kinder aus allen Richtungen zur Missionsschule strömten, verabschiedete ich mich von den beiden, nicht ohne ein paar Münzen in eine Trommel neben der Tür geworfen zu haben. Das war ich den beiden schuldig, und ich konnte es mir auch leisten. Gestern abend nahm mich ein Franzose, der lange Jahre in Indochina verbracht hatte und mit seiner indonesischen Frau nun in Afrika lebte, beiseite und steckte mir – aus Anerkennung und als alter Globetrotter, wie er sagte – bare zehn Zaire zu! Das waren umgerechnet fast 40 DM! Ich bedankte mich herzlich und hatte dieses Geld auch sehr nötig, da ich, wie schon erwähnt, auf keiner Bank Geld wechseln konnte.

Winkend schwang ich mich auf mein Rad und fuhr zum Bahnhof hinunter. Der zweite Teil der Zaire-Durchquerung konnte beginnen.

Vier Tage im Urwaldexpreß

Der Mann hinter dem Fahrkartenschalter betrachtete mich einigermaßen verblüfft. Ich hatte etwas verlangt, was normalerweise ein Weißer nicht tut: eine Fahrkarte dritter Klasse nach Lubumbashi und dazu einen Gepäckschein für ein Fahrrad. Das machte zusammen 35 DM für 1200 Kilometer.

Nachdem ich mein Fahrrad im Gepäckwagen gelassen habe, suche ich mir in einem der Wagen einen Platz und verstaue das übrige Gepäck sorgfältig in meinem Blickbereich. Es ist noch viel Zeit bis zur Abfahrt. Draußen auf dem Bahnsteig treffen die Reisenden ein, die bunten Kopftücher der Frauen und Mädchen setzen sich zu einem farbigen Bild zusammen. Dann aber füllt sich langsam das Abteil. Wenn eine afrikanische Familie reist, wird der halbe Hausrat an Blechschüsseln und Töpfen für die Zubereitung des täglichen Maisbreies mitgeschleppt, dazu das nötige Trinkwasser und eine Anzahl Kinder. Für viele ist diese Reise das große Erlebnis ihres Lebens, und der halbe Ort ist auf den Beinen, um Verwandte und Freunde zu verabschieden.

Von vorne ein greller Pfiff. Abschiedsszenen beginnen, letzte Gepäckbündel und Maissäcke werden zu den Fenstern hereingehievt. Dann nochmals ein Pfiff. Die Diesellok röhrt, die Räder drehen sich, wir verlassen Port-Francqui. Nun habe ich Zeit, mir ein paar Notizen über den gestrigen Tag zu machen.

Ich gebe die Schreiberei wieder auf, da der Wagen wie bei einem mittelschweren Erdbeben über die Gleise schüttelt. Draußen ziehen die früchteschweren Stauden der Bananenpflanzungen vorbei, dann wieder ein Stück tropischen Regenwaldes. Die Bäume stehen so nah, daß Zweige gegen den Waggon schlagen. Mir gegenüber sitzt ein Mann mit seinen beiden Frauen, die in leuchtend bunte Kattuntücher gehüllt sind. Ich werde höflich betrachtet, aber eine Unterhaltung kommt nicht in Gang.

Es ist heiß im Abteil. Der Wagen hat keine Toilette, und die kleinen Kinder melden sich nicht. Es breiten sich Gerüche aus.

An den zahllosen Stationen fliegen Fenster und Türen auf, und dann kommt es zu lautstarken Kollisionen. Die freigewordenen Plätze werden handstreichartig eingenommen und mit Koffern und Kisten gegen die Nachrückenden abgegrenzt. Dazu gehört viel Geschrei, Lachen und Getanze. Jeden Tag mache ich eine oder zwei Expeditionen über Berge von Schachteln, Säcken, Hühnerställen und Koffern nach hinten zum Gepäckwagen, um zu sehen, ob mein Fahrrad noch da ist. Es hängt noch brav an der Kette, und ich gebe dem Gepäckarbeiter nochmals ein paar Pfennige für das Aufpassen. Er sagt: „Merci, patron", während er auf dem Wagenboden ein Feuerchen macht, um seinen Mais zu rösten.

In den Gängen preisen fliegende Händler lautstark Reiseproviant an. Einer verkauft Säfte gegen Kopf- und Magenweh und Pillen gegen alles andere. Viele Reisende senken die Fahrtkosten dadurch, daß sie Halsketten und Flechtarbeiten herstellen und diese dann an Passagiere verkaufen.

Und dann die Nächte: Wer keine Schlafstelle unter den Bänken ergattern kann, turnt unterm Wagendach in den Gepäckablagen auf der Suche nach einem anderen geeigneten Platz herum. Ich habe mir meine Bank freigekämpft und liege abgewinkelt auf den harten Latten. Doch von Schlaf kann keine Rede sein, denn bis zum Morgengrauen krachen Türen, plärren Kinder und jaulen Transistorradios.

Wie immer werden an den Stationen lange Pausen gemacht, und alle warten geduldig auf die Weiterfahrt. Wann der Zeitpunkt gekommen ist, weiß niemand so genau, da der Zug sich an keinen Fahrplan hält.

Die Fahrt geht weiter, und dauernd ist der Wagen überfüllt. Bedingt durch den Regenwald und durch die ständigen Steigungen aus dem Kongobecken heraus, mußte der Zug langsam fahren. Doch jetzt, hinter Kamina, dreht er auf: 40 Kilometer in der Stunde. Dann

Mein Abteil im Urwaldexpreß

überqueren wir einen Fluß, der Lualaba heißt. Er ist neben dem Luapula einer der Quellflüsse des Kongos.

In der Zwischenzeit ist aber etwas Bemerkenswertes eingetreten. Der tropische Regenwald ist verschwunden! Der Übergang von den dichten Pflanzenmauern der Kongowälder in eine parkartige Savanne vollzog sich überraschend schnell. Und ebenso veränderte sich die Luft. Ich habe es schon gar nicht mehr bemerkt, wie schwer es sich in den letzten Wochen atmen ließ. Mit einem Gefühl der Erfrischung atme ich nun die trockene Luft ein. Eine Wohltat, die nur der wirklich zu schätzen weiß, der das Waschküchenklima Zentralafrikas einmal am eigenen Leibe kennengelernt hat. Auch die Haut, die während der langen Reise seit Nigeria eigentlich immer feucht, klebrig und salzig gewesen ist, fühlt sich wieder glatt und trocken an – die Tropen liegen hinter mir.

Gefährliche Begegnung in der Nacht

Einen Tag später rollte der Zug in den Bahnhof von Lubumbashi ein. Die Stadt gefiel mir: saubere Straßen, gepflegte Grünanlagen und überall scharlachrot blühende Flamboyant-Bäume, Afrikas wohl schönster Baum.

Lubumbashi (früher: Elisabethville) geht auf eine belgische Gründung zurück und ist heute die zweitgrößte Stadt von Zaire (sie liegt über 1200 m hoch). Das trockene Klima, die fruchtbare, wasserreiche Umgebung und nicht zuletzt die günstige Verkehrslage zu den umliegenden Erzminen haben diese Entwicklung begünstigt.

Was mir aber weniger gefiel, waren die Belästigungen durch zairische Soldaten, die mich schon beim Verlassen des Bahnhofs mit ihrem grundlosen Anbrüllen ein wenig an der Zeit vor zehn Jahren teilhaben ließen, als in Lubumbashi noch die UNO-Truppen kämpften, Schießereien, Plünderungen und Übergriffe auf die Europäer an der Tagesordnung waren. Der deutsche Honorarkonsul von Lubumbashi, ein Belgier, der schon beinahe 25 Jahre in der Stadt wohnte, zeigte mir Bilder und Zeitungsberichte aus jenen Tagen. Er hatte mich eingeladen, nachdem ich meine Post auf dem Konsulat abholte, und sein gastliches Wesen zeigte sich nicht nur am dicken Gästebuch, sondern auch in der liebenswürdigen Aufnahme, die ich in der „Macarena", seinem großen und schöngelegenen Haus, fand.

Während man mich also zu Hause noch tief verstrickt in Kongoabenteuer wähnte, verbrachte ich in Wirklichkeit angenehme Tage an einem Swimming-pool bei exzellenten Speisen und Getränken, so daß ich mir nach den Sardinen- und Wassertagen auf dem Schiff und im Zug „comme au paradise" vorkam.

Überhaupt schien das Geschick die letzten Wochen wieder ausgleichen zu wollen. Von einem Schweizer Geschäftsmann erhielt ich Einladungen, Erzminen in Likasi und Kolwezi zu besichtigen. Mit dem Auto fuhren wir von Lubumbashi Richtung Norden, vorbei an Hüttenwerken, Minenabraumhalden und mächtigen Energieversorgungsanlagen. An keiner Stelle der Welt ist auf so kleinem Platz soviel Erzreichtum angehäuft wie in der Provinz Shaba, die früher Katanga hieß. Die Geschichte des Abbaus begann um die Jahrhundertwende, als König Leopold II. von Belgien nach geologischen Untersuchungen Katanga in den von ihm regierten unabhängigen Kongostaat einbringen ließ. 1906 wurde die Union Minière du Haut Katanga gegründet, und fünfzig Jahre später produzierten die Erzgruben dieser größten Bergbaugesellschaft der Welt mehr als 50 Prozent der Weltproduktion an Kobalt, Industriediamanten, Germanium und Radium. Dazu kamen noch riesige Mengen an Kupfer, Silber, Gold, Zinn, Zink, Wolfram, Manganerz – und Kohle und Eisen warten immer noch auf die Ausbeutung!

Zaire lebt heute zum größten Teil von der Ausfuhr dieser Bergbauprodukte, und die Nachfolgeorganisation der Union Minière ist die staatliche Gecomines. In eine ihrer vielen Kobaltminen bin ich eingefahren, 300 Meter tief im Bauch der afrikanischen Erde sah ich in häuserhohen Stollen den Abbau dieser kostbaren Erze, und dann wieder über Tage das Zermahlen und die elektrolytische Weiterverarbeitung.

Doch nicht genug: Einen Tag später saß ich in einem Sportflugzeug und konnte mir einen Teil Shabas aus der Vogelperspektive betrachten, den Busch, die Städte und die stillgelegte Pechblendenmine von Shinkolobwe, aus deren Uran jene Atombombe hergestellt wurde, die dann Hiroshima zerstörte.

Es war also eine erholsame wie auch informative Woche dort in Shaba gewesen, und gerne hätte ich der Einladung Folge geleistet, doch noch einige Tage länger zu bleiben.

„Leider muß ich weiter“, sagte ich zu den vielen Freunden, die ich in Lubumbashi kennengelernt hatte, „meine Reise ist ein ewiges Abschiednehmen. Sambia wartet schon auf mich.“

Doch wie es mich erwarten würde, hatte ich mir nicht vorgestellt!

Aber der Reihe nach: Ich verließ frühmorgens Lubumbashi und er-

In Katanga besuchte ich große Bergbau- und Industrieanlagen. Hier wird Kobalterz zermahlen

reichte nachmittags Kasumbalesa, den Hauptgrenzübergang nach Sambia. Dort Kontrolle, Paß, Zoll, Formulare. Dann: „Wo haben Sie Ihre Devisenerklärung?" – Diese Frage hatte ich befürchtet! „Vergessen", sagte ich, „in Lubumbashi. Ich werde morgen wiederkommen!" Und weg war ich, noch bevor man mich weiter ausfragen konnte. Denn ein zairisches Gefängnis wollte ich nicht von innen kennenlernen!

Am Abend war ich wieder in Lubumbashi, übernachtete dort und fuhr anderntags mit einem inzwischen abgelaufenen Visum Richtung Westen. Mein Plan stand fest: Genauso wie ich nach Zaire hineingekommen war, mußte ich das Land wieder verlassen, nämlich durch einen abseits gelegenen Übergang. Und meine Rechnung ging auf, denn niemand fragte mich an dem nur lokal bedeutsamen Übergang von Kipushi nach der Devisenerklärung. Wahrscheinlich litt der Arbeitseifer der zwei Posten unter ihrer Alkoholzufuhr, denn beide waren trotz des Vormittags schon betrunken. Zum Abschied brüllte mir der Ältere wüste Schimpfworte an den Kopf, „. . . weil Sie ein Weißer sind!“, wie er zur Begründung anführte. Ich antwortete nicht. Doch als ich einen Meter hinter dem Hoheitszeichen von Zaire stand, atmete ich erleichtert auf!

Ganz anders die Abfertigung auf der anderen Seite des Balkens, (denn diesen hatten sie hier auch schon), sie geschah höflich und korrekt. Zum letzten Male rief ich einigen Kindern ein „au revoir“ zurück, denn mit dem Verlassen Zaires lagen die frankophonen Länder nun endgültig hinter mir. Bis zum Kap der Guten Hoffnung kommt man jetzt mit Englisch durch. „A good journey – eine gute Reise“, wünschten mir die sambischen Beamten, dann konnte ich weiter.

Die Lateritpiste führte in den Busch hinein. Nun galt es, meinen bis zu diesem Grenzübergang geschlagenen Haken in die Gegenrichtung vollends zu Ende zu führen und die Hauptstraße wiederzufinden. Den Wegverhältnissen und der Entfernung nach rechnete ich mit ein bis zwei Tagen. Verpflegung und Wasser hatte ich genügend dabei. Zeitweilig ging es durch Elefantengras, kleine Täler und über Hügel. Auf heißen Steinen lagen Eidechsen, die sich sonnten, und Gruppen von Brotfruchtbäumen spendeten spärlichen Schatten. Kein Mensch ließ sich blicken, nur einmal, auf einem abgebrannten Feld, ein kleiner Junge, der mit einer kurzen Hacke den Boden bearbeitete und fortsprang, als er mich lautlos heranrollen sah.

Am Nachmittag erblickte ich eine Ansammlung von schmutzigen Strohhütten, wo ich aber, um keine Zeit zu verlieren, nicht anhielt, denn ich wollte in der nächsten Ortschaft übernachten. Doch als sich die Sonne senkte, hatte ich kein weiteres Dorf mehr passiert, und plötzlich hüllte mich die schnell hereinbrechende Dunkelheit ein. Hüpfend und springend tastete sich das Licht der Fahrradlampe über den Trampelpfad, in der Ferne hörte ich das langgezogene Heulen eines Tieres. Aber sonst Stille und Nacht, kein Mond leuchtete. Durch die Rüttelei fiel immer wieder die Lampe aus, so daß ich mehr von meinem Gefühl als von meinen Augen geleitet wurde. Zweige und Äste schlugen gegen Gepäck und Körper. Ich wußte, daß ich mich verfahren hatte. Da – links von mir bewegte sich im schwachen Sternenlicht ein schemenhafter Schatten! Ich stellte das Rad hin und griff zur Taschenlampe. Plötzlich brüllte eine Stimme: „Hands up!“ Einen Atemzug lang blieb ich erschrocken stehen. Überfall?

Dann erstarrte ich. Im Lichtkreis der Lampe erkannte ich einen Schwarzen, der mit einer im Anschlag gehaltenen Maschinenpistole keine fünfzehn Meter vor mir stand. Klopfenden Herzens erhob ich langsam meine Hände, hörte mich „dont't shoot, I'm a tourist“ schreien!

Eine nervenzerfetzende Situation. Mitten in der Nacht im afrikanischen Busch einem unberechenbaren Schwarzen gegenüberzustehen, der dazu noch betrunken war, denn mit gereizter und lallender Stimme brüllte er mir Aufforderungen in seiner Stammessprache zu, und als ich darauf keine Antworten geben konnte, vernahm ich das eklige Entsicherungsgeräusch seiner Maschinenpistole, mit metallischem Klicken rastete das Magazin in den Lauf.

Kalter Schweiß brach mir aus. Jetzt wird er abdrücken. Jeden Monat gibt es Tote und Verwundete an Sambias Grenzen, erst vor wenigen Monaten wurden unten an den Viktoriafällen zwei kanadische Touristenmädchen erschossen. Nun bin ich der nächste.

Diese Gedanken durchzuckten in Bruchteilen von Sekunden mein Gehirn, ehe ich die Lampe wegwarf und mich einem Reflex gleich zusammensinken ließ und hinter dem umgestürzten Rad Deckung suchte.

Sekunden ohnmächtiger Angst.

Doch keine Salven über meinen Kopf, sondern Scheinwerfer, Lärm, Geschrei, Soldaten in Kampfanzügen, ein halbes Dutzend blitzender Bajonette drohend auf mich gerichtet, in schwarzen Gesichtern funkelte drohend das Weiße in den Augen. Aufgeregt schrien sie mir Fragen zu, was ich hier wolle, woher ich komme, dies hier sei ein Wald-Trainingslager der Armee. Ich erhob mich, erst dann konnte ich zu Wort kommen. Es dauerte lange, bis ich sie von meiner Ungefährlichkeit überzeugt hatte. Jener, der mir gegenüberstand, konnte sich überhaupt nicht beruhigen. Pausenlos rannte er um das Rad herum, stach mit dem Bajonett dagegen und schrie: „What this, what this?“ Wer die kindliche Angst der Afrikaner vor der Nacht und den unausrottbaren Glauben an Geister und Dämonen kennt, dem wird dieses Verhalten nicht fremd sein, der Alkohol tat ein übriges.

Ich war erleichtert, als sie mich dann endlich nach einer Viertelstunde weiterziehen ließen. Dennoch – das hätte schlimm enden können. Wären die anderen durch das Geschrei des Postens nicht angelockt worden und herausgestürzt, läge ich jetzt vielleicht irgendwo im sambischen Busch, und niemand hätte je etwas wieder von mir gehört.

Der Vorfall beschäftigte meine Phantasie derart, daß ich nun überhaupt nicht mehr auf den Weg achtete, sondern einfach drauflosfuhr. Meine anfängliche Angst beim Hereinbrechen der Dunkelheit war wie weggeblasen, ich wollte nun die ganze Nacht durchfahren. Nach ungefähr einer weiteren Stunde sah ich einen schwachen Lichtschein vor mir, und als ich näherkam, stieß ich auf ein paar Männer, die um eine Petroleumlampe herumsaßen. Sie schauten mich entgeistert an, als ich aus der Finsternis auftauchte und vom Rad sprang.

„Good evening“, grüßte ich, und setzte mich zu ihnen ins Gras. Sie gaben mir von ihrem Maisbier zu trinken. Dann erzählte ich in kurzen Worten mein Herkommen, wobei ich sie gleichzeitig um einen Platz zum Übernachten bat, denn jetzt erst wurde mir meine bleierne Müdigkeit bewußt. Einer nahm die Laterne, und ich folgte mit meinem Rad in den Wald hinein. Kurze Zeit später machte ich Rundhütten und glimmende Feuer aus, wir hatten ein Dorf erreicht. Einer bedeutete mir, mit ihm noch weiter zu gehen. Nach einer Biegung standen wir vor einem Blockhaus. Der Schwarze klopfte an die Tür und schrie: „Baas“! Eine Stimme gab Antwort, die Tür öffnete sich, und dann stand ich vor einem Weißen – das hätte ich mir in dieser gottverlassenen Ecke Sambias nicht träumen lassen! Er war Südafrikaner, Minenfachmann, der in diesem abgelegenen Gebiet eine stillgelegte Kupfermine wieder in Gang bringen sollte. Dies berichtete er mir, während er Tee und etwas zu essen zubereitete. Kauend erzählte ich ihm meine Geschichte, wobei er aus dem Kopfschütteln nicht mehr herauskam. Mitternacht war längst vorüber, und als mich nach einer Dusche auch noch ein weich gefedertes Bett aufnahm, war mein Glück nach diesem aufregenden Tag vollkommen.

Am nächsten Morgen nach dem Frühstück hatten wir Zeit zu einer ausgiebigeren Unterhaltung, und anhand von Mr. Coumbis' genauer Karte konnte ich mir auch über meinen Standort klarwerden. Während ich sie mir abzeichnete, hörte ich aus seinem starken Kofferradio zum ersten Mal das Pausenzeichen von Radio Südafrika! Fast andächtig lauschte ich den Tönen, wenn das kein gutes Omen war!

„Bestellen Sie mir Grüße an Pietersburg", rief Mr. Coumbis mir nach, als ich mich verabschiedet hatte, „Sie werden bei Ihrer Fahrt nach Johannesburg dort durchkommen!"

„Mach ich", rief ich zurück, und winkend sah ich ihn noch vor seiner Hütte stehen. Die Feldflaschen und der Verpflegungsbeutel waren von dem freundlichen Mann wieder voll aufgefüllt worden, so daß ich frohgemut in die Pedale steigen konnte. Gegen Mittag fand ich einen Wegweiser nach Chingola, und als sich dann bald darauf die Lehmpiste in eine nagelneue Teerstraße verwandelte, stieß ich noch am selben Abend wieder auf die große Nord-Süd-Hauptstraße Sambias – ich war durch!

Sambia – das Land der Gegensätze

Der Blick auf eine Afrikakarte zeigt, daß man Sambias Umrisse mit der Form eines Schmetterlings vergleichen könnte. Dort, wo die Flügel zum Körper zusammenwachsen, findet man auf der Karte viele rote Punkte – das sind die Städte des Copperbelts, des Kupferminengürtels von Nordsambia. Es ist ein hochindustrialisierter Streifen von 200 Kilometer Länge und etwa 100 Kilometer Breite.

„Wie kommt es", fragte ich dort einmal in einem Restaurant einen Sambier, „daß man hier solchen Wohlstand und Reichtum findet, während ich gestern noch durch Dörfer mit Staubstraßen und Strohhütten radelte?“

„Das ist nicht schwer zu beantworten“, sagte mein Gegenüber, der in England studiert hatte, „Sambias ganzer Reichtum konzentriert sich hier in Copperbelt, der eine Fortsetzung der Erzminen von Shaba bildet. Mein Land ist der Welt drittgrößter Kupferproduzent und der größte Kupferexporteur überhaupt. Über neunzig Prozent unseres Ausfuhrwertes stammt vom Kupfer. Doch leider ist der Erlös dieses Reichtums eben sehr ungleich verteilt. Viel in den Städten, wenig in den Dörfern.“

Und so ist es. Wer aus dem Busch mit seinen Lehmbehausungen und den ärmlich gekleideten Menschen kommt, findet hier im Kupferminengürtel breite Straßen, Grünanlagen, moderne Geschäftsgebäude aus Beton und Glas, eine Menge Autos und elegant gekleidete Afrikaner. Man vergißt, daß man sich noch mitten in Afrika befindet. Viele Europäer, meist Engländer, die als Techniker und Ingenieure in den Minen arbeiten, besitzen Häuser in vornehmen Villenvororten. Doch bei meiner Weiterfahrt sah ich auch die Reihen einfachster Häuser der Minenarbeiter, und noch ein Stück weiter draußen wieder die gewohnten Rundhütten, die allerdings zum Zeichen des „Fortschritts“ schon aus vorgefertigten Blechteilen zusammengesetzt waren.

Mit diesen Eindrücken verließ ich den Copperbelt in Richtung Süden. Im Linksverkehr und auf der erstklassigen „Great North Road“, eine Wohltat für Roß und Reiter nach den Tausenden von Pistenkilometern der letzten Monate. Das schwarze Band der Straße unter einem makellosen blauen Himmel führte durch eine eintönige, busch- und baumbestandene Savanne. Wer aus Europa kommt, einem Erdteil mit ständig wechselnden Landschaften, der vermag sich keine Vorstellung von der ungeheuren Weite und Monotonie dieser Landschaftsform zu machen. Mit den Steppen sind sie – auf Gesamtafrika bezogen – die vorherrschende Landschaftsform. Während man nördlich des Äquators den breiten und fast 5000 Kilometer langen Gürtel der Sahelzone antrifft, ist es hier im Süden der Miombo, ein Trocken-

Auf der „Great North Road" nach Lusaka. Endlich wieder gute Straßen!

wald, der sich auf einem durchschnittlich 1000 Meter hohen Hochplateau vom Kongobecken bis hinunter zum Sambesi zieht. Es ist ein Gebiet, das verhältnismäßig unberührt geblieben ist, und man könnte sich hier wegen der Gleichartigkeit der verkrüppelten Bäume ebenso verfahren wie in den äquatorialen Regenwäldern. Doch darum brauche ich mich jetzt nicht mehr zu sorgen, denn, wie schon erwähnt, verfügt Sambia über eine internationale Durchgangsstraße, und in Rhodesien und Südafrika gibt es davon gleich mehrere. Mit anderen Worten: Bis zum Kap der Guten Hoffnung habe ich jetzt, bis auf kleine Ausnahmen, freie Fahrt!

Aber trotz aller guten Straßen ist es noch weit bis zum Ziel. Ich habe auf die Karte geschaut: so weit wie von Lissabon bis nach Warschau, nämlich rund 3000 Kilometer Luftlinie. Die gleiche Entfernung war es von Yaoundé bis hierher! Etwa drei Viertel meiner Afrikadurchquerung liegen hinter mir, und nun fahre ich, durch meine nord-, west- und zentralafrikanischen Erfahrungen ermutigt, zuversichtlich hinab ins südliche Afrika.

Ich erreiche den kleinen Ort Kapiri M'Poshi, und bei einer Rast unter einem Baum sehe ich unweit von mir eine Gruppe Chinesen in grauer

Arbeitskluft, einige der über 30 000, die sich in Sambia und in seinem östlichen Nachbarstaat Tansania aufhalten. Was machen so viele Chinesen in Afrika? Sie arbeiten am zur Zeit größten Bauprojekt des Kontinents, an einer Eisenbahn, die sich von der tansanischen Hafenstadt Daressalam 2000 Kilometer quer durch den afrikanischen Busch bis zum Anschluß an die sambische Eisenbahnlinie nach Kapiri M'Poshi winden soll.

Als ich zu den Chinesen hinübergehe, nicken sie bei meinem Gruß freundschaftlich mit dem Kopf, doch eine Unterhaltung kommt nicht in Gang, da sie kein Wort Englisch sprechen. Aber als ich meine Afrikakarte vor ihnen auf dem Boden ausbreite, da kommt Leben in sie. Aufgeregt plappernd weisen sie auf die gestrichelte Linie des Bahnverlaufs und auf die Stelle, wo der eiserne Lindwurm die tansanisch-sambische Grenze bei Tunduma schon überschritten hat. Ein atemberaubendes Tempo! Ende 1970 wurde mit dem Bau in Daressalam begonnen, und jetzt liegen die Schienen schon in Sambia. Das macht durchschnittlich 10 Kilometer pro Tag, wie alle Zeitungen hier in laufenden Bauberichten stolz verkünden! Und das bei unerschlossenem Land, über Gebirge und Sümpfe, so daß Dutzende von Tunnels und Brücken gebaut werden müssen. Schon 1975, drei Jahre früher als ursprünglich geplant, soll die „Tansam", wie sie im offiziellen Sprachgebrauch heißt, endgültig fertiggestellt sein. Dann wird Sambias Kupfer nach Osten rollen!

Nach gemächlicher Fahrt trudelte ich zwei Tage später in Lusaka ein. Mitten im dichten Getriebe der prächtigen Cairo Road war ich bald von einer Menge neugieriger Afrikaner und Europäer umringt. Mir war das nur recht, denn ich mußte wie immer möglichst schnell Kontakt und eine Unterkunft finden. Ein Zeitungsreporter und ein Fotograf tauchten auf, und dann dauerte es nicht mehr lange, bis ich bei einem Engländer Rad und Gepäck unterstellen konnte.

Anderntags stürzte ich mich in das geschäftige Treiben der ersten englischsprechenden Hauptstadt seit Lagos. Eine Menge halbwüchsiger Geschäftsleute verfolgte mich mit ihrem „masta, masta (das ‚r' wird verschluckt), bay tiss pen, tiss cigaretts, tiss newpaper, very good, masta!“ Auf dem baumbestandenen Mittelstreifen der Hauptstraße wurden „echte“ Urwaldmasken angeboten, die man im Herstellungsland Japan bestimmt billiger bekam.

Neben diesen Straßenhändlern und den modernen Warenhäusern der Cairo Road findet man in Lusaka noch eine große Anzahl von Indern. Ihre Läden sind überhäuft mit allen nur erdenklichen Waren, sie haben den Klein- und Zwischenhandel fast vollständig in ihren Händen. Aber dafür sind sie bei den Afrikanern nicht immer gut angesehen. Manche asiatischen Geschäftsleute rechnen eines Tages mit Restriktionen oder gar mit dem Schicksal der Ausweisung, das ihren Landsleuten in Uganda widerfuhr. Viele versuchen, ihre Gewinne ins Ausland zu schaffen, aber da die Ausfuhr der Landeswährung in Sambia verboten ist, kann man bei diesen Indern für ausländisches Geld im Schwarztausch weitaus mehr Kwatschas und Ngwees bekommen, als dies auf den Banken der Fall ist. Ich habe all mein Geld in den Hinterstuben der indischen Geschäfte eingewechselt.

Solche und ähnliche Tips bekam ich von anderen Afrikafahrenden, von denen ich in Lusaka mehrere traf. Meist waren es Schweizer, Engländer oder Deutsche, die mit ihren Fahrzeugen von Südafrika über Ostafrika in Richtung Norden unterwegs waren, und solche Begegnungen sind für den Informationsaustausch über Grenzen, Geld und Straßen immer sehr wichtig. Ich erwähne das, weil ich bei meinem Weg von Kamerun nach Lusaka keinem einzigen europäischen Motortouristen mehr begegnet war; die Route durch das zentrale Afrika schaffen wegen der bürokratischen Hindernisse eben nur sehr wenige.

Bevor ich Lusaka wieder verließ, sah ich noch bei einer Parade Sambias Präsident Kenneth Kaunda. Er ist einer der prominentesten Staatsmänner der Dritten Welt. Winkend und lächelnd nahm er einen Vorbeimarsch ab. Aber ich sah auch Sorgenfalten in seinem Gesicht. Als südlicher Außenposten unabhängiger schwarzer Staaten befindet sich sein Land in einer brisanten politischen wie auch strategischen Situation, mit zu vielen inneren und äußeren Problemen hat Sambia zu kämpfen. Bomben- und Minenexplosionen, Tote und Verwundete an den Grenzen wie auch hier in Lusaka (eine Woche vor

Ein Musikkorps spielt zu Ehren von Präsident Kenneth Kaunda

meiner Ankunft explodierte ein Sprengsatz mitten in der Stadt neben dem Hauptpostamt). Sie sind der Preis dafür, daß sich Sambia nicht mit den weißen Minderheitsregierungen im Süden Afrikas arrangieren will.

„Die Befreiung des südlichen Afrika ist eine unvollendete Aufgabe der Geschichte. Die Entkolonialisierung und der Kampf gegen den Rassismus wird so lange weitergehen, bis die afrikanischen Mehrheiten die Herrschaft übernommen haben", sagt er.

Nach 5 interessanten und aufschlußreichen Tagen in Lusaka schwang ich mich eines frühen Morgens wieder aufs Rad, ein neues Ziel vor den Augen, nämlich die größten Wasserfälle der Welt, die Victoriafälle. Sie liegen im Südzipfel von Sambia an der Grenze zu Rhodesien, und die fünfhundert Kilometer bis dorthin teilte ich mir in etwa gleichlange Etappen ein.

Endlich konnte man auf der Teerstraße seine Kräfte direkt in Kilometer umwandeln, ohne daß sie, wie in den hinter mir liegenden

Ländern, meist schon durch die miserablen Straßenverhältnisse aufgebraucht wurden.

Ich startete jedes Mal vor Tau und Tag und fuhr bis kurz vor Sonnenuntergang, wobei ich wegen der starken Mittagshitze längere Ruhepausen einlegte. Meine Leistung: 120 bis 150 Kilometer; meine Nahrung: Nüsse, Fleischkonserven, Wasser. Es waren Etappen, die in der eintönigen Landschaft Südsambias aus nichts anderem als Meilen zu bestehen schienen. Endlos ging es schnurgerade über leichte Hügel. Die braunrote Erde trug nur schirmförmige Akazien und die knöchernen Silhouetten kahler Dornbäume. Manchmal fragte ich mich in der Mittagsrast, ob ich in dieser Monotonie seit meinem Aufbrechen am Morgen überhaupt ein Stück vorwärts gekommen war. Vorbei war das ungewisse und erwartungsvolle Fahren wie in den Regenwäldern, und vorbei war es nun auch mit dem bedeckten Himmel. Gnadenlos führte wieder die Sonne Afrikas ihr Regiment, und während man in Deutschland die ersten Kohlen in die Öfen schob, verwünschte ich manchmal den wolkenlosen, tiefblauen Himmel, von dem brennende Sonnenstrahlen herunterstachen. In den wenigen, weit auseinander liegenden Städtchen gab es dann magische Orte für mich: die bottle stores, die Getränkebuden, die vollgestopft waren mit bunten Limonaden. Mindestens fünf Liter Flüssigkeit schüttete ich täglich in mich hinein, man braucht in Afrika mehr Geld für Getränke als für das Essen.

Geschlafen habe ich auf der Strecke Lusaka–Victoriafälle zweimal im Freien, einmal wurde ich eingeladen, und am letzten Tag fand ich Quartier in einem rest-house. Dabei hielt ich in einem kleinen Dorf, und wie üblich war ich nicht sehr lange allein. Als ich nicht sofort die Wegbeschreibung zu jenem rest-house verstand, fuhr ein Afrikaner seinen Kombiwagen vor, lud trotz meiner Abwehr das Fahrrad auf die Ladefläche und sagte:

„I'll help you. This is humanism week. You have to be friendly to everyone, to people and animals.“

Richtig, die humanistische Woche! Überall forderten Plakate und Zeitungsanzeigen die Bürger Sambias auf, eine Woche lang so freundlich wie nur möglich zu sein. Besonders aber zu den Alten, Kindern, Fremden und Tieren. Es war eine Idee Präsident Kaundas, der mit seiner Philosophie des sozialen Humanismus den Versuch macht, die Tradition afrikanischer Stammes- und Familiensolidarität mit westlich-demokratischen Vorstellungen zu verbinden.

Fünfzehn Minuten später waren wir in dem anderen Ort angekommen, aber leider war das rest-house „full up" – belegt. Doch sofort stellte man in den Tagesraum ein Notbett, wo ich schlafen konnte, kostenlos – humanism week. Zuvor ging ich noch – durch den Lärm angelockt – in eine gegenüberliegende Gaststätte. Es war ein großer, farbig gestrichener Raum, Rauch und Bierdunst standen in der Luft, an der Stirnwand eine Theke, seitlich davon eine Musikbox und an der Decke ein paar fliegenfangende Geckos. Man grüßte freundlich, als ich mich an die Theke setzte und ein Bier bestellte. Die Männer trugen abgetragene europäische Anzüge, die Frauen und Mädchen bunte Stoffe und Kopftücher. Eine stillte ihr Kind, und neu Hereinkommende begrüßten sich mit Handclapping, mit leichtem Händeklatschen. (Diese Grußform ist im Süden Sambias bei dem Stamm der Lozis sehr verbreitet. Es sollte in Vorzeiten wohl beweisen, daß man keine Waffe in den Händen hielt.) Dann und wann warf jemand Münzen in die Musikbox, die daraufhin uralte Rocknummern zu spielen begann. Jungen und Mädchen fingen an zu tanzen, barfuß oder in Turnschuhen, selbstvergessen sich dem Rhythmus hingebend. Es war das Samstagabend-Vergnügen des kleinen Mannes wie überall im kleinstädtischen Afrika. Jemand zupfte mich am Ärmel, stellte ein neues Bier vor mich hin und sagte:

„For you, mister. I heard, you're travelling by bike. Through whole Africa. Why? What's your mission?" Wie oft wurde mir diese Frage schon gestellt! Ich hätte ihm eine kurze, bündige Antwort geben können, aber jetzt, nach dem fünften, sechsten Bier geriet ich ins Nachdenken. Ja, warum mache ich das, mit einem Fahrrad Tausende von Kilometern durch Wüste, Busch und Urwald Afrikas zu fahren? Nur um andere Länder, Landschaften und Menschen kennenzulernen, zu sehen, wie man woanders lebt – das hätte ich auch bequemer haben können. Sven Hedin sagte einmal: „Jeder Mensch braucht dann und wann ein bißchen Wüste." Vielleicht meinte er damit, daß jeder sich danach sehnt, einmal Vorschriften, Gewohnheiten und Pflichten abzulegen, nichts weiter zu sein als ein x-beliebiger Mensch unter anderen. Das einem Afrikaner klarzumachen, ist schwer, für ihn gelten auf seinem Kontinent andere Gesetze. Abgesehen von der sportlichen Seite kann er kaum einen Grund finden, einfach so von Land zu Land fahren.

Doch dabei reisen Afrikaner bestimmt ebenso gern wie wir Europäer, begegnete ich doch überall Transportern, bis zum Dach vollgestopft mit winkenden und immer fröhlichen Menschen. Aber – jede Reise hat bei ihnen einen klaren erkennbaren Grund. Man fährt in die Stadt, um sich eine Arbeit zu suchen, einzukaufen, oder man besucht die lieben Verwandten, wobei man oft Tage unterwegs sein kann und der gesamte bewegliche Besitz mitgeschleppt wird. Das Reisen um des Reisens willen – das hat Afrika noch nicht erfaßt, der innerafrikanische Tourismus steckt noch in den Kinderschuhen. Deshalb konnte ich auch nie eine befriedigende Antwort auf solche Fragen geben. Hätte ich gesagt: „Ich bin in Afrika, weil es mir in Deutschland zu kalt ist und weil ich gern Bananen esse" – die einfachen Menschen hätten mich verstanden. Faszination des Kontinents, unberührte Natur, Menschen, Tiere – diese Erklärung hatte meist nur ein Kopfschütteln zur Folge.

Viele Afrikaner können die Sehnsucht eines Europäers, der aus einem gehetzten, überfüllten Kontinent kommt, nach Ruhe, Stille und Natur nicht verstehen, denn sie leben ja noch zum Großteil innerhalb dieser Natur, einer Natur aber, die sich nicht nur in ihrer Schönheit, sondern auch in ihrer Grausamkeit zeigt. Trocken- und Regenzeiten, Hitze, Tropenkrankheiten, wilde Tiere – dagegen muß der Afrikaner sich seit Jahrtausenden wehren. Es ist ein Überlebenskampf, den wir auf unserer klimatisch gemäßigteren Halbkugel schon längst vergessen haben, und bei diesem Kampf, wo nur der Stärkere das Recht zum Überleben hat, nahm der Afrikaner wohl auch die Eigenschaften seines Gegners an: Großzügigkeit, Offenheit,

„Natürlichkeit". Aber vielleicht auch die Unberechenbarkeit und Gefährlichkeit, so wie sich die Urwälder, die Wüsten und die Tierwelt Afrikas darbieten.

Aus der kurzen Frage meines Thekennachbars wurde noch ein langer Gedankenaustausch, und erst sehr spät fand ich in das resthouse zurück.

Elefanten und verschlossene Grenzen

Am darauffolgenden Tag erreichte ich die Stadt Livingstone, die nach dem großen schottischen Missionar und Afrikareisenden benannt ist. Auf seinen ausgedehnten Forschungsreisen stieß Livingstone 1855 auf jene riesigen Wasserfälle, denen er den Namen seiner damaligen Königin Victoria gab. Eine kilometerweit sichtbare, hoch aufsteigende Wasserdampfwolke, die wie Rauchschwaden über den Fällen schwebt, kündigt gleich hinter der Stadt Livingstone dieses größte Naturwunder Afrikas an. Wie Tausende vor mir, stand auch ich überwältigt am Rande eines klaffenden Abgrunds, in den hundert Meter tief brüllend tonnenschwere Wassermassen stürzen.

„Mosi-oa-Tunya – der Rauch, der donnert", nennen die Afrikaner die Wasserfälle, und Livingstone bezeichnete sie in einem Bericht als überirdisch schön.

Jetzt aber, auf dem Höhepunkt der Trockenzeit, fiel am „boiling pot" nur ein Bruchteil des Sambesis in die Tiefe, aber der Anblick der vom Wasser blank geschlagenen Basaltfelsen war nicht minder beeindruckend. Eine wuchtige, einhundertzwanzig Meter hohe Eisenbahnbrücke spannt sich über eine Schlucht, und auf ihr konnte man früher auf die andere Seite nach Rhodesien kommen, wo die beinahe zwei Kilometer breiten Wasserfälle ihr Ende finden. Ehe ich dort stand, lag eine lange, zermürbende Wartezeit hinter mir, da die Einreise nach Rhodesien zu einem weiteren Glied in der endlosen Kette von Ge-

Teilansicht der Viktoriafälle

duldsproben auf meiner langen Reise wurde. Doch ich will nicht vorgreifen.

Da die Grenzübergänge zwischen Sambia und Rhodesien geschlossen sind (schwerbewaffnete Militärposten weisen jeden zurück, der sich der Brücke nähert), bin ich gezwungen, den Umweg über das Kalahariland Botswana zu machen. Man muß eine Karte kleineren Maßstabs zur Hand nehmen, um die geographischen Gegebenheiten zu erkennen. Achtzig Kilometer westlich von Livingstone stoßen keilartig vier Länder zu einem Punkt zusammen, nämlich vom Norden Sambia, vom Westen der Caprivi-Zipfel Südwestafrikas, vom Süden Botswana und vom Osten Rhodesien. Das ist der zur Zeit einzige Übergang, um von Sambia nach Rhodesien zu gelangen. Ich mache mich also auf den Weg zu diesem Nadelöhr.

Es ging durch eine wildschöne Landschaft mit Affenbrotbäumen, die immer wieder den Blick auf den Sambesi freigaben, an dem die Straße entlangführte. Affenherden überquerten die Straße und verschwanden wieder in den Bäumen, und aus dem Unterholz brach manchmal eine Antilope hervor. Dann kam ein Schild, auf dem ein rüsselschwingender und beinstampfender Elefant abgebildet war. Große, dichtgesäte Ballen von Elefantenkot und umgerissene Bäume verliehen dem Warnschild bald darauf Nachdruck. Die großen Tiere haben es sich offenbar angewöhnt, die unbewachsenen Autowege als bequeme Wechsel beim Aufsuchen ihrer morgendlichen und abendlichen Bäder im Sambesi zu benützen.

Erwartungsvoll und furchtsam zugleich radelte ich weiter. Und dann am Nachmittag: Mitten auf der Straße kam mir ein grauer Riese entgegengetrabt. Sofort wendete ich das Fahrrad. Sicher ist sicher, dachte ich, Autos werden die Dickhäuter wohl schon kennen, aber einen Radfahrer? Ich wartete noch einige Minuten und sah dann erleichtert, wie der Elefant nach links in die Büsche Richtung Sambesi verschwand. Klopfenden Herzens fuhr ich weiter, und als ich die Stelle passiert hatte, atmete ich erleichtert auf.

Das Ende der Straße war erreicht. Sie führte hinunter zum Sambesi, dort lag eine Kontrollstation und im Wasser eine Fähre. Ausreisen gehen schneller vonstatten als Einreisen, und schon nach einer halben Stunde stand ich auf der Fähre. Sambia lag hinter mir. Am anderen Ufer flatterte eine blaue Fahne mit zwei schwarzen Querbalken im Wind: Botswana. Es waren freundliche, höfliche Beamte. Ich mußte ein wenig von meiner Tour erzählen, und damit war der Untersuchung Genüge getan. Auf einem ausgefahrenen Sandweg quälte ich mich Richtung Osten, an einer Abzweigung ein Schild: „To Rhodesia". Nach ungefähr drei Kilometern erreichte ich wieder eine Kontrollstation. Ich ließ mich ausstempeln, und damit war mein Botswana-Aufenthalt wieder zu Ende. Und dann stand ich den ersten weißen Grenzern seit Verlassen Frankreichs gegenüber!

„Wieviel Geld haben Sie und in welcher Währung?" kam die Frage über den Schreibtisch.

Ich zog meinen Brustbeutel heraus, er war ziemlich dünn.

„Etwa vierhundert Deutsche Mark und einige südafrikanische Rand", sagte ich, ohne lange nachzählen zu müssen.

Anhand einer Tabelle wurde der Kurs umgerechnet. „Sie müssen aber mindestens den Gegenwert von dreihundert rhodesischen Dollars vorweisen, sonst bekommen Sie kein Entry-Visum."

Trotz seines nuscheligen Englischs war das leicht zu verstehen. Dreihundert rhodesische Dollars sind ungefähr tausenddreihundert DM. Und soviel hatte ich nun mal nicht. Alle Beteuerungen auf meinen minimalen Geldverbrauch waren erfolglos, der Rhodesier ließ sich weder durch gute Worte noch durch Hinweise auf meine „goodwill-tour" bewegen, eine Ausnahme zu machen. Statt dessen füllte er ein Formular mit meinem Namen aus, darüber stand: Entry prohibited – Einreise verboten. Ich mußte es unterschreiben, und damit konnte ich gehen. Besser gesagt: umkehren.

Man muß sich meinen Gemützustand vorstellen. Wochenlang schon hatte ich diesem Tag entgegengesehen, Rhodesien war das „rettende Ufer", das vorletzte Land. Und nun diese Ernüchterung. Schlimmer noch, denn nach Sambia konnte ich nicht mehr zurück, und der direkte Weg Botswana–Südafrika war mir ebenso verbaut, da ich noch kein Südafrika-Visum im Paß hatte. Denn das wollte ich mir

Blick in den eingezäunten Hof eines Krals am Nordrand der Wüste Kalahari

in Rhodesien holen.

Während ich wendete, wußte ich nicht, auf wen ich wütender sein sollte: auf diese elende Bestimmung oder auf jenen sturen Rhodesier, denn mir war bekannt, daß andere schon mit geringeren Geldmitteln die Grenze passiert hatten. Das schien ganz von der Lust und Laune der Beamten abhängig zu sein. Und ein Radfahrer macht nun mal nicht den Eindruck eines reichen Übersee-Touristen.

Nach zwanzig Kilometer auf dem Weg zurück stieß ich auf ein Dorf, Kasane geheißen. Eine Handvoll Strohhütten und viel Staub, mehr nicht. Doch unten am Fluß befand sich überraschenderweise ein nobles Safari Lodge, ein Hotel für Großwildjäger und Touristen, die Fahrten in den nahegelegenen Chobe-Nationalpark unternehmen.

„Make the best oft it“, sagte ich mir und setzte mich in meinen abgewetzten kurzen Hosen und dem verschlissenen roten Hemd unter die vornehmen Ladies und Gentlemen, die bei meinem Eintritt beim Supper saßen. Für meine paar Rand aß ich mich ordentlich satt, und die Welt sah schon wieder anders aus. Übernachtet habe ich dann im Freien, von der Kalahari her wehte ein warmer Wind, und die Grillen zirpten zu Tausenden.

Am nächsten Morgen führte mein Weg in das winzige Postamt. Ich mußte irgendwie Geld beschaffen.

„Telegramm nach Deutschland", sagte ich, und ich blieb so lange dabei, bis der Schwarze meinen Hilferuf mit dem Morsetelegraphen zur Hauptstadt Gaborone durchgegeben hatte. Und von da würde das Telegramm über Südafrika nach Europa gehen, versicherte mir der Mann. Ich glaubte ihm, denn Botswana ist auf allen Gebieten eng mit Südafrika verknüpft, und Südafrika wiederum hat die schnellsten Verbindungen nach Europa.

Jetzt konnte ich nur noch hoffen. Der Hotelmanager hatte mir erzählt, von Zeit zu Zeit würde von der nächsten Stadt, vom 550 Kilometer entfernten Francistown, ein Sportflugzeug mit Medikamenten, Briefen und Geld auf einer Rundreise Kasane und andere abgelegene Botswana-Dörfer anfliegen. Aber das könne noch eine Woche dauern. Oder zwei. Oder auch drei. Man müsse eben warten.

Genug Zeit also für einen „Erholungsurlaub". Ich begann mich umzuschauen: auf dem Hügel das Dorf mit seinen von der Kalaharisonne ausgedörrten Strohdächern. Zwischen den Hütten standen große Tonnen, an die Feuer gelegt war. Die Afrikaner kochten hektoliterweise Maisbier und schütteten es auch in solchen Mengen in sich hinein. Bald hatte ich Freunde gewonnen, und in der Hütte von Wallace, einem jungen Lehrer, konnte ich meine Sachen unterstellen. Die Menschen waren unbekümmert und unterschieden sich in ihrem Aussehen deutlich von den eigentlichen Negern. Es waren Khoisanide, besser bekannt unter den Namen der Hauptgruppen Buschmänner und Hottentotten. Sie haben eine gelblich-rötliche Haut, mongolid erscheinende Gesichtszüge und kurzes, zu kleinen Büscheln gerolltes Kopfhaar. Ihre reinrassigen Artgenossen gehören zu den Urvölkern Afrikas, und sie führen im Innern der Kalahariwüste noch ein Leben auf steinzeitlicher Stufe.

Überall, wo ich hinkam, wurde ich freundlich aufgenommen, aber tagsüber waren doch wenig Männer und Frauen zu sehen. Ich ging der Sache nach. Sie arbeiten unten im Safari Lodge, oder in einem anderen im Chobe-Park befindlichen Hotel. Dazu werden sie morgens mit einem Lastwagen abgeholt, wonach sie sich in goldbetreßte Portiers, Kellner und häubchengeschmückte Zimmermädchen verwandeln. So empfangen sie die Tagesgäste, servieren Long-drinks und wienern Kachelbäder auf Hochglanz. Abends kehren sie dann ins Dorf zurück, ziehen ihre zerschlissenen T-Shirts und abgetragenen Röcke wieder an und hausen in den Strohhütten auf dem blanken Erdboden mit vielen Geschwistern – afrikanische Kontraste. Aber sie haben wenigstens eine Arbeitsmöglichkeit und können Geld verdienen. Sie bekommen sogar etwas mehr als Wallace, und er verdient als Lehrer 35 Rand im Monat, das sind umgerechnet etwa 140 DM.

Im Chobe-Hotel lernte ich einen Australier kennen. Er war seit mehreren Jahren mit einem Motorrad unterwegs und hatte sich zum Geldverdienen als Ingenieur für die Überwachung der Strom- und technischen Anlage anstellen lassen.

„Dabei bin ich doch nur als Maschinist ein halbes Jahr zur See gefahren“, vertraute er mir einmal grinsend hinter vorgehaltener Hand an. Nebenbei züchtete er Skorpione und verkaufte sie in Spiritus eingelegt an die Touristen. Manchmal saßen wir auf der Terrasse und beobachteten die Elefanten, die hintereinander zum abendlichen Bad schritten, dazu brüllten die Flußpferde vom Chobe herauf. Bei unseren gegenseitigen Abenteuererzählungen wurde es oft sehr spät. Dann fuhr er mich mit seinem Motorrad die zwanzig Kilometer durch den Park ins Dorf zurück, und mir war nie richtig wohl dabei. Nicht wegen seiner uralten Kiste, sondern wegen der Löwen, die wenige Tage zuvor gleich beim Eingangstor zwei Zebras gerissen hatten.

Ich war nun bereits zehn Tage in Kasane und hatte mich schon ein wenig an meinen Zwangsaufenthalt gewöhnt, da jeder Tag gut für ein kleines Erlebnis war. Einmal kamen ein paar ältere Amerikanerinnen vom Safari Lodge zu mir und fragten, wo hier „local people“, also Eingeborene wären. Ich führte sie hinauf zum Dorf, wo sie die Schwarzen vor ihren Hütten anstarrten wie seltene Tiere im Zoo. Dabei riefen sie immer wieder „how lovely, how wonderful“, ver-

Afrikanische Tierwelt

mischt mit erstauntem Kichern und Ausrufen, wenn sie die Zubereitung der Mahlzeiten oder das Innere der Hütten sahen. Es diente – wohl unbewußt – dazu, den sicheren Abstand zwischen den Eingeborenen und sich selbst, den Zivilisierten, zu unterstreichen. Das spüren die Afrikaner, und sie wenden sich nicht aus Haß von den Touristen ab, sondern sind als feinfühlige Menschen von der Taktlosigkeit solchen Verhaltens getroffen.

Doch das entging den Ladies sicherlich.

Andere Gedanken hatte ich, wenn ich die abendlichen Sonnenuntergänge am Chobe-Fluß bewunderte. Die Sonne zeichnete mit ihren Strahlen die Konturen der Wolken nach, hüllte sie in pastellfarbene Töne, und das jeden Abend in anderen Farbstimmungen, vom flammenden Rot bis zu zartestem Blau. Es waren Abende von märchenhaftem Glanz, Traumbilder der Wirklichkeit. Und dazu völlig unpassenderweise von irgendwo ein Radio, 20 Uhr, Worldnews: Krieg zwischen Israelis und Arabern, Wintereinbruch in Europa, Rhodesien und Südafrika haben Benzinrationierungen eingeführt. In solchen Minuten war das alles uninteressant, von Wichtigkeit war eher, daß ich heute Zebras, Antilopen, Büffel und Elefanten gesehen hatte, da ich zu einer Fahrt durch den Park eingeladen worden war. Oder daß gestern ein Fest im Dorf war, bei dem die ganze Nacht getanzt und getrommelt wurde, daß ich mit den Fischern Tigerfische fing, und daß in wenigen Tagen das Flugzeug mit dem Geld kommen würde.

Und Fernsehen? Ich hatte es fast vergessen. Ich sah ein Stück Afrika live, wie es kein Film zeigen kann. Daß ich dabei aber vor lauter afrikanischer Naturschönheit beinahe schon „betriebsblind" war, bemerkte ich später. Erst am letzten Abend raffte ich mich zu einer Aufnahme des Sonnenuntergangs auf, und heute ist sie meine schönste Aufnahme.

Es ist ein heißer Vormittag, ich liege im Schatten eines Affenbrotbaumes nahe meiner Hütte und warte. Ich warte auf das Flugzeug, das heute kommen soll. Am tiefblauen Himmel erscheint ein kleiner Punkt, wird größer, beginnt zu sinken, die Maschine landet unten beim Fluß auf der holprigen Wiese.

„Are you Mr. Hermann?" fragt man mich, „I've got your money!"

Endlich! Heute sind es genau fünfzehn Tage, seit ich hier schmoren muß. Aber jetzt hat das ungewisse Warten ein Ende, meine Sachen sind schon gepackt, auf geht's. Ich pfeife mir eins, als ich mit frischem Mut der rhodesischen Grenze entgegengondle. Und siehe da! Jetzt bin ich dem devisenhungrigen Land willkommen, jetzt darf ich den dreifachen Durchschlag ausfüllen: Name, Vorname, Beruf, Heimatadresse, Aufenthaltsadresse, Adresse von Rhodesiern. Sind Sie im Gefängnis gewesen? Wer bürgt für Sie? Kommen Sie aus einem kommunistischen Land? Haben Sie eine ansteckende Krankheit? Waffen? Drogen? Wie lange beabsichtigen Sie in Rhodesien zu bleiben und warum? Wieviel Geldmittel haben Sie dazu zur Verfügung? Und: Welcher Rasse gehören Sie an? . . . Ich weiß, kein Zweifel, ich bin in Rhodesien! Noch eine genaue Untersuchung meines Gepäcks, dann ist der Weg frei in das abtrünnige und von aller Welt verfemte Rhodesien. Das Afrika der Weißen und das Afrika der Apartheid beginnt.

Rhodesische Gastfreundschaft

Südrhodesien, Nordrhodesien und Njassaland bildeten in britischen Kolonialzeiten die Zentralafrikanische Föderation. Dem neuen britischen Dominion wurde mit seinen Bodenschätzen und den damals noch ungenutzten Wasserkräften des Sambesi eine große wirtschaftliche Zukunft vorausgesagt. Die weißen Einwanderer und die Schwarzen sollten in Partnerschaft zusammenarbeiten. Doch schon bald zeigten sich Risse in dem neuen Staatsgebäude. In den verschiedenen Territorien entstanden Separationsbewegungen, und schon 1963, nur zehn Jahre nach der Gründung, war es soweit, die Föderation zerfiel wieder. Aus Nordrhodesien wurde Sambia, aus Njassaland Malawi, und aus dem verbliebenen Rest Südrhodesien wurde Rhodesien. Es stellte an das Mutterland Großbritannien ebenfalls den Antrag auf Unabhängigkeit, die ihm aber verwehrt wurde, da die weißen Siedler die verfassungsgemäße schrittweise Übergabe in schwarzafrikanische Hände ablehnten. Als kein Ende der Verhandlungen abzusehen war, proklamierte der Führer der Weißen, Ian Smith, am 11. November 1965 die einseitige Unabhängigkeit und später die Republik. Damit wurde der Bruch mit Großbritannien vollständig, das seinerseits die „Rebellen" mit Wirtschaftssanktionen in die Knie zwingen wollte. Die Vereinten Nationen schlossen sich der Verurteilung an. In England gab man der abtrünnigen Kolonie eine Überlebenschance von nur wenigen Wochen, die Südafrikaner sprachen von ein paar Monaten. In Wirklichkeit widerstand Rhodesien aber bis heute allen Sanktionsmaßnahmen. Während ausländische Waren in Rhodesien einen begierigen Markt finden, tauchen die rhodesischen Produkte, hauptsächlich Tabak, Kohle und Edelmetalle, auf dunklen Wegen wieder überall in der Welt auf.

Diese Hintergründe zu kennen ist wichtig, wenn man Rhodesien bereist. Denn immer wieder werden sich die Gespräche um das Problem des weiteren „Überlebens" drehen.*

Doch davon später mehr.

Nach Passieren der Grenze holperte ich am späten Nachmittag in Victoria Falls ein, eine Wellblechpiste hatte mich zuvor noch einige Stunden lang geärgert. Straßenschilder tauchten auf, Läden, in denen Sonnenbrillen verkauft wurden, Tankstellen, gleich ein halbes Dutzend, steinerne Rundhütten, die ich als mietbare Rasthäuser erkannte, Restaurants, Hotels – die Zivilisation hatte mich wieder.

In unmittelbarer Nähe der Victoriafälle fand ich einen Campingplatz, und ich kampierte auf dem Rasen. Mein Körper lechzte nach der Befreiung vom Staub und Schweiß der vergangenen Tage, und nach dem Labsal einer richtigen heißen Dusche brach auch schon die Nacht

---

*)Seit der Reise haben sich die politischen Verhältnisse geändert. Um die Eindrücke des Autors unverfälscht wiederzugeben, ist auf die veränderte Situation kein Bezug genommen worden (Anm. d. Red.).

Spätnachmittag am Sambesi-Strom

herein. Beim Donnern der nahen Wasserfälle war ich bald unter meinem Fliegennetz eingeschlummert.

Am anderen Morgen machte ich mich auf den Weg zu den Fällen. Aus Omnibussen strömten Touristen, darunter auch viele Deutsche. Ohne mich zu erkennen zu geben, gesellte ich mich zu ihnen. Ein Ehepaar merkte nicht, wie ich von seinem Gespräch Notizen machte.

„Die Fälle sind gewaltig, nicht wahr, Grete?"

„Ja, aber ich fühle mich gar nicht wie in Afrika, man sieht gar keine Neger."

„Die interessiert so was nicht. Aber jetzt sollten wir uns noch die Niagarafälle ansehen, dann hätten wir einen Größenvergleich."

„Wir hätten doch von Mexiko aus noch hinfliegen sollen, in zwei Tagen hätten wir sie gehabt." „Komm, wir müssen zum Bus. Daß diese Besichtigungen auch immer so knapp angesetzt sind. Ich komme heute nachmittag nochmals her, um die Aufnahmen sicherheitshalber zu wiederholen."

„Nein, das geht nicht, das Flugzeug fliegt doch schon um halb zwei

Uhr. Übermorgen sind wir wieder in Frankfurt."

Was für Livingstone einst eine gefährliche Expedition war, ist heute ein Wochenendausflug internationaler Touristen aus allen Kontinenten. Mit Charterflugzeugen werden sie scharenweise zu den Fällen eingeflogen, und auf die Frage eines Rhodesiers, wie ich die „big falls" denn nun gefunden hätte, sagte ich:

„Zufällig zwischen Amerikanern, Japanern, Engländern und Deutschen."

Das ist natürlich eine Übertreibung, aber bei dem ganzen Aufwand an Promenadenwegen, weißgerandeten Blumenbeeten, Zierbäumchen, Air-sightseeings und Bootsfahrten ist der Anfang aber schon gemacht. Für 50 Cents kann man in einem hergerichteten Dorf „original" Afrika erleben, wozu auch ein herumhopsender Medizinmann und Mädchen mit bloßen Oberkörpern gehören. Man schaut sich das an, sieht seine Vorstellungen – und Vorurteile – bestätigt und nimmt dann wieder Abschied – hier wie auch in anderen afrikanischen Ländern, bepackt mit Schlangenhäuten, Trommeln und Masken, soviel man tragen kann und was die 20-Kilo-Freigrenze nicht überschreitet. Daheim wird man die Souvenirs an die Wand hängen, als eine flüchtige Erinnerung an Afrika, so wie man auch Mexiko oder Thailand flüchtig genoß.

Wenn man wie ich acht Monate in Schwarzafrika verbracht hat, fallen einem solche Dinge wohl eher auf, als wenn man direkt von außerafrikanischen Ländern in die Touristenziele einfliegt. Diese Beobachtungen beschäftigten mich genauso wie die Wasserfälle, deren ohrenbetäubendes Schauspiel schwer in Worte zu fassen ist. Vielleicht sagen ein paar nüchterne Zahlen mehr. Nach der Regenzeit stürzen pro Minute 340 Millionen Liter Wasser auf einer Breite von 1700 Metern in eine Tiefe zwischen 90 und 110 Metern. Die Gischtwolke, die dabei aufsteigt, kann eine Höhe bis zu 800 Metern erreichen. Nach dem Sturz in die Schlucht verschwindet das Wasser in einem engen, zickzackförmigen Cañon, in dem sich ein Kraftwerk mit 100 000 kW Leistung befindet.

Zwischen den Spazierwegen, die den Fällen gegenüberliegen, ist durch die Dauerberieselung des Wassers ein kleiner tropischer Regenwald entstanden, in dem Affen, Vögel und kleine Gazellen leben. Am Südende der Wasserfälle steht nachmittags ein Regenbogen über dem Schauspiel, und wer bei Vollmond die Fälle besucht, kann vielleicht sogar ein ganz seltenes Naturschauspiel sehen, nämlich einen Regenbogen im Mondlicht.

Victoria Falls–Bulawayo: Ein fünfhundert Kilometer langes, kerzengerades Asphaltband durch eine gleichförmige Buschlandschaft. Fast täglich mußte ich gegen den toten Punkt ankämpfen, kaum Verkehr, kaum Ortschaften, nur dann und wann herumhüpfende Affenherden, die unbedingt wissen mußten, wo dieser Radfahrer hinwollte. Schwitzend und mit ausgetrocknetem Hals brachte ich die Kilometer und die Hügel hinter mich. Die flimmernde Luft, das vibrierende Konzert der Zikaden und die eintönige Landschaft machten das Radfahren zu einem stumpfsinnigen Pedaletreten.

Hellwach wurde ich aber immer wieder, als Schilder „Wild animals" warnten. Das war in der Nähe des Wankie-Parks, einem der größten Elefantenreservate der Welt. Doch zum Glück hatte ich keine weiteren Begegnungen mit Dickhäutern mehr. (Elefanten haben einen unstillbaren Wanderdrang, und sie halten sich keineswegs immer an die manchmal nur provisorische Umzäunung eines Reservats.) Gerne hätte ich den Wankie-Park besucht, und mit einem Fahrrad auf den vorgespurten Wegen in das Reservat einzufahren, wäre bestimmt nicht schwieriger gewesen als mit einem Auto. Die Frage aber war nur, ob ich bei all den vielen Büffeln, Wildkatzen und Löwen dann auch am anderen Ausgang wieder herausgekommen wäre.

Nach vier Nächten im Schlafsack und bei gastfreundlichen Rhodesiern tauchten die Vororte von Bulawayo auf, der zweitgrößten Stadt Rhodesiens. Viele Häuser, viele Menschen und viele Denkmäler, die an Cecil Rhodes erinnern. Rhodes war ein Mann, der mit der Erschließung des südlichen Afrikas eng verknüpft ist. Als englischer Pfarrersohn kam er vor der letzten Jahrhundertwende nach Kapstadt, brachte es dort zum Präsidenten der Kapkolonie und durch Spekulationen zu großem Reichtum. Mit dem Geld aus seinen Diamantenminen konnte er sich dann später seinem Lebensziel widmen, der Unterwerfung aller afrikanischen Länder für die britische Krone, von Ägypten bis nach Südafrika, und dem Bau einer Kap-Kairo-Eisenbahn. Ihm schwebte die Gründung einer ausgedehnten europäischen Großmacht an der Südspitze des Kontinents vor.

Beides konnte nicht ganz verwirklicht werden, Cecil Rhodes verstarb früh. In den Matoposbergen südlich von Bulawayo liegt er begraben. Doch mit der Besitznahme der Territorien beiderseits des Sambesis für Großbritannien wurde er noch zu Lebzeiten dadurch belohnt, daß man diese Länder nach ihm benannte.

In Bulawayo konnte ich günstig in einem Youth-Hostel unterkommen und seit Lusaka wieder die erste Post für mich abholen. Hinter jedem Schalter saßen platinblonde, junge Rhodesierinnen, und als ich später eine davon wieder zufällig auf der Straße traf, wollte das Mädchen von mir wissen, woher ich komme. Das war mir schon aufgefallen. Mit sicherem Blick erkennen die weißen Rhodesier die Überseetouristen, und schon ist man in ein Gespräch verwickelt oder eingeladen. Das war auch jetzt wieder der Fall. Am Spätnachmittag wurde ich von dem Bruder des Mädchens vom Youth-Hostel mit dem Wagen abgeholt, und dann verbrachte ich den Abend bei dieser rhodesischen Familie mit Gesprächen, Essen und Trinken.

Neu eingekleidet machte ich mich nach ein paar Tagen zur Weiterfahrt nach der Hauptstadt Salisbury auf. Bis dorthin waren es noch 450 Kilometer, aber das Wissen um die gute und billige Verpflegung und um mehr oder weniger geordnete Tagesabläufe ließen die Abschnitte nicht gar so groß erscheinen.

Trotz stetiger Berganfahrt, Gegenwind und der heißen Temperatur schaffte ich am ersten Tag 170 Kilometer bis nach Gwelo. Die Dunkelheit war schon hereingebrochen, als ich am Rande des kleinen Städtchens wieder einmal eine Reifenpanne hatte. Das Rad war noch nicht einmal auf den Kopf gestellt, als ein Auto neben mir stoppte.

„Can I help you?“ sprang ein junger Mann heraus. „Puncture?“ Er half mir beim Flicken und danach lotste er mich durch den Verkehr

Blick auf Salisbury

zu sich nach Hause. Mrs. Suttle war keineswegs verstimmt, als ihr Mann noch zu solch später Stunde einen sonnenverbrannten, verdreckten und hungrigen Radfahrer mitbrachte. Im Gegenteil, sie freute sich sehr, und bald saß ich an einem reichgedeckten Tisch und mußte erzählen. Solche Einladungen empfand ich manchmal als eine Art ausgleichende Gerechtigkeit für die Strapazen und Mühen eines langen, heißen Tages; und was braucht der Mensch nach 170 Fahrradkilometern in den Beinen mehr als eine Dusche und ein Bett, um sich sogleich wie ein König zu fühlen?

Mit vielen guten Wünschen für die Weiterfahrt versehen und mit einem reichhaltigen englischen Frühstück im Magen (porridge, bacon, ham and eggs, Toast – vorbei sind die dürftigen Frühstücksstunden des französischen Afrika) „lag" ich wieder auf der Straße. Da ich mich noch bis zum Mittag in der Stadt aufgehalten hatte, gelangte ich nach einer Bummelfahrt nur bis zum 70 Kilometer entfernten Que-Que. Dort traf ich einen weißen Jungen, der mich nach Hause mitnahm.

„Sie können in unserem leerstehenden Wohnwagen schlafen, wenn es Ihnen recht ist."

„Gerne", sagte ich, „das wäre einmal etwas anderes."

Ich wurde wieder herzlich aufgenommen, und nach dem Abendessen gingen der Vater und ich „for a couple of beers" in ein nahegelegenes „pub". Wir setzten uns zu einer bereits versammelten Runde, alles Freunde und gleichfalls Farmer wie mein Gastgeber, Mr. Hiller. Die Gespräche drehten sich um die zukünftige Entwicklung Rhodesiens.

„Wo bleibt nur Ihr Tabak, wenn die Geschäftsverbindungen zum Ausland abgebrochen sind?" fragte ich.

„Der Staat kauft unsere Erzeugnisse auf", bekam ich zu hören, „jedoch zu nicht einmal der Hälfte des früheren Preises. Deshalb mußten wir schon viele Arbeiter entlassen. Manche Farmerfamilien können sich nur noch von den Wild- und Fischbeständen ihrer Besitzungen über Wasser halten."

„Und was macht der Staat mit den aufgekauften Produkten?" wollte ich weiter wissen.

„Oh", meinten sie, „so clever wie die Briten sind wir schon lange. Die Regierung verkauft die Produkte Rhodesiens mal dahin, mal dorthin. Die Welt ist groß, und Geschäft ist Geschäft. Daran kann auch die britische Fregatte nichts ändern, die vor Moçambique kreuzt und unsere Importe abfangen soll."

Die anderen nickten zustimmend, doch dann sagte einer:

„Aber ohne die Südafrikaner wären wir bald am Ende. Sie sind unsere Hauptabnehmer, und von ihnen beziehen wir unsere meisten Waren. Wir bekommen Kredite von ihnen, und man hilft uns, wichtige Industrien aufzubauen. Sie fühlen sich mit uns verbunden."

Nach allem, was ich bisher über die Lage Rhodesiens gesehen und gehört hatte, hatte er recht. Ohne Hilfe Südafrikas wäre Rhodesien kaum lebensfähig, denn im Gegensatz zu Südafrika ist Rhodesien kein so unermeßlich reiches Land. Es ist trotz aller Zuversicht der Weißen ein verwundbares, abhängiges Gebilde, ohne Küsten und ringsum fast nur von schwarzen Staaten umgeben. Hinzu kommt, daß sich die 250 000 Weißen einer Überzahl von bald sechs Millionen Schwarzen gegenübersehen, die bis jetzt nur durch entsprechende Gesetzgebung von ihrem Machtanspruch abgehalten werden konnten. An den Grenzen zu Sambia und Moçambique flackern immer wieder Guerillakämpfe durch einsickernde schwarze Partisanen auf, denen Rhodesien teilweise nur mit Hilfe südafrikanischer Polizei- und Armeeunterstützung Herr werden kann. Auf einsamen Farmen im Norden verbarrikadieren sich mit Nachteinbruch die Weißen und gehen nur noch mit geladenen Gewehren zu Bett. Rhodesien geht einer ungewissen Zukunft entgegen.

Am anderen Morgen sagte Mr. Hiller zu mir:

„Wenn Sie in Deutschland jemand danach fragen sollte, warum unser Städtchen Que-Que einen solch merkwürdigen Namen hat, so können Sie berichten, daß dies auf das Que-que-que-Geschrei der vielen Ochsenfrösche in den umliegenden Tümpeln und Bächen zurückgeht."

Als ich zum Ort hinausfuhr, fand ich seine Worte bestätigt, denn auf meiner Weiterfahrt wurde ich noch lange von einem vieltausendfachen Froschkonzert begleitet.

Abgefahrene Reifen und das geheimnisvolle Simbabwe

Die folgenden zwei Tage verliefen ereignislos. Dann reihten sich zu den Farmhäusern, die mich zur Rechten und Linken begleitet hatten, vermehrt kleine Siedlungen und Vororte, bis mich schließlich der Verkehrsstrom Salisburys aufnahm. Hier fand ich wieder ein Youth-Hostel.

Am nächsten Morgen galt mein erster Gang der südafrikanischen Botschaft, um ein Visum zu beantragen. Nach einigen Tagen Bangens prangte aber schließlich doch dieser letzte Sichtvermerk im Paß. Es war angenehm, wieder einmal in der Anonymität einer Großstadt unterzutauchen, und als ich durch die Jacaranden-Alleen (herrlich blau-lila blühende Bäume) schlenderte, genoß ich den frischen Luftzug, der, bedingt durch die Höhenlage der Stadt, ständig von irgendwoher wehte. Noch vor achtzig Jahren pfiff dieser Wind über das offene Buschfeld, und Salisbury war nicht mehr als eine lärmende Pionierstadt, vergleichbar mit denen des Wilden Westens in Amerika. Innerhalb dieser kurzen Zeitspanne hat sich daraus eine Stadt des 20. Jahrhunderts entwickelt, mit allen Attributen einer modernen Großstadt. Hochhäuser, elegante Geschäfte, Industrien – ich mochte nicht glauben, daß dies die Hauptstadt eines Landes ist, das von aller Welt boykottiert wird.

Gewiß, als Fremder sieht man nur wenig, was sich hinter den Kulissen abspielt, und die gelassene Atmosphäre der Weißen kann auch über die wirkliche Lage hinwegtäuschen, aber Salisbury ist keineswegs die kurz vor dem Zusammenbruch stehende Hauptstadt Rhodesiens, wie englische Zeitungen immer wieder behaupten.

Dann erschienen eines Tages zwei Reporter vom „Herald" im Youth-Hostel und interviewten mich über meine Afrikatour. Die Fragen prasselten nur so auf mich herab: Warum ich kein Auto genommen hätte (zu teuer), wer mein „Sponsor" sei (niemand), wieviel Pannen ich bis jetzt schon gehabt hätte (etwa zwei Dutzend), wieviel Geld ich bisher verbraucht hätte (etwa zweitausend DM), was das schönste Land gewesen wäre (meine Tour ist noch nicht beendet), wie mir Rhodesien gefallen würde (gut). Ein Bild wurde gemacht, und dann konnte man am nächsten Tag unter der Überschrift „Biked it across Africa" die ganze Geschichte lesen. Zum Schluß hieß es: „Seine größte Sorge gilt zur Zeit der Beschaffung neuer Reifen. Wir hoffen, Mr. Hermann findet vor seiner Weiterfahrt nach Südafrika noch die passende Größe."

Und so war es. Schon seit einiger Zeit hatte mein braves Rad seine Schuhe abgelaufen, und dringend waren ein Paar neue nötig. Seit Sambia, seit ich das vormals englischkoloniale Afrika erreicht hatte, konnte ich für mein französisches Rad einfach nicht mehr die passende Reifengröße bekommen.

„Was fahren Sie? 28 Zoll? Es tut mir leid, hier fährt man nur 26er."

Diese Auskunft wurde mir überall zuteil, wohin ich auch kam. Man vertröstete mich immer wieder auf die nächste Stadt, aber auch jetzt, nachdem ich mit den abgefahrenen Reifen glücklich Salisbury erreicht hatte, nichts als abschlägiger Bescheid. Ich klapperte sämtliche Fahrradgeschäfte ab – und deren gibt es viele in Salisbury –, aber keines hatte 28-Zoll-Reifen am Lager. Wie ich die nächsten Etappen schaffen sollte, war mir schleierhaft. Schließlich behalf ich mich so, indem ich aus einem dünnen und aufgeschnittenen 26-Zoll-Reifen die Drähte herauszog und diesen dann als Rundum-Unterlage zu dem Schlauch unter meinen vollständig abgefahrenen Hinterreifen zwängte.

„Ob ich es so bis zur südafrikanischen Grenze schaffe?" ging es mir durch den Kopf, als ich an einem schönen Morgen Salisbury wieder verließ und nach Süden steuerte. Bewußt war ich an einem Sonntag gestartet, denn bedingt durch das sonntägliche Fahrverbot auch in Rhodesien (durch den Öl-Stop der arabischen Länder) hatte ich die Straße ganz für mich allein.

Am Abend parkte ich mein Stahlroß zwischen den dicken Wagen vor einem ländlich gelegenen und haziendaartig erbauten Hotel, wo begüterte Rhodesier das Wochenende verbringen, und wo eine weiße Haut Legitimation genug ist, um auch als nicht standesgemäßer Radfahrer aufgenommen und beherbergt zu werden.

Ja, Sie lasen richtig, ich suchte zum Übernachten ein Hotel auf. Es war, abgesehen von wenigen Ausnahmen, seit Algerien das erstemal, daß ich für eine Übernachtung Geld bezahlte. Während ich nach einem erstklassigen Abendessen und einem Drink an der Bar mich wohlig im Bett räkelte, kam mir der Gedanke, wie schnell – und wie gern – sich der Mensch doch wieder auf die Bequemlichkeit umstellen kann, wenn sie auch kostspielig ist. Seit ich in Rhodesien war, ging ich nicht mehr zum Markt, um mir dort die Früchte wie in Schwarzafrika zu erhandeln, sondern der nächste Supermarkt bot diese und andere Lebensmittel viel bequemer. Statt Wasser trank ich wieder Cola, und statt mir auf den Kochfeuern in den Dörfern ein paar Eier zu braten, kaufte ich mir „Hamburgers“ und Fish and chips“. Abends wurde nun nicht mehr getrommelt, sondern Musikautomaten besorgten die Unterhaltung wunschgemäß, und um mich herum saßen keine schwarzen Jungen und Mädchen in abgewetzten Kleidungsstücken mehr, sondern weiße, die Jungen mit Kniestrümpfen und die Mädchen mit artig geflochtenen Zöpfen.

Man kann sich, wie gesagt, schnell wieder umgewöhnen, doch man muß wohl zuerst einmal das weniger Angenehme und Schöne gesehen, erlebt und verspürt haben, um die Bequemlichkeiten richtig schätzen zu können.

Umgewöhnt hatte ich mich aber noch nicht ganz an das Verhalten der Schwarzen, die mir hier in Rhodesien zumeist unterwürfig oder zurückhaltend begegneten. Die Kinder rannten mir nicht mehr in solchen Scharen schreiend hinterdrein, und das Winken der Feldarbeiter war seltener geworden als in Schwarzafrika. Freundlicher begegnete man mir erst, wenn ich mich als europäischer Tourist zu erkennen gab.

Nach zwei weiteren Tagen erreichte ich das Städtchen Fort Victoria. Als ich in einem Straßencafé etwas zu mir nahm, wurde ich verschiedentlich von Leuten erkannt, die mein Bild in der Zeitung gesehen hatten. So erging es mir seit Verlassen Salisburys fast immer, und alle wollten meine abgefahrenen Reifen sehen. Manche steckten mir etwas Geld zu oder luden mich zum Essen ein. Einmal kam mir auf offener Strecke ein Auto entgegen, hielt, heraus sprang der Fahrer und überreichte mir gekühlte Getränke, Schokolade und Trockenfleisch (Biltong). Er hatte mich vor einer Stunde überholt und erkannt, und bei der Rückfahrt von der nächsten Stadt diese Erfrischungen mitgebracht.

In Fort Victoria bog ich von der Hauptstraße ab und folgte einem Seitenweg, der zu einem der größten kulturgeschichtlichen Rätsel Afrikas führt, nämlich zu den Simbabwe-Ruinen. Diese einmalige Sehenswürdigkeit im südlichen Afrika zu besuchen, hatte ich mir fest vorgenommen, und schon in Salisbury befaßte ich mich ein wenig mit der Geschichte dieser Bauwerke.

Nachdem ich zwei Stunden lang durch eine grüne Buschlandschaft gefahren war, senkte sich nach dem Passieren eines kleinen Hotels der Weg in ein Tal. Etwas versteckt hinter Bäumen und Büschen lag dann eine große, ringförmig erbaute Steinmauer. Einige hundert Meter weiter erhob sich die sogenannte Akropolis, eine Burgfestung. Die Baumeister hatten dabei ihre Mauern so geschickt mit dem gewachsenen Fels verbunden, daß man beim ersten Blick die gewaltige Anlage auf dem kleinen Berg kaum wahrnimmt.

Ich machte mich an den Aufstieg. Durch ein Gewirr von Mauern, Treppen und Gängen gelangte ich bis zum höchsten Punkt. Erst von hier oben gewann man den richtigen Überblick. Eine halbrunde, mächtige Mauer, die von zylindrischen Türmchen gekrönt war, umschloß die Burganlage. Unten im Tal lag ein Ruinenfeld, übersät mit Steinhaufen und kleinen Mauern, und weiter hinten ragte der Simbabwe-Ringwall steil in den Abendhimmel. Nach dem Abstieg begann ich mir die Mauer genauer anzusehen. Die Geschicklichkeit und die Arbeitsweise der Erbauer war beeindruckend. So wie oben auf der Akropolis waren auch hier Millionen von flachgehauenen Steinen nahtlos und ohne jeglichen Mörtel zusammengefügt worden. Dabei wiesen die Fugen ein erstaunliches Maß an Exaktheit auf. Meinem Führer entnahm ich, daß allein für den äußeren Ringwall mit seinen neun Metern Höhe und seinem Basisdurchmesser von 4 Metern über 100 000 Tonnen Granit verarbeitet wurden. Der von diesem Ringwall umschlossene Innenraum hat einen Durchmesser von einhundert Metern und ist durch kleinere und dünnere Wände unterteilt worden. Dabei ist ein konischer, etwa zwölf Meter hoher und festgefügter Turm eines der rätselhaftesten Symbole überhaupt.

„Großes Haus der Steine" oder „Königliche Residenz" heißt Simbabwe in der Eingeborenensprache. Doch welche Könige haben hier residiert? Archäologen fanden bei Ausgrabungen eigenartige Kunstschätze: Scherben von chinesischem Porzellan, persische Krüge und Glasarbeiten indischer Herkunft. Dazu seltsame Vogelfiguren aus Seifenstein und große Mengen an Gold, teils in Schmuckform, teils in Rohbarren. Dieses Gold löste bei manchen Wissenschaftlern anfänglich die Vermutung aus, hier habe das sagenhafte Goldland Punt der alten Ägypter oder das Ophir der Bibel gelegen, aus dem Salomon seine Gold- und Edelsteinschätze bezog. Doch für diese und in der Nachfolgezeit noch kühneren Hypothesen (Erich von Däniken versucht mit Simbabwe seine Theorie vom Besuch außerirdischer Existenzen zu untermauern) wurden keine endgültigen Beweise gefunden.

Es war ein Württemberger, Carl Mauch, der 1871 Simbabwe durch Zufall entdeckte. Neben dem schon erwähnten ungelösten archäologischen Rätsel löste er damit auch eine kulturhistorische Sensation aus. Europa war bisher fest der Ansicht, das Afrika südlich der Sahara wäre jahrhundertelang geschichtslos dahingedämmert. Und nun wurde die Ansicht der Fachwelt durch diese Simbabwe-Bauten, die sich in ihrer Kunstfertigkeit jederzeit mit einer mittelalterlichen Burganlage vergleichen lassen, völlig auf den Kopf gestellt. Der Streit, ob Afrikaner, die ja fast ausschließlich mit Holz, Lehm und geflochtenem Buschwerk bauen, diese Steinbauten errichtet haben, oder ob außerafrikanische Völker die unbekannten Baumeister waren, ist heute noch nicht beendet. Sicher ist nur, daß Simbabwe einst Mittelpunkt der rhodesischen Goldregion war und man das Alter mit Hilfe der Radiokarbonmethode auf etwa 1400 Jahre schätzt.

Nachdenklich ging ich zu meinem Rad zurück und suchte mir eine Stelle zum Schlafen. Scharfkantig hob sich die Akropolis gegen den Nachthimmel ab. Es war windstill und warm. Um mich legte sich eine Ruhe, die an die Nächte in der Wüste erinnerte. Ich starrte empor zu den Sternen. Der Geruch meines verglimmenden Feuers, das Zirpen der Grillen, das Herabsinken von Sternschnuppen, die östlich vom vertrauten Kreuz des Südens in unregelmäßigen Intervallen aufzuckten, und das Bewußtsein, hier am Fuße einer weit über tausend Jahre alten Kulturstätte zu liegen, all das bewirkte ein wundervolles, unvergeßliches Gefühl der Gelöstheit und Ruhe, wie es in der zivilisierten Welt so gut wie vergessen ist . . .

Als ich am nächsten Morgen auf den Campingplatz beim Hotel zurückging, stand ein Zelt auf dem gestern noch leeren Gelände.

Die geheimnisvolle Festung Simbabwe

Innerhalb des Ringwalls

„Have a cup of tea", rief ein Mann zu mir herüber, und der Zufall wollte es, daß es ein Bildreporter des „Herald" war, jener Zeitung, die mich in Salisbury interviewt hatte. Er war mit seiner Frau und seinen Kindern auf Urlaubstour zu den Ruinen, wobei mir Mr. Harlan als Landeskenner interessante Einzelheiten berichtete. Zu uns gesellte sich dann noch eine südafrikanische Familie, und da der Mann deutscher Abstammung war, bekam ich in deutscher Sprache gute Tips und Hinweise für meine Weiterreise durch Südafrika. Selbstverständlich war ich auch immer zu den Mahlzeiten eingeladen, wo bei den abendlichen „Barbecues" oder „Braaivleis", wie die Südafrikaner dazu sagten, Unmengen von Fleisch verzehrt wurden, das über offenem Feuer gegrillt wurde.

Vier Tage lebte ich so zwischen Archäologie und Ausspannen. Mit meiner Abfahrt änderte sich dann schlagartig das Wetter. Nach einem dreiviertel Jahr fast täglichen Sonnenscheins hatte ich es fast vergessen, daß es auch noch grauen Himmel, Regen und Nebel gab. In Anorak und langer Hose ging es südwärts. Auf einer Straße übrigens, die aus zwei parallelen Teerstreifen bestand. Hier waren keine Schotten oder Schwaben am Werk gewesen, sondern wirtschaftlich denkende Straßenbauer. Da ein Auto eigentlich nur Teerbeläge im Abstand der Räder braucht, spart man so mindestens die Hälfte an Material- und Lohnkosten, beziehungsweise kann man die Straßen bei den großen afrikanischen Entfernungen doppelt so lang bauen. Kommen sich zwei Fahrzeuge entgegen, so weicht jedes zur Hälfte aus.

Etwa fünfzig Kilometer mochte ich geradelt sein, als mein Hinterreifen endgültig sein Leben aushauchte. Ich wechselte ihn nach vorne und umwickelte die aufgeschlitzten Stellen mit schon vorher vorsorglich gekauftem Plastikband. Doch alle zehn Kilometer war es durchgescheuert, und ich mußte den wie ein Ei hervorquellenden und gegen die Gabel schlagenden Schlauch neu bandagieren. Dazu mußte jedesmal die Luft abgelassen und danach frisch aufgepumpt werden. Diese Arbeit war jedoch nur der halbe Teil der Leiden, denn immer wieder bohrten sich spitze Steine und Dornen widerstandslos durch die dünne Manteldecke, und das bedeutete: absteigen, Rad umdrehen, Ersatzschlauch raus, wechseln, umdrehen, aufpumpen, weiter. Nach kurzer Zeit dasselbe nochmals, doch jetzt Suche nach dem Loch. Schwitzen, schimpfen, kleben, drauf und weiter. Und noch waren es über zweihundert Kilometer bis zur südafrikanischen Grenze. Meinen aufkommenden Ärger überwand ich mit dem Gedanken an das baldige Ende dieser Sisyphusarbeit, denn in Südafrika würde ich bestimmt wieder die passende Reifengröße bekommen.

Dann hatte ich wieder die Hauptstraße erreicht, und ich war nur noch von dem Drang besessen, möglichst schnell vorwärtszukommen. Ich teilte mir nicht mehr die Etappen ein, sondern radelte täglich so lange und so weit, wie es Kräfte und die Reifen zuließen. Abends stoppte ich an irgendeinem lay-by (Rastplatz) neben der Straße, entfachte ein Feuer, grillte über meinen Ersatzspeichen ein mächtiges Steak und servierte mir einige Dosen Bier dazu.

„Beitbridge" – das Schild bezeichnet den letzten Ort Rhodesiens. Ich setzte mein verbliebenes rhodesisches Geld in Verpflegung um, reihte mich dann wieder in den Verkehr ein und folgte den Pfeilen „To the border". Die Ausreiseformalität war sehr kurz, bald rollte ich auf einer wuchtigen Stahlbrücke über den Grenzfluß Limpopo – good bye, Rhodesia, hallo, South Africa!

Endlich in Südafrika!

Ich war ein wenig aufgeregt, als ich die Immigration betrat. Würde man mich passieren lassen? Denn neben genügend Geldmitteln muß man den Südafrikanern zusätzlich noch eine Rückfahrkarte per Flugzeug oder Schiff ins Heimatland vorlegen. Wenn nicht, wird die dafür nötige Summe als Kaution bis zum Verlassen des Landes einbehalten.

Eine Viertelstunde brauchte ich, um die langwierigen Formulare auszufüllen (Haben Sie unanständige Bücher?), danach mußte ich einem Beamten Rede und Antwort stehen.

„By bicycle? From Germany to South Africa? Good heavens!" sagte er, und nach erstauntem Anstarren: „Warten Sie, ich will sehen, was sich tun läßt."

Er nahm meine Papiere und eilte hinter eine Türe, auf der „Direction" stand. Ich vermute, meine Tour von Deutschland nach Südafrika mit einem Fahrrad machte auf den „Boß" mehr Eindruck als alle strengen Paragraphen, denn als der Beamte nach fünf Minuten bangen Wartens wieder erschien, sagte er nickend und lächelnd: „all right".

Damit war ich von allen Sorgen der letzten Wochen befreit, ich hatte es geschafft. Noch die Zollkontrolle, dann drückte ein Schwarzer mir den Schlagbaum hoch, und meine abgefahrenen Reifen rollten über südafrikanischen Boden.

Bis zur ersten Stadt Messina waren es noch zehn Kilometer. Während der Grenzverkehr an mir vorbeibrauste und ich vor mich hin-

Der letzte Schlagbaum von dreizehn afrikanischen Ländern

pfiff, rief ich mir ins Gedächtnis zurück, was ich über die Republik Südafrika wußte.

Sie liegt an der klimatisch begünstigten Südspitze des Kontinents, und sie ist das höchstentwickelte Kultur- und Wirtschaftsland Afrikas. Südafrika ist etwa fünfmal so groß wie die Bundesrepublik Deutschland, und wenn auch ein großer Teil des Landes aus unkultivierbaren Steppen und Wüsten besteht, so kann man doch dort alle Pracht afrikanischer Landschaftsformen finden: vom Urwald bis zur Wüste, von schneebedeckten Gebirgsgipfeln bis zu endlosen Badestränden. Dank riesiger Vorkommen fast sämtlicher Bodenschätze ist Südafrika eines der reichsten Länder überhaupt, und als wirtschaftlicher Riese unter den afrikanischen Staaten verzeichnet es ein Wachstum ohnegleichen. Der Lebensstandard der Weißen gehört zu den höchsten der Welt.

Noch bekannter freilich als durch touristische Attraktionen, die Fülle seiner Kontraste und wirtschaftliche Dynamik ist Südafrika durch seine Rassenpolitik geworden: die Apartheid hat das Land zum weltpolitischen Streitpunkt gemacht. Von den zweiundzwanzig Millionen Einwohnern sind sechzehn Millionen Schwarze, offiziell Bantu genannt, die sich wiederum in rund ein Dutzend Völker unterteilen. Die vier Millionen Weißen sind den Schwarzen zahlenmäßig weit unterlegen, bilden aber die herrschende Schicht. Die drittstärkste Gruppe sind die Mischlinge, Coloureds genannt, und schließlich gibt es noch eine große Anzahl Asiaten, von denen die Inder den Großteil und die Kapmalaien die originellste Gruppe ausmachen. Dazu kommen noch einige Nachkommen der Hottentotten und Buschmänner.

Zwei Amtssprachen gibt es in Südafrika: Afrikaans, das sich aus dem Holländischen des 17. Jahrhunderts entwickelte und vornehmlich von den Buren oder Afrikanern gesprochen wird, und Englisch.

Ich beschloß, meine Aufmerksamkeit vorerst Wichtigerem zuzuwenden. In Messina galt es, Geld umzutauschen, meine Südafrika-Ankunft heimzumelden und natürlich die Reifen zu besorgen. Auf Anhieb fand ich in einem Fahrradgeschäft die passende Größe, und unter den neugierigen Blicken einer großen Kinderschar wurden Vorder-

und Hinterreifen ausgewechselt. Dann fuhr ich sofort weiter.

Die Pad – dies ist die Bezeichnung der Südafrikaner für Straßen und Wege – zog sich durch die Hügellandschaft des nördlichen Transvaal, mächtige Affenbrotbäume begleiteten die Fahrt. Heiß war es, sehr sogar, denn im Dezember herrscht in Südafrika Sommer. Entgegenkommende und überholende Autofahrer gaben mir mit der Hupe Sympathiezeichen und zeigten anerkennend die Daumen. Ich winkte zurück. Dann tauchten am Horizont die Soutpansberge auf, und im ersten Gang hieß es Serpentinen hochstrampeln. Nach Durchfahren eines langen Tunnels wurde ich aber durch den Genuß einer halbstündigen Abfahrt in die Stadt Louis Trichardt wieder entschädigt. Ich schlief in einem Caravan-Park und steuerte anderntags weiter südwärts. Das High-veld lag vor mir, ein Grashochplateau, das sich bis nach Johannesburg hinunterzieht. Immer wieder erblickte ich große Schafherden mit Tausenden von weidenden Tieren, die durch den endlos scheinenden Drahtzaun entlang der Straße am Betreten der Fahrbahn gehindert wurden.

Am Abend erreichte ich Pietersburg. Auch hier das gewohnte Bild südafrikanischer Städte: gradlinige Ortsdurchfahrten, übersichtliche Kreuzungen, die wichtigsten durch „robots", Ampeln, geregelt. Man hat im Gegensatz zu europäischen Verhältnissen einfach viel mehr Platz.

Ein junger Mann in meinem Alter sprach mich an, als ich mir in einem Café einige Flaschen Fruchtsaft holte (Cafés sind in Südafrika kleine Universalläden, wo man eine Kleinigkeit zu sich nehmen kann und die wichtigsten Lebensmittel einkauft). John, so hieß er, nahm mich nach meinen Erzählungen spontan heim, und ich konnte bei ihm übernachten.

Am folgenden Tag radelte ich über 150 Kilometer bis nach Nylstroom. Meine Absicht war, so schnell wie möglich nach Germiston bei Johannesburg zu kommen, denn dort beabsichtigte ich, bei Bekannten aus meiner Heimatstadt, die schon vor zehn Jahren nach Südafrika ausgewandert waren, einige Zeit zu bleiben.

Nylstroom – Pretoria war die nächste Etappe, und unterwegs be-

Das Union-Building (Regierungsgebäude) in Pretoria

gegnete ich wie in den Tagen zuvor des öfteren „speed-traps", Geschwindigkeitsfallen der Polizei. Autofahrer, die schneller als 80 km/h fuhren, wurden mit saftigen Geldstrafen zur Kasse gebeten. Als Freund Israels wurde Südafrika mehr noch als Europa vom arabischen Ölembargo getroffen, Treibstoffrationierungen waren die Folge. Anders als bei uns werden hier aber die Fahrtgeschwindigkeiten der Autos durch zwei unauffällige, dünne Preßluftschläuche gemessen, die in kurzen Abständen quer über die Straße gelegt werden.

„Fahre ich zu schnell?" rief ich dabei manchmal den Polizisten zu, was sie aber meist mit Lachen oder der humorvollen Gegenfrage quittierten:

„Is that your answer to the petrol-restriction?" – Ob mein Radfahren die Antwort auf die Treibstoff-Beschränkung sei!

Pretoria ist die Hauptstadt Südafrikas. Sie wurde 1855 als kleines Dorf von Pionieren gegründet und hat heute eine halbe Million Einwohner. Für mich war sie die stillste und beschaulichste aller meiner afrikanischen Hauptstädte. Das mochte zum Teil auch an meinem Ankunftstag, einem Samstagabend, gelegen haben, denn an Wochenenden sind die südafrikanischen Städte wie tot. Dafür sorgt die Niederländisch-Reformierte Kirche, deren großer Einfluß zu Verboten von Sportveranstaltungen, Tanzvergnügen und Alkoholausschank an Sonn- und kirchlichen Feiertagen führte. Ich vertrieb mir die Zeit mit einer Stadtbesichtigung. Das Union-Building, das mit seiner Architektur zu den schönsten Regierungsgebäuden der Welt zählt, liegt auf einem mit Terrassengärten umschlossenen Hügel. Auf dem Church-Square steht das Denkmal Paul „Ohm" Krügers, Südafrikas altem Burenpräsidenten. Die bekannteste Sehenswürdigkeit Pretorias ist aber das Voortrekker-Monument. Es ist ein Kolossalbauwerk, errichtet von 1938 bis 1949 zu Ehren der Voortrekker, die im beginnenden 19. Jahrhundert wegen der englischen Besetzung vom Kap der Guten Hoffnung ins Landesinnere zogen. Am 16. Dezember 1838 erkämpften sie einen blutigen Sieg über die Zulus, und an jedem Jahrestag versammeln sich die Nachfahren der Voortrekker vor dem Monument, um ihre Toten zu ehren.

Der Zufall wollte es, daß gerade der Montag nach meiner Ankunft in Pretoria der 16. Dezember war. Vom YMCA, wo ich Unterkunft gefunden hatte, fuhr ich am Morgen hinaus zum Denkmal vor die Stadt. Um die Gedächtnisstätte ist eine Ringmauer gezogen, in der eingemeißelte Planwagen die Wagenburg der Voortrekker symbolisieren. Im Innern des würfelförmigen Bauwerks stellen Marmorfriese den großen Treck dar. Von drei kreisförmigen Emporen kann man nach unten in eine dunkle Krypta sehen, wo ein Sarkophag steht. Gegen Mittag blickten die Menschen, die zum Voortrekkertag erschienen waren, von den Emporen gespannt nach unten. Ein Lichtstrahl, der durch eine kleine Öffnung in der Kuppel fiel, wanderte langsam auf die Mitte des Sarkophags zu. Punkt zwölf Uhr leuchtete dann eine eingemeißelte, goldene Schrift auf: „Ons vir jou, Suid Afrika – Wir für Dich, Südafrika".

Als ich wieder heraustrat, bemerkte ich viele Frauen, die weinten. Hier konnte man feststellen, wie sehr die Südafrikaner mit ihrer Geschichte verwurzelt sind, obwohl sie doch nur wenige hundert Jahre alt ist. Vor dem Hintergrund des Voortrekkertages bietet es sich an, kurz die Geschichte Südafrikas zu erzählen, ohne deren Kenntnis die Beurteilung der heutigen Situation dort nicht möglich ist.

1652 errichtete der Holländer Jan van Riebeeck als Beauftragter der „Holländisch-Ostindischen-Kompanie" am Kap der Guten Hoffnung eine Verproviantierungsstation für die auf dem Seeweg nach Indien befindlichen Segelschiffe. Durch den Zuzug von Auswanderern, vornehmlich aus Holland, später auch von Frankreich und Deutschland, entwickelte sich aus dieser Niederlassung Kapstadt. Die „Freien Bürger", wie die Siedler sich nannten, fanden ein fruchtbares, klimatisch erträgliches Land vor, und man begann, das Land jenseits der Kapberge zu erschließen. Obwohl Platz genug da war, verbot die Kompanie, die die Kapspitze als ihren Privatbesitz betrachtete, im ganzen 18. Jahrhundert den Zuzug weiterer Europäer. Sklaven, die aus den ersten Mischlingen, von Westafrika und strafversetzten Eingeborenen aus den gleichfalls der Kompanie gehörenden heutigen indonesischen Inseln stammten, waren billiger als der Transport neuer Einwanderer aus Europa. Für die Weißen am Kap wurde Handarbeit daher schon zu jener Zeit als unwürdig empfunden. Gegen Ende des 18. Jahrhunderts lebten rund 16 000 Europäer am Kap, für die die gleiche Anzahl Sklaven arbeiteten. (Zur gleichen Zeit arbeiteten schon Millionen Schwarzer auf den Zuckerrohrfeldern Nordamerikas). Waren die „Buren" (Bauern, Farmer) im Hinterland Kapstadts bisher nur mit nomadisierenden Buschmännern und Hottentotten in Berührung geraten, so stießen sie bei ihrem weiteren Vordringen etwa 1000 Kilometer im Landesinnern nun auf Vorhuten der großen Bantu-Völkerwanderung, die sich aus dem Gebiet der zentralafrikanischen Seen nach Süden in Bewegung gesetzt hatten und etwa im 15./16. Jahrhundert Südafrika erreicht hatten.

Dann veränderten sich die Verhältnisse am Kap. Nach den Napoleonischen Kriegen verloren die Niederlande ihre Seemachtstellung endgültig an England, die Ostindische Kompanie wurde aufgelöst. 1806 übernahmen die Engländer im zweiten Anlauf die Herrschaft über die strategisch wichtige Südspitze Afrikas. Mit englischen Soldaten, Siedlern und Verwaltungsbeamten kam auch die englische Gerichtsbarkeit, die die Sklavenhaltung einzuschränken und zu bestrafen begann. Konflikte zwischen den Alteingesessenen, die inzwischen zu einer neuen Nation mit einer eigenen Sprache, dem Afrikaans, zusammengeschmolzen waren, konnten nicht ausbleiben, und in ihrem Freiheitsdrang verließen die Buren lieber Haus und Hof, als noch länger unter englischer Bevormundung zu leben. 1835 begann dann der legendäre große Treck, bei dem über 10 000 Menschen mit ihren Ochsenwagen, mit Sack und Pack in den unbekannten Nordosten zogen. Diese Voortrekker wurden zum Symbol südafrikanischen Nationalstolzes. Sie waren von strenggläubiger Lebensart, Anhänger des Calvinismus, bei dem sie ihre Auffassung von unterschiedlichen Rassen und deren gottgewollte Trennung bestätigt fanden. Allen natürlichen Widerwärtigkeiten zum Trotz und ungeachtet der dauernden Angriffe der schwarzen Stämme (hauptsächlich Zulus und Matabeles) gelang es den Voortrekkern, nach dreijähriger Wanderung mit britischer Zustimmung ihre zwei unabhängigen Staaten Transvaal (1852) und Oranje-Freistaat (1854) zu gründen. Damit hatten sie ihr Ziel erreicht. Doch der Friede war von kurzer Dauer. Die Engländer gaben ihren Traum vom Kap-Kairo-Afrika nicht auf, und als man auch noch Gold und Diamanten in den Burenrepubliken fand, kam es 1899–1902 zum Burenkrieg, der mit erbitterter Grausamkeit geführt wurde (Internierung der Burenfamilien in die ersten Konzentrationslager). Nach überraschenden Anfangserfolgen mußten sich schließlich die kleinen Burennationen unter ihrem Führer Paul Krüger gegen die damalige Weltmacht Nummer eins geschlagen geben – Transvaal und Oranje-Freistaat wurden britische Kolonien. Dann begann der Wiederaufbau des zerstörten Landes, mit weiteren Goldfunden setzte ein ungestümer wirtschaftlicher Aufschwung ein. 1910 schlossen sich die Kapprovinz, Natal, Transvaal und der Oranje-Freistaat zur Union von Südafrika zusammen. In den nachfolgenden Jahrzehnten gelang es trotz der immer noch latenten Gegensätze zwischen dem burischen und englischen Bevölkerungsteil stabile politische Verhältnisse zu schaffen. Als dann 1948 die Nationalpartei des afrikaansen Bevölkerungsteiles die United Party der englischsprechenden Südafrikaner ablöste, begann die verstärkte Durchsetzung der Rassentrennungspolitik, die aber heute offiziell nicht mehr als Apartheid, sondern als „Politik der getrennten Entwicklung" bezeichnet wird. Dies war letztlich auch der Anlaß, daß Südafrika 1961 aus dem britischen Commonwealth ausschied und sich am 31. Mai zur Republik von Südafrika erklärte.

Damit schloß sich wieder der Kreis. Der südliche Teil Afrikas war wieder in Burenhänden, so wie es die kleine Kapkolonie vor dreihundert Jahren war. Die Wagenburgen, hinter denen sich die Voortrekker im letzten Jahrhundert vor den Bantuvölkern verschanzt hatten, bauen nun die Afrikaner um ganz Südafrika auf, um sich gegen den wirtschaftlichen, politischen und moralischen Druck der übrigen Welt zu wehren. Aber gerade dieser Druck ist es, der Buren, Engländer und den anhaltenden Strom von Einwanderern zu einer immer festeren Nation zusammenwachsen läßt.

Die „Goldene Stadt"

Von Pretoria nach Johannesburg waren es nur noch sechzig Kilometer. In ein paar Stunden hatte ich sie heruntergeradelt, wobei ich in meinem Drang kurzerhand die neue Autobahn benutzte, die beide Städte miteinander verbindet. Zwanzig Kilometer vor Johannesburg verwies mich jedoch eine Polizeistreife freundlich, aber bestimmt wieder auf die alte Nebenstraße.

Eine Skyline von Wolkenkratzern, weißgelben Abraumhügeln und Stahlskeletten von Fördertürmen tauchte auf – Johannesburg, die „Goldene Stadt". Durch ein Verkehrsgewühl, wie ich es seit Lagos nicht mehr erlebt hatte, fuhr ich in das Zentrum. Die schachbrettartig verlaufenden Straßen der Millionenstadt machten die Orientierung leichter, als ich befürchtet hatte. Bald hatte ich mich zur östlichen Peripherie durchgefunden, wo Germiston liegt. Und dann stand ich vor der Tür eines schmucken Reihenhauses mit kleinem Garten und Swimming-pool.

„Grüß Gott", sagte ich, „hier bin ich."

Ich wurde von Familie Maier herzlich willkommen geheißen und aufgenommen – wie man sich eben begrüßt und freut, wenn man 10 000 Kilometer von der Heimat entfernt ist und sich nach vielen Jahren zum ersten Mal wiedersieht. Nach mehr als einem dreiviertel Jahr Abenteuern und des dauernden Weitermüssens hatte mein unstetes Leben ein vorläufiges Ende gefunden. Der dünne Schlafsack wurde mit einem weichgefederten Bett vertauscht, statt kalter Rucksackverpflegung gab es heimatliche Kost, und anstatt englisch wurde von morgens bis abends wieder schwäbisch „g'schwätzt". Weihnachten wurde den hochsommerlichen Tagen gemäß am Swimming-pool verbracht, während aus dem Radio „Leise rieselt der Schnee" erklang, Silvester im „Deutschen Club", und das neue Jahr brachte einen mehrtägigen Ausflug in den weltberühmten Krüger-National-Park. Dazwischen lagen immer wieder Einladungen, Besuche und Ausflugsfahrten. Kurzum – es waren schöne Tage.

Des öfteren war ich auch in Johannesburg, der wohl hektischsten und faszinierendsten Großstadt des ganzen Kontinents. Es ist die heimliche Hauptstadt Südafrikas. Ich erlebte in vergessenen Buschdörfern noch das Afrika von gestern, im Wirtschaftswunderland Nigeria das von heute, und in Johannesburg, dessen Wolkenkratzer ins 21. Jahrhundert weisen, das Afrika von morgen.

Ich ließ mich von Blitzfahrstühlen auf zweihundert Meter hohe Hochhäuser katapultieren, war in Hillbrow, dem dichtestbesiedelten Quadratkilometer der Welt, auf dem Strijdom-Tower, dem höchsten Turm Afrikas, im Carlton-Center, dessen Hotels, Einkaufszentren und Ausstellungsgelände einzigartig sind – und mochte nicht glauben, daß die Geschichte dieser Stadt erst vor neunzig Jahren begonnen hatte. Außer einigen Farmen und kargen Äckern der Buren war hier in den Jahren vor 1880 nichts zu finden. Bis man Gold fand. Und Nachrichten über Goldfunde verbreiten sich schnell. In Kalifornien und Südamerika packten die „digger" ihre Schaufeln und Siebe

Johannesburg, die heimliche Hauptstadt Südafrikas, aus zweihundert Meter Höhe

zusammen und buchten das nächste Schiff nach Kapstadt. Aus Europa strömten Tausende von weiteren Glücksrittern zu, denn hatte mancher ein paar Jahre zuvor die Gelegenheit zur Claimabsteckung im blauen Diamantenboden von Kimberley versäumt, so bot sich jetzt am Witwatersrand um Johannesburg eine erneute Chance, schnell reich zu werden. Die Stadt wuchs so schnell wie keine andere auf der Welt: im Jahre 1886 waren es noch 50 Einwohner, drei Jahre später über 40 000! Nur widerwillig gaben die Buren ihr Land zum Niederbringen der Schächte her, doch Millionenwerte wurden später aus dem kargen „veld" herausgeholt. Gleichzeitig setzte der Zustrom schwarzer Minenarbeiter ein, die bald zu Hunderttausenden in den schrecklichen Elendsvierteln, den „Shantie-towns" am Stadtrand hausten. Es waren Brutstätten des Verbrechens, der organisierten Banden und des Faustrechtes. Johannesburg wurde das Chicago Afrikas. Kein Weißer gönnte sich Rast und Ruhe – wie sollte er da an die Probleme und Unterbringung der von ihm abhängigen Schwarzen denken? Erst in den fünfziger Jahren wurden die schwarzen Slums – teils mit Gewalt – geräumt und abgerissen. Eine zusammenhängende neue Stadt im Südosten entstand: Soweto. Heute leben 1 Million Bantus aller Gruppen und Stämme dort, von denen der Großteil in den Goldbergwerken beschäftigt ist. Die Bergwerke liegen rings um Johannesburg, und anstelle der ersten primitiven Anfänge ist heute perfekte Minentechnik getreten. Aus Schächten, die bis zu knapp 4000 Meter Tiefe reichen, rattern Bohrhämmer Waggon um Waggon mit goldhaltigem Gestein heraus. Das edle Metall ist fein verteilt: keine 100 Gramm pro Tonne. Und trotzdem hat es sich gelohnt. Man schätzt, daß die Bergwerke des Witwatersrandes seit 1885 etwa ein Drittel des gesamten auf der Erde geförderten Goldes produziert haben – über 30 Millionen Kilogramm. Und der Reichtum scheint kein Ende zu nehmen, denn in goldführendem Gestein findet man ein heute noch kostbareres Erz, nämlich Uran.

Johannesburg – keine Stadt Afrikas trägt so sehr den Stempel der Weißen. Aber keine andere Stadt hat auch so von der Arbeit der Schwarzen profitiert. Johannesburg – das ist Afrika und Europa in einem.

Der Tag kam, als es Abschied nehmen von den Freunden in Germiston hieß. Mein Drahtesel hatte zwar vier Wochen lang ruhig und still in der Garage von Familie Maier gestanden, doch ich wußte, daß ihm nach solch einer langen Ruhepause wieder die Felgen zitterten, ihn die Reifen juckten, und die Zahnräder ungeduldig auf das Hinauf- und Hinabhüpfen der Kette warteten. Durch das fehlende Schutzblech, den abgekratzten Lack und den weichgerittenen Sattel hatte er wahrlich einen Hauch von Abenteuer bekommen. Abgesehen von dem zusammengebrochenen Vorderrad, dem abgescherten Gewinde und den Verschleißteilen wie Speichen, Bremsgummis und Drahtzügen hatte er sich ja ganz wacker gehalten und mich sicher bis hierher nach Südafrika getragen. Und jetzt sollte es auf die letzten Etappen gehen, das Ziel Kapstadt war nicht mehr fern! Der direkte diagonale Weg durch das Land wäre zwar der kürzeste gewesen, doch dabei hätte ich auch einige hundert Kilometer durch die steppenähnliche Karoo fahren müssen. Um mir das zu ersparen – und um wieder einmal das Meer zu sehen –, folgte ich den Ratschlägen meiner südafrikanischen Freunde, die sagten:

„Radle besser durch Natal an den Indischen Ozean. Dann kommst du anschließend durch das landschaftlich schöne Gebiet der Transkei, und danach nimmt dich unsere berühmte „Garden Route" auf. Das ist der beste Weg, um nach Kapstadt zu gelangen."

Ich besorgte mir noch ein paar genaue Karten und Unterlagen über Campingplätze, freute mich, als mir Frau Maier zum Abschied einen Streuselkuchen backte, und dann war es eines Morgens im Januar wieder soweit. Mit frischgespanntem Sattel und vielen „Auf Wiedersehen", „good lucks" und „totsiens" versehen radelte ich davon – die Straße hatte mich wieder.

Zum Indischen Ozean

Zwei Tage brauchte ich, um nach Newcastle zu radeln. Wenn die Sonne auf die Tagesmitte einschwenkte, stand sie mir glutheiß im Rücken (der südliche Wendekreis lag schon lange hinter mir!). Hinter Newcastle hielt ich mich östlich, und damit näherte ich mich dem alten Stammesgebiet der Zulus. Es wurde hügelig, grüne Täler erstreckten sich zwischen bewaldeten Höhen. Zur Rechten und Linken lagen die ersten Kralhütten. Zulufrauen kamen mir entgegen, scheu auseinanderstiebend, wenn ich die Kamera hervorzog. Es sind große, stolz aussehende Menschen, und obwohl ich nun schon viele Völker auf meiner Reise durch Afrika gesehen hatte, fand ich, daß keines sich mit so wenigen Mitteln so abenteuerlich und bunt zu kleiden versteht. Handtücher und Decken als wehende Umhänge um die Schultern, eigenartig geformte Hüte auf den Köpfen, Dutzende von klirrenden Metallringen um Arme und Beine, und in den Ohren große, eingelassene Holzscheiben. Dazu so modernes Zubehör wie

Begegnung im Zululand

Regenschirme, Haarnetze, Kniestrümpfe und Armbanduhren. Noch ansprechender waren die Ketten und Armbänder aus Glasperlen, die mit viel Gefühl für Farben und Muster hergestellt waren.

„Durch die Anordnung der Farben und Ornamente kann ein Mädchen zu verstehen geben, ob sie noch frei oder schon gebunden ist", verriet mir später ein Missionar, der lange Zeit unter den Zulus gewirkt hatte.

Die Zulus waren ein sehr kriegerisches Volk. Unter dem berüchtigten Häuptling Tschaka entvölkerten die Zulus ganze Landstriche von ihren schwarzen Nachbarstämmen, und den Voortrekkern lieferten sie ebenfalls die blutigsten Gefechte. Heute ist das Zululand wie viele andere schwarze Stammesgebiete ein „Homeland", also ein Siedlungsland, das ausschließlich Bantus gehört und in denen kein Weißer Boden besitzen oder kaufen darf. Selbst das Abweichen von der durchführenden Straße ist ohne besondere Genehmigung verboten. Das hieß für mich: keine Möglichkeit mehr wie früher in Schwarzafrika, am Abend einfach in ein Dorf zu gehen. Die erste Nacht verbrachte ich daher in einer einsam gelegenen Polizeistation, wo ein junger weißer Südafrikaner seinen Dienst versah. Seine Frau bewirtete mich wie einen alten Freund des Hauses; Einsamkeit macht Menschen eben aufgeschlossener für Begegnungen und Gespräche.

Anderntags überquerte ich den Tugela-Fluß. Begleitet von einem Alten, der auf seinem Rücken eine Tasche mit Milies – Maiskolben – zum nächsten Markt trug, schob ich mein Fahrrad einen hohen Berg hoch. Bei einem Kaufladen, der vollgestopft war mit Töpfen, Spiegeln, Glasperlen, Pfannen, Stoffen und hunderterlei Dinge mehr, machte ich halt. Frauen und Mädchen saßen palavernd beisammen. Einige balancierten Maismehlsäcke auf ihren Köpfen zu den Hütten heim. Fotografieren war aber genauso schwierig wie tags zuvor, die Schönen waren sich ihres Aussehens bewußt und verlangten Geld für jedes Bild. Ich verteilte meine langsam überflüssigen Ausrüstungsstücke: Briefkuverts, Sicherheitsnadeln, Klebstoff.

Mit Einbruch der Dunkelheit erreichte ich gerade noch die Stadt Greytown. Nach kurzem Suchen fand ich die abseits gelegene Farm eines alten Freundes aus meiner Heimatstadt, der schon vor vielen Jahren mit seiner Frau nach Südafrika ausgewandert war. Daß ich sie aber eines Tages mit dem Fahrrad besuchen würde, hatten wir uns alle bei ihrer Abreise aus Deutschland bestimmt nicht vorgestellt. Vieles gab es zu erzählen und zu fragen, die vier Tage, die ich auf der Farm blieb, reichten kaum aus dafür. Doch ich wollte weiter. Nach Pietermaritzburg, das seinen Namen nach zwei Burenführern trägt, verlief die Straße stetig bergab – ich konnte das Meer schon förmlich riechen! Und dann stand ich vor ihm, am anderen Ende des Kontinents, den ich jetzt durchradelt hatte. Am goldgelben Sandstrand Durbans ließ ich mich von den Wellen des Indischen Ozeans schaukeln.

Durban ist die größte Hafenstadt Afrikas. Es ist aber auch die Urlaubsstadt der Republik. Die weißen Hotelbauten an der Strandpromenade stehen dicht an dicht.

Gleichzeitig ist das Ferienparadies mit zwölfmonatiger Badesaison Inderstadt. Man braucht sich nur ein paar Straßen ins Zentrum zu begeben, um sich in eine andere Welt versetzt zu fühlen: schlanke, schwarzhaarige Indermädchen in leuchtenden, fußlangen Saris mit wehenden Schleiern, die Männer mit Turbanen. Hindu-Sprachen und Sitar-Musik, Düfte von schweren Gewürzen, Basare, Händler, und um das Bild ganz indisch zu machen, goldene Moscheekuppeln, die da und dort über die Dächer hinausstreben. Ein exotisches Kolorit mit einem Hauch fernöstlicher Gelassenheit.

Die Inder Südafrikas kamen im letzten Jahrhundert als Kontraktarbeiter von ihrer Heimat auf die Zuckerrohrplantagen Natals herüber. Doch ihr angeborener Geschäftssinn und ihre Intelligenz ließ sie dort nicht lange verbleiben. Heute haben es sehr viele der Nachkommen jener armen Plantagenarbeiter zu beträchtlichem Wohlstand und akademischen Graden gebracht.

Bevor ich Durban wieder verließ, machte ich noch einen letzten Bummel durch die Basare, um mir einige Kleinigkeiten zu kaufen. In einem winzigen, mit allerlei Krimskrams gefüllten Lädchen erhandelte ich mir eine Kette aus Swaziland. Mit dem alten Inder kam ich dann in ein Gespräch. Während ich ihm von meiner Tour erzählte, berichtete er mir von den Sorgen und Nöten seiner Landsleute. Auch in Durban gilt das südafrikanische Gesetz, wonach in Städten für jede Bevölkerungsgruppe separate Wohnareale geschaffen werden sollen. Durch die Umsiedlung der Inder aus ihren traditionellen Vierteln entsteht viel soziales, wirtschaftliches und menschliches Leid.

Zum Abschied schenkte mir der weißhaarige Mann eine kleine, nußartige Frucht von einem seltenen indischen Baum und sagte: „Trag sie immer bei dir. Dann wirst du auf dem letzten Stück deiner Reise Glück haben.“

Wußte er, wieviel Glück ich bei meiner Radfahrt durch Afrika schon gehabt hatte?

Wenn Durban die Ferien- und Badestadt Südafrikas ist, dann ist der Küstenstreifen südlich davon seine „Riviera“. Denn entlang einer Straße reiht sich dort ein Badeort an den anderen, gesäumt von einem herrlichen Sandstrand. Doch leider paßte das Wetter überhaupt nicht

„Wir sind Menschen des Tanzes . . .“ (Léopold Senghor)

dazu. Die Engländer, denen Natal früher einmal gehört hatte, schienen ihr Inselklima gleich mitgebracht zu haben, denn ich fuhr durch Dunst und Regen weiter.

„Eine Seltenheit“, sagten mir die Südafrikaner. „Die höchsten Niederschläge seit Jahren“, meldeten die Zeitungen.

Die Häuser Durbans lagen schon längst hinter mir, als ich eines Abends kurz vor Port Shepstone war. Am Himmel zogen wieder einmal einige dunkle Wolken auf, und ich überlegte, ob es nicht besser wäre, für die Nacht ein festes Dach über dem Kopf aufzusuchen, als ein Auto neben mir sein Tempo verlangsamte und anhielt. Ein Mann kurbelte das Wagenfenster herunter.

„Hermann – Deutscher?“

„Yes“, sagte ich, „that's me“.

„Ich habe von Ihrer Tour in Johannesburg in der Zeitung gelesen. Wo werden Sie heute die Nacht verbringen?“

„Ich weiß noch nicht“, sagte ich, „vielleicht im Freien.“

„Ich lade Sie ein. Fahren Sie mir nach. In meinem Ferienhaus am Meer gibt es genug Platz.“

So ist Südafrika – so ist meine Tour. Eben noch müde und hungrig im Sattel, eine halbe Stunde später inmitten einer gastfreundlichen südafrikanischen Familie beim Abendessen. Verglichen mit Schwarzafrika, wo jeder Tag eine Fülle von Erlebnissen und Abenteuer brachte, ist der letzte Teil meiner Fahrt eine geruhsame Radtour. Wohl habe ich noch rund 1500 Kilometer zu strampeln, aber die guten Straßen, touristische Sehenswürdigkeiten und immer wieder Einladungen und Begegnungen mit Menschen aller Rassen und Nationen helfen über die letzten Anstrengungen hinweg. So ist Dr. McIntosh, der mich vor Port Shepstone eingeladen hatte, irischer Abstammung und internationale Kapazität auf dem Gebiet der Malariaforschung. Er hatte seine Mikroskope aus seinen Johannesburger Labors in sein Ferienhaus mitgenommen, und in den Stunden, in denen ich nicht am Strand lag, schaute ich ihm bei seiner Arbeit zu. Aus Tümpeln und Bächen im nahen Oribi-Gorge-Park fing er Moskito-Larven, brachte sie dann nach steriler Aufzucht mit Hamstern zusammen, die durch die Fiebermücken infiziert wurden und dann nach ein paar Tagen im Malariafieber zitternd die Beine von sich streckten. In ihrem Blut suchte er dann nach dem Typ der nach Hunderten zählenden Erregerarten, damit später entsprechende Anti-Malaria-Präparate hergestellt werden konnten.

Nach einigen Tagen brach ich zur Weiterfahrt auf. Ein letztes großes Erlebnis, eine letzte Begegnung mit dem schwarzen Afrika stand mir noch bevor: die Fahrt durch das Gebiet der Transkei.

Mit einer Fläche von der Größe der Schweiz ist die Transkei das größte der vielen Bantu-Heimatländer Südafrikas. Während die übrigen schwarzen Siedlungsgebiet noch viel- und weitzerstreute Inseln darstellen, wurde durch eine Art rassengeographische Flurbereinigung mit der Transkei das erste große und zusammenhängende schwarze Heimatland geschaffen. Sie ist das für die Unabhängigkeit am weitesten vorbereitete „Bantustan" und Modell für die Zukunft. Nachdem sie schon im Jahre 1963 die Selbstregierung erhalten hatte, ist sie inzwischen endgültig ein unabhängiger schwarzer Nationalstaat Afrikas geworden.

Eine Xhosafrau mit weiß angemaltem Gesicht und der typischen langen Pfeife

Landschaftlich ist die Transkei von großartiger Schönheit. Meine Pad stieg von der Küste langsam auf knapp zweitausend Meter hinauf und wand sich dann zwischen dunkelgrünen, grasbewachsenen Hängen und Hügeln hindurch. Überall weidete Vieh, und verstreut lagen die strohgedeckten und pilzförmigen Rundhütten der Xhosas in der weiträumigen und meist kahlen Landschaft.

Die Xhosas sind das größte Bantuvolk Südafrikas, und wegen ihrer Vorliebe für rostrote und ockerfarbene Decken um die Schultern werden sie auch die „red blanket people“ genannt. Junge Burschen, die von Kopf bis Fuß geweißt waren und dadurch ein gespenstisches Aussehen hatten, veranlaßten mich öfter, anzuhalten und ihnen nachzustarren. Die Frauen trugen turbanähnlich gewundene Kopftücher, rauchten langstielige Pfeifen und hatten die Gesichter manchmal

Kurz vor dem Verlassen der Transkei gerieten mir noch diese Schönheiten vor die Kamera

ebenfalls maskenhaft bemalt. Ihre Sprache war mit eigenartigen Schnalz- und Zischlauten durchsetzt.

„Diese Clicks sind von den Hottentotten entliehen", erzählte mir später in Umtata ein Deutscher, den ich dort traf.

„Und welche Bedeutung hat die weiße Bemalung?" wollte ich weiter wissen.

„Bei den Jugendlichen steht sie im Zusammenhang mit den Initiationsriten", bekam ich zu hören. „Nach den Mannbarkeitsfeiern gehen sie noch wochenlang so geweißt umher – ein aus uralter Zeit überkommener Brauch."

Umtata ist die Hauptstadt der Transkei. Noch sieht man viele Weiße, doch ihre Handelsstationen und Cafés verschwinden nach und nach. Sie werden Schritt um Schritt von den Schwarzen übernommen.

Ein kurzer Besuch galt dem Parlamentsgebäude, der Bunga. Als ich die schwarzen Honoratioren (der Premierminister der Transkei heißt Kaizer Matanzima, von seinem Vater so getauft aus Verehrung für den deutschen Kaiser!) dort ein- und ausgehen sah, fiel mir jene bekannte Xhosa-Geschichte ein, die nicht deutlicher zeigen könnte, wie rasch der Wandel der schwarzen Völker fortschreitet.

Vor hundert Jahren vernichteten auf den Rat einer jungen Xhosa-Prophetin die Xhosas fast ihr gesamtes Vieh und ihre Lebensmittelvorräte. Denn dadurch, so weissagte sie, würden die Xhosas stärker denn je, und an einem bestimmten Tag würde ein gewaltiger Sturmwind alle ins Stammesgebiet eindringenden Weißen ins Meer wehen.

Fast alle Xhosas glaubten es und folgten dem Rat zum großen Schlachten und zur Vernichtung. Doch als der angesagte Tag kam, wurde kein Weißer ins Meer geweht, und eine furchtbare Hungersnot brach über die Menschen herein. Über 60 000 Xhosas starben. Fast ein Drittel des Stammes hatte sich selbst umgebracht.

Auf der schönsten Straße Afrikas

Ich radelte weiter. Meinen Plan, auf einer Nebenstraße hinunter ins Pondoland und an die „Wild Coast" zu fahren, mußte ich wegen wieder einsetzenden Regens fallenlassen. Die Nebenpads der Transkei sind ungeteert, und ich wäre auf den aufgeweichten Lehm- und Schotterwegen nicht allzuweit gekommen.

Als ich mich hinter Idutywa dem Kei-Fluß näherte (Transkei – das Land jenseits des Keis), nahm die Landschaft noch einmal großartigen Charakter an. Agaven und Aloen waren dicht über die grünen Mattenhänge verstreut. Schwarze zu Pferd kamen mir entgegen. Und immer wieder sah ich die zahllosen Rinderherden, die von Hütejungen auf die Weiden getrieben wurden. Rinder sind hier wie auch in vielen anderen Teilen Afrikas kostbarer Besitz, ihre Zahl ist wichtiger als die Qualität.

Mit Überqueren der Kei-Brücke lag das schwarze Afrika endgültig hinter mir, und ich befand mich nun in der Kapprovinz. Die nächste größere Stadt war East London, die ich jedoch links liegenließ.

Auf Port Elizabeth war ich gespannt. Man hatte mir erzählt, die

Stadt wäre neben Durban ein bekanntes südafrikanisches Urlaubsziel. Ich fand prachtvolle Badestrände, große Ferienhotels und viele Vergnügungsattraktionen. Zugleich ist die Stadt eines der größten Industriezentren Südafrikas, vor allem mit großen Automobilfirmen.

In P. E., wie Port Elizabeth in Kurzform genannt wird, kam ich in einer Jugendherberge unter, wovon es auch in Südafrika einige gibt. Ich traf aber nur wenige „Zugvögel" (die meisten waren per Autostop unterwegs), doch dafür kamen sie um so weiter her: Australien, USA, Neuseeland, Kanada.

Nach einigen Tagen brach ich wieder auf. Die Straße, auf der ich gen Westen steuerte, wird ab hier die „Garden-Route" genannt. Jedes Land hat Plätze, die man gesehen haben muß, Landschaften, die wegen ihrer Naturschönheiten oder aus historischen Gründen von besonderer Anziehungskraft sind. Und dies ist in Südafrika die Garden-Route. Sie kann sich mit allen berühmten Gegenden der Welt messen. Auf einer Länge von dreihundertfünfzig Kilometern schlängelt sie sich durch Landschaften von ungeahnter Schönheit am Meer entlang.

So versprach es ein Prospekt in meinen Packtaschen, und in den nächsten Tagen sollte ich erleben, daß man nicht übertrieben hatte.

Begonnen hat sie aber ganz beschaulich. Ich war schon über fünfzig Kilometer übers Land geradelt, ohne besondere Dinge zu erblicken. Dann aber, hinter Jeffreys Bay, boten sich immer mehr herrliche Ausblicke auf Berge, Seen und das Meer. Eine verschwenderisch blühende Flora, wohin ich auch blickte. Zum ersten Mal sah ich wildwachsend die Protea, Südafrikas Nationalblume, die in vielen herrlichen Arten vorkommt. Aus den Gärten und Grünanlagen der kleinen Ortschaften leuchteten mir Blumen in allen Farben entgegen – man sah, daß die Holländer ihr Gartenbautalent den Südafrikanern vererbt hatten!

Plötzlich hörte ich am Straßenrand jemanden meinen Namen rufen.

„Hey, Helmut, stop!"

Ich zog die Bremsen. Es war Jeff, ein Australier, den ich in Port

Elizabeth kennengelernt hatte. Mit seinem riesigen gelben Rucksack stand er am Straßenrand und wartete auf die nächste Mitfahrgelegenheit. Wir haben uns an jenem Tag noch oft gesehen, nämlich noch viermal. Immer wenn er einige Kilometer weitergekommen war, überholte ich ihn wenige Zeit später, als er wieder aufs nächste Auto wartete.

„Boy, boy“, rief er dabei jedesmal, „hast du ein Tempo drauf!“

Er hatte nicht unrecht. Dieser Tag von P. E. bis nach Plettenberg Bay sollte mein persönlicher Rekordtag werden. Über 250 Kilometer radelte ich, und das trotz sengender Sonne. Mit verbrannten Handrücken und glühender Nase (eigentlich fast der Normalzustand durch ganz Afrika) langte ich spätabends in dem kleinen Badeort Plettenberg an. Und dabei galt es vorher noch zwei der gewaltigsten Pässe zu überwinden, die ich überhaupt je gefahren bin. Den Blaauwkrantz-Paß, der sich als eine riesige Erdspalte vor mir auftat, und in den sich die Straße in Haarnadelkurven hinunterwand, schaffte ich eben noch mit der hereinbrechenden Dämmerung. In den zweiten aber, Grootrivier-Paß, radelte ich schon bei stockdunkler Nacht hinab. Kein Fahrzeug kam mir mehr entgegen, und es war gespenstisch still. Nur das Murmeln eines Baches war zu hören, und um meinen Kopf verspürte ich die Schwingenschläge von Fledermäusen. Durch eine wahre Urwaldlandschaft (wie ich später nachlas) habe ich das Rad stundenlang wieder auf der anderen Seite hinaufgeschoben.

Als ich dann ausgepumpt und mit weichen Knien endlich die wenigen noch brennenden Lichter Plettenbergs vor mir sah, hatte ich nur noch einen Wunsch: etwas zu trinken aufzutreiben. Mein Hals war trocken wie ein knorriges Holzstück. Ich folgte einem Leuchtschild, das zu einem versteckt liegenden kleinen Hotel in einen Wald hineinwies. An der Rezeption brannte noch Licht, ein Mann saß über ein Buch gebeugt.

„Good evening“, grüßte ich, „könnte ich bei Ihnen noch etwas zu trinken bekommen?“

Der Mann blickte mich im ersten Augenblick erschrocken an (welcher Weiße fährt in Südafrika schon mit einem schwerbepackten Rad umher und dazu noch nachts!), sprang aber dann auf und holte zwei Dosen eisgekühltes Bier aus der Küche.

„Hier, bitte, die passende Marke für Sie", sagte er lächelnd, „deutschgebrautes Hansa-Bier aus Windhuk." Und dann weiter in gutverständlichem Deutsch: „Ich bin hier der Eigentümer. Mein Großvater kommt aus dem Rheinland. Er wanderte vor knapp hundert Jahren nach Südafrika aus."

Trotz meiner Müdigkeit und der vorgeschrittenen Stunde führten wir beide noch eine lange Unterhaltung, und als der deutschstämmige Südafrikaner mir ein gewaltiges Steak mit Beilagen servierte und dann noch ein Zimmer mit einem weichen Bett und einem heißen Bad zuwies, war mein Glück vollkommen.

Am nächsten Morgen, als ich, immer noch hungrig von der gestrigen Anstrengung, die Frühstückskarte gleich von oben nach unten und von unten nach oben durchgemacht hatte, fragte ich Mr. Muller etwas bange nach der Rechnung.

„It's allright. I charge you nothing – es ist in Ordnung so, ich berechne Ihnen nichts, Sie waren mein Gast. Viel Glück noch bis Kapstadt."

Südafrikanische Gastfreundschaft.

In der Plettenberg-Bay spannte ich noch einen Tag aus. Diese Bucht wird wegen ihrer unvergleichlichen Lage zu den schönsten der tausend Kilometer langen Badeküste am Indischen Ozean gerechnet. Auf einer kleinen Insel im Meer, die von bizarren Felsen und Korallenriffen gebildet wird, erhebt sich ein architektonisch herrlich erbautes Hotel. Davor breitet sich ein goldfarbener Sandstrand aus. Ich ließ das Fahrrad Fahrrad sein, holte die Badeshorts heraus und stürzte mich in das warme, türkisgrüne Wasser, lag den ganzen Tag am Strand, mit etwas schadenfrohen Gedanken an zu Hause, wo man sich jetzt bestimmt mit dem Matsch des Februarschnees herumschlagen mußte. Möwen krächzten, ein frischer Wind fuhr mir durchs Haar, und am tiefblauen Himmel war kein einziges Wölkchen zu sehen.

War bei meiner Fahrt durch die Garden-Route die Landschaft um Plettenberg schon ein Höhepunkt gewesen, so sollte sie sich jetzt auf

Menschenleere Badebuchten mit silbernen Sandstränden luden zum Verweilen ein. Doch ich wollte weiter

den nächsten hundert Kilometern – ohne zu übertreiben – zu traumhafter Schönheit steigern. Die Bilder eines unbeschreiblichen Farbenreichtums von Blumen, Sträuchern und Gartenanlagen prägten sich mir unauslöschlich ein. Ich radelte durch das Herz der Garden-Route, kam nach Knysna, wo das kostbare, tausend Jahre alte Stinkwood-Holz wächst, fuhr durch den „Garden of Eden", in dem mächtige Kiefern kühlen Schatten spendeten, erreichte Wilderness mit seinen goldgelben Dünen und romantischen Lagunen – ein schöneres Finale meiner Radfahrt durch Afrika hätte ich mir nicht wünschen können!

Und dennoch – je näher das Ende meiner Tour kam, je kürzer die Kilometerangaben nach Kapstadt wurden, desto mehr wurde ich seh- und reisemüde. Das freie, ungebundene Leben in der Wildnis, im Busch und bei der Fahrt von Land zu Land ist ein großartiges und unvergeßliches Erlebnis, aber nach einem Jahr wird man trotz aller Schönheit der Natur und trotz aller Gastfreundschaft der Menschen ein wenig des ewigen Weitermüssens und Abschiednehmens müde, und nie ist mir das in jenen Wochen so schwergefallen wie in Südafrika.

Doch es sollte ja bald ein Ende haben. Noch ein paar Nächte im Schlafsack auf den schöngelegenen Campingplätzen hier, und es war geschafft. Ich rechnete mir schon den Tag meiner Ankunft aus, zählte immer wieder die Straßenkilometer auf der Karte zusammen – nur weiter! Mochten da noch so schöne Buchten zum Baden verlocken, noch so herrliche Ausblicke zum Verweilen auffordern, die Straußenfarmen von Oudtshoorn und die weltberühmten Cango-Grotten zu einem Besuch einladen, die herrlichen Urwälder von Knysna, die laut Reiseführer die größten und am südlichsten lebenden Elefanten der Welt besitzen – ich hatte keinen Sinn mehr dafür. Nur in Mossel-Bay zog ich noch einmal die Bremsen. Dort setzte im Jahre 1488, fünfzehn Jahre bevor das erste Schiff in die Tafelbucht einlief, Bartholomäus Diaz als erster Europäer seinen Fuß auf südafrikanischen Boden. Die Quelle, aus der er seine Frischwasservorräte ergänzt hatte, fließt heute noch. Daneben steht ein uralter Baum, der als Postamtsbaum berühmt geworden ist, denn in früheren Jahrhunderten hing an einem seiner Äste ein Stiefel, in dem Postsendungen deponiert wurden.

Albertinia – Riversdale – Swellendam. Die Straße der Blumen und Wälder lag hinter mir. Die Landschaft öffnete sich wieder, und im Dunst der Ferne waren die Vorberge des Kaps auszumachen. Wogende Kornfelder flankierten die Straße, und die Rinder wurden fett und glänzend. Ich war im gesegneten Kapland. Häuser im altholländischen Stil, Windräder zwischen Obstgärten und Weiden.

Swellendam – Robertson – Worcester. Die Traubenernte war in vollem Gange. Hielt ich an, so beluden mir die Farmer das Fahrrad pfundweise mit Früchten. Während ich mich beim Radeln mit den herrlich schmeckenden Beeren fütterte, malte ich mir in Gedanken meine morgige Einfahrt in Kapstadt aus. Wie oft hatte ich unterwegs davon geträumt! In der Gluthitze der Sahara, in den Regenwäldern Zentralafrikas und schließlich in den letzten Wochen fast täglich! Es würde schön werden. Ich würde mir Zeit mit der Heimfahrt lassen, vielleicht Südwestafrika noch besuchen, die letzten Tage auskosten.

„Pschschsch“ – ein wohlbekanntes Geräusch brachte mich in die Wirklichkeit zurück. Panne am Hinterrad! Und was für eine, der ganze Reifen war zerschnitten! „Bloody drivers“, schimpfte ich, „könnt ihr eure Flaschen nicht in den Autos behalten?“

Südafrikas Straßenränder sind „geschmückt“ mit zerbrochenen Bier- und Sprudelflaschen. Und in einen solchen Scherbenhaufen war ich jetzt hineingefahren. An meinem dünnen Sportreifen, der prall aufgepumpt war, gab es nichts mehr zu flicken. Der einzige glückliche Umstand war, daß Worcester nicht mehr allzuweit entfernt war. Dort konnte ich mir einen neuen kaufen, den siebten!

Einige Tage zuvor hatte ich schon eine kleine Bilanz meines einjährigen Abenteuers gezogen. Mein Rad hatte etwa drei Dutzend „Plattfüße“, und über fünfundzwanzig Speichen waren gerissen. Verbraucht habe ich acht Hüte aller Art, vom Käppi bis zum Wüstenchéche, dazu vier Taschenlampen, die entweder verrostet, verloren oder kaputtgegangen sind. Weiter zwei Paar Schuhe und drei Paar Sandalen (die aus Plastik hielten noch am besten). Etliche Hemden und Socken zerschlissen, dazu Unterwäsche und zwei Badeshorts. Die Hosenböden von zwei kurzen und einer langen Hose wurden glatt „durchgeritten“. Gestohlen wurden: eine Sonnenbrille, Seifenstücke, eine Badehose und eine Landkarte (also sehr wenig). Durch eigene Unachtsamkeit verlor ich eine Brille beim Baden im Meer. Meine kleine Reiseapotheke mit Schmerz-, Vitamin-, Malaria- und Kohletabletten, Antibiotika, Binden, Pflastern, Desinfektionsmittel, Brandsalben und weiteren Medikamenten ist fast leer. Heimgeschickt habe ich rund 130 Briefe und Karten, dazu noch fünfzig belichtete Filme, die alle ankamen. In meinem Paß befinden sich genau 59 Stempel, und in meinem Geldbeutel war ein Dutzend verschiedene Währungen. Die finanzielle Seite: Verbrauch rund dreitausend Mark. –

Hinter Worcester mußte ich mit einem mehrstündigen Strampeln und Schieben einen hohen Paß überwinden. Es war der Du Toit's

Kloof, die letzte Barriere vor Kapstadt. Eben als ich den Kamm der siebenundzwanzig Kilometer langen Auffahrt erreicht hatte, senkte sich die Sonne im Westen blutrot zum Horizont hinunter. Es war ein herrliches Bild. Von unten blinkten die Lichter der Weinstadt Paarl. Ich gab meinem Stahlroß die Zügel frei, und in rasender, halbstündiger Abfahrt erreichte ich die Stadt. Vor einem Café traf ich einige junge Neuseeländer, Tramper, die wie ich auf der Suche nach einer Schlafstelle waren. Einer von ihnen sagte: „Geh'n wir doch in ein ‚cop-shop' (Polizeistation), die haben bestimmt noch Platz."

Tatsächlich wurden wir vier nicht abgewiesen, und bald schliefen wir in einer Zelle hinter vergitterten Fenstern den Schlaf der Gerechten. Es war mein sicherster Schlafplatz in ganz Afrika.

Ein Abschied voller Wehmut und Freude

Heute ist ein Freitag im Februar 1974, heute werde ich in Kapstadt sein. Es sind noch sechzig Kilometer. Der leichte Frühnebel verspricht einen sonnigen Tag. Schnurgerade senkt sich die Straße dem Meer zu, die Berge bleiben zurück.

„To Capetown 50 km" – „To Capetown 40 km". Wann ich wohl den Tafelberg zu sehen bekomme?

Bei km 36 halte ich an, ich erkenne die ganz zarten Umrisse von Kapstadts Wahrzeichen. In bläulichem Dunst und mit der waagrechten Linie des Gipfelplateaus.

„To Capetown 20 km". Die schnurgerade Straße wird belebter, der Tafelberg immer höher.

Und dann das Ortsschild: „Capetown-Kaapstad". Ich bin am Ziel.

Ein Kontinent ist durchradelt. Der Kilometerzähler am Vorderrad steht auf 10 273.

Ich lasse mich einfach treiben, atme Seeluft ein. Vorbei am alten

Kastell, durch die Adderlystreet, zur Heerengracht. Dort steht das Denkmal des Stadtgründers Jan van Riebeeck. Er blickt hinüber zur Stadt und zum Tafelberg, mit dem Rücken zur Tafelbucht und zum Meer, von wo er kam. Fast schien es mir, als wolle er sagen: „Schön, daß du da bist. Auch ich war froh, als vor über dreihundert Jahren mein Schiff von Holland glücklich Kapstadt erreichte. Wir können beide stolz sein.“

Ich fahre zum Hauptpostamt, hole zum letztenmal einen Packen Briefe ab, dann geht's auf einer traumhaft schönen Küstenstraße hinaus nach Camps Bay. Dort befindet sich ein Youth-Hostel. Ich beziehe Quartier und sehe mir in den nächsten Tagen Kapstadt an. Doch wo anfangen? Wo aufhören?

Von Kapstadt erzählen – das hieße Seiten füllen. Man müßte wohl zuerst ein Bild seiner unvergleichlichen Lage zwischen Tafelbucht und Tafelberg entwerfen, dann die historischen Gebäude des alten Stadthauses, der Groote Kerk und der Burg mit ihren kunstgeschichtlichen Sammlungen beschreiben, auf die Hauptgeschäftsstraßen mit ihren modernen Glas- und Stahlhochhäusern überleiten, den Blumen- und Morgenmarkt auf der Grand Parade schildern, die berühmten kulturellen Einrichtungen der Theater-, Konzert-, Ballett- und Opernaufführungen erwähnen, eingehend den phantastischen Blick vom tausend Meter hohen Tafelberg wiedergeben, den weltstädtischen und doch eigenen Flair dieser Mutterstadt Südafrikas charakterisieren, und man müßte – auf keinen Fall zu vergessen – vom Reiz der bildhübschen Malaien- und Colouredmädchen in ihren farbprangenden, fußlangen Gewändern schwärmen.

Und doch würde man dann nur einen kleinen Teil dessen kennen, was sich noch alles auf dieser kleinen Landzunge am Südzipfel Afrikas zusammendrängt. Denn die Schönheit dieser Stadt erschöpft sich nicht in der Sicht vom Tafelberg herunter, sondern setzt sich in der Landschaft der Kaphalbinsel fort. Man braucht wahrlich kein Weltreisender zu sein, um sagen zu können, Kapstadt gehört zu den schönsten Städten der Erde.

*

Nach einigen Tagen ziehe ich aus der Jugendherberge aus und folge der Einladung einer jungen deutschen Familie, bei ihr in der Stadt zu wohnen. Es folgen Tage mit Ausflügen, Begegnungen und gemütlichem Beisammensein. Doch noch einmal stecke ich meine Nase in den Wind. Es geht hinauf nach Südwestafrika, nach Mariental, Windhuk, zum Fish-River-Cañon und zu den Hereros. Nicht mehr mit dem „Drahtesel", denn dafür sind die Entfernungen zu groß, sondern per Autostop.

Als ich nach zwei Wochen wieder zurückkomme, bin ich täglich im Hafen zu finden. Ich suche ein Frachtschiff, auf dem ich unter dem Titel eines „Überarbeiters" – der Fahrpreis wird durch Arbeit abgegolten – mitgenommen werde. Bald kennt man mich in den großen Schiffahrtsbüros wie auch bei der Seemannsmission. Ich selbst studiere jeden Tag die Hafenberichte der Zeitungen über die zu erwartenden Schiffe. Und ich habe Glück. Auf einem südafrikanischen Schiff, das erst vor kurzem von einem deutschen Reeder verkauft wurde und das noch mit deutscher Mannschaft fährt, ist der Platz eines Maschinenassistenten freigeworden. Ein Besuch beim Kapitän der „M. S. Kaapland" macht meine Wünsche wahr. Er heuert mich an. Damit ist auch die Mitnahme meines Fahrrads gesichert, das ich sonst, bei einem Heimflug, hätte hierlassen müssen.

Bis zum Ablegen des Frachters habe ich noch einige Tage Zeit. Ich belichte die letzten Filme, fahre mit Freunden hinaus zur Kaphalbinsel, zum Kap der Guten Hoffnung. Der Marine-Drive, der an der Westseite der Kaphalbinsel entlangführt, verdient das Lob, das ihm überall gezollt wird. Es ist eine Meisterleistung der Straßenbaukunst. Man fährt an Felsengipfeln und Steilabhängen vorbei, an deren Fuß in zwei- bis dreihundert Meter Tiefe der Atlantik donnert. Hinter jeder Kurve eröffnen sich neue atemberaubende Ausblicke. In weitgebogenen Buchten liegen silberne Sandstrände. Dann wird der Bergzug, der sich von Kapstadt ans Ende der etwa fünfzig Kilometer langen Halbinsel hinausschiebt, immer schmaler und einsamer. Ein Schild verkündet, daß man das Naturschutzgebiet am Cape Point betritt. Wir verlassen unser Auto, denn der Weg steigt so steil an, daß man zu Fuß weiterwandern muß – hinauf zum höchsten Felsen, auf dem sich ein paar kleine Häuser und Anlagen der Küstensignalstation vor den rauhen Kapstürmen in die groben Felsen ducken. Afrika ist hier zu Ende. Tief unter mir legt eine niedrige, von weißbrandenden Wogen angenagte Landspitze – das Kap der Guten Hoffnung.

Genaugenommen ist es gar nicht der südlichste Punkt Afrikas, denn er liegt etwa 150 km weiter östlich am Kap Agulhas. Doch hier, am Kap der Guten Hoffnung, ist die Wendemarke für Schiffe, die bei ihrem Weg von Europa um Afrika vom Atlantischen in den Indischen Ozean einbiegen.

Kalt und jadegrün blitzt die schäumende See. Ich stehe mit dem Gesicht nach Süden gewandt. Vor mir eine Wasserwüste, die erst wieder an den eisigen Gestaden der Antarktis ein Ende findet. Hinter mir der riesige Kontinent Afrika. Hier draußen, am Ende eines Erdteils und an der Scheide zweier Weltmeere, möchte ich, bevor mein Schiff übermorgen in See sticht, ein kleines Fazit meiner nun schon über ein Jahr dauernden Afrikareise per Fahrrad ziehen.

„O Du glücklicher Afrikafahrer“, schrieb mir einmal jemand von zu Hause, „Du hast es schön. Du siehst fremde Länder, kannst bleiben,

Das Kap der Guten Hoffnung

wo es Dir gefällt, hast immer Sonne, und zur Arbeit gehen brauchst Du auch nicht."

Der Briefschreiber hatte nicht ganz unrecht, denn es war schön, dieses freie, ungebundene Leben, das Kennenlernen einer anderen Welt. Abwechslungsreich waren die Landschaften, verschieden die Menschen, und mit neuen Eindrücken und Entdeckungen wurde ich manchmal geradezu überschüttet.

Aber – neben diesen „Rosinen" bescherte der rauhe Alltag, den es auch in Afrika gibt, manch „bittere Mandel".

So habe ich – um nur ein Beispiel zu nennen – in Kongo/Brazza und Zaire mehr auf einen ziehenden Schmerz in meiner rechten Seite als auf die Naturschönheiten um mich herum geachtet. Es war eine Blinddarmreizung, wahrscheinlich hervorgerufen durch die dauernde Rüttelei auf dem Fahrradsattel. Wenn die Sache akut geworden wäre – ich war Hunderte von Kilometern vom nächsten Arzt und Hospital entfernt! Noch heute denke ich daran nur mit Schrecken zurück, und um solche Stunden aufzuwiegen, muß die Sonne Afrikas oft blutrot untergehen.

Dazu kam der ewige Durst, das verbrannte Gesicht, das dauernde Improvisieren mit den Mahlzeiten, die tägliche Suche nach einer Schlafstelle und die immer wiederkehrenden Arbeiten der Fahrradinstandhaltung, des Wäschewaschens, der Post- und Filmerledigung – „trouble über trouble", wie man dazu sagt. Impfungen, Visa, Geld, Bescheinigungen – all das wollte organisiert und vorbereitet sein. Nicht nur vor dem Start, sondern auch unterwegs, denn davon hing nicht nur das Gelingen der Tour ab, sondern vielleicht auch noch Leben und Gesundheit. Trotz aller Freiheit befand ich mich in ständigem Zeitdruck: vor den Regenzeiten, vor den heißesten Monaten, vom Verfall der Aufenthaltsgenehmigungen, vom Ausgehen des Geldes.

Weiter erforderte das Abenteuer Wissen: über Länder, Völker, politische Verhältnisse, Grenzen, Ausweichmöglichkeiten, und vor allem ausreichende Sprachkenntnisse in Französisch und Englisch. Ohne sie wäre das „Afrika per Fahrrad" glatt unmöglich gewesen.

Man hat aber in Afrika auch noch mit einer Unzahl weiterer Schwierigkeiten zu kämpfen: dem zeitweilig mörderischen Klima, den Unzulänglichkeiten der Auskünfte, mit der Arroganz und dem Fatalismus der Behörden. Dazu kommt die tägliche Selbstüberwindung – die wohl wichtigste Voraussetzung, um eine solche Tour durchzustehen –, denn all diese aufgeführten Punkte können sehr schnell Belastungen ergeben, die die Grenze der psychischen und physischen Möglichkeiten überschreiten.

Und dennoch. Macht dies nicht letztlich den Reiz einer solchen Reise aus? Das Erkennen seiner Grenzen, das Bewähren gegen die Natur? Denn Afrika gibt auch, es fordert nicht nur. So hatte ich zum Beispiel trotz aller Strapazen und Entbehrungen nie das Gefühl, in einer gleichgültigen, anonymen Masse unterzutauchen, wie es in Europa oftmals der Fall ist. Anteilnahme und Gastfreundschaft sind in Afrika keine leeren Worte, weder bei Schwarzen noch bei Weißen.

Afrika ist groß. Man kann nicht überall hinreisen, und wer das Glück hatte, einmal diesen Kontinent zu besuchen, wird bald gemerkt haben, daß zum richtigen Kennenlernen ein ganzes Leben kaum ausreicht.

„Ich bin durch Afrika gefahren", so kann ich wohl sagen, ich sah seine schönen Seiten wie auch seine weniger schönen Seiten. Aber ich weiß auch, daß ich die Decke, unter der Afrika für uns Europäer immer noch verborgen liegt, nur ein klein wenig aufschlagen konnte. Und dieses Wenige habe ich mit meinen Erlebnissen zu schildern versucht.

Kapstadt, 20. März 1974. Die „Kaapland" läuft aus. Es ist sechs Uhr, kühl, fast kalt. Ich stehe an der Reling und blicke zurück. Zurück zum Tafelberg, nach Afrika, das langsam kleiner wird. Abschied an einem blanken, wolkenlosen Morgen. Schlaglichtartig zieht dazu noch einmal alles an mir vorüber.

Vor einem Jahr schob ich in Algier ein Fahrrad an Land – fuhr damit in die Sahara hinein, traf Roger – dann brach das Vorderrad und in Tamanrasset saßen wir vierzehn Tage – die Wüste: Hitze, Stille, Kälte, Sterne – der Sahel und die Dürrekatastrophe – die Savan-

SIA HERALD, WEDNESDAY DECEMBER 5 1973

CE CUT SOON?

Biked it across Africa

Herald Reporter

PETROL RATIONING does not worry Helmut Hermann (above) who has just arrived in Salisbury. After leaving Germany on his bicycle nine months ago he has cycled

he had to glue the gears together.

hands up; shortly others came and stood all around me with machine-guns and bayonets pointed at me. They were on the point of shooting when the intervened and pointed his soldiers that I was y but a tourist.

animals got in his as not until he rea Falls that he sa game — an ele next after the Africa?

I have to retur any and save up el on other con t by bike. I s

in Rhodesia."

His diet has been "oats, eggs, nuts, bananas, and meat when you can get it".

"He thought he had reached

46 6. März 1974

ALLGEMEINE ZEITU

Mit dem Fahrrad durch Afrika

Helmut Hermann aus Markgröningen bei in einem Jahr mit seinem Fahrrad durch sche Länder gefahren und erreichte vor z sein Ziel Kapstadt. Ein letzter Abstecher fü auf nach Windhoek. Wir bringen hier eine fassung seiner Eindrücke, Erlebnisse und der „Reise per Pedale" durch den schw ment.

„Warum haben Sie das Fahrrad und nic Frommen?" war wohl die meistgestellte Fr frikadurchquerung. Ja, warum nimmt man s f sich, Tausende von Kilometern durch W avanne zu radeln. Aber was tun, wenn das

Hermann Cycles Through Africa

A WEST German Industrial otographer and Engineer, Helmut Hermann left Calabar at the week-end for Ikom a sports bicycle on his way the United Republic of the meroun in continuation of "ride across the entire rican continent."

Mr Hermann who did the rney from Lagos in seven s said he had already ridden ough Algeria, Niger, Dahoy and Togo before coming Nigeria.

Mr Hermann said he would his adventure at Cape n in South Africa by the of this year.

Auch durch die Wüste …

Stuttgarter radelte durch Afrika

Johannesburg. – Der 27jährige Stuttgarter Helmut Hermann ist mit einem Fahrrad in weniger als zehn Monaten von Algier nach Johannesburg rund 10 000 Kilometer quer durch Afrika „gestrampelt". Wohlbehalten traf er am vergangenen Mittwoch in der südafrikanischen Stadt Johannesburg ein. Seine „Reise per Pedale" von Nord nach Süd hatte ihn durch 14 Länder sowie durch Wüste, Savanne, Steppe und Busch geführt.

10 000 KM IN THE SADDLE

GERMAN cyclist Helmut Hermann (27) arrived in Durban last night after 10 000km in the saddle and said: "It is the ideal way to meet nice people."

a lot of weight stomach pains were constant companion He recalled an u ant incident in G where two Afr blocked his way w Landrover. They trie rob him.

KODACHRO d December, rfect conditi RGAIN PRIC

20 exposures, onl
36 exposures, onl

WESSONS, Jameson Avenue and GRAFTON STUDIO, First St. (opposite Woolworths)

Seeing Africa on two wheels . . . Helmut Hermann,

Helmut pedals in— after 10 000 km

Staff Reporter

IN these days of petrol restrictions nothing is impossible. So if you feel you just have to see Africa but can't find fuel, follow the example of Helmut Hermann.

He left Algiers on March 3 and travelled 10 000 km to South Africa through 14 countries . . . by bike.

Mr Hermann, 27, from Stuttgart, Germany, pedalled his weary way into Johannesburg yesterday.

"I'm my own doctor, mechanic — everything," he said.

One of the "incidents" en route was a not-too-pleasant encounter with Zambian soldier who were not quite convince about his identity.

He was cycling past a Zambian military camp one nigh when a drunk soldier ordere him to put his hands up.

Mr Hermann could not understand the language, whic infuriated his accoster.

"Six or seven other soldier appeared and surrounded m They had rifles with bayonet

"It was four or five minute before one of them realised was only a harmless cyclist."

Now Mr Hermann plans t enjoy the last stage of hi journey in South Africa, ea ing and drinking well an visiting the tourist spots.

Afrika-Heimkehrer Helmut Hermann ahnt schon:

Mit dem „Virus Reisen" bleibt man nicht lange

Beeindruckendste Reiseerkenntnisse: Völlig andere Wertmaßstäbe

Markgröningen (rob). – Nachdem vor wenigen Tagen in der LKZ der Abschlußbericht des nun wieder an den heimischen schwäbischen Herd zurückgekehrten radelnden Afrika-Globetrotters auf Zeit, Helmut Hermann, zu lesen war, ist es sicher nicht weniger interessant, ein Resümee aus den Erlebnissen, Eindrücken und nicht Erfahrungen des 28jährigen Industri tinents"

zu müssen: „Da unten Leben, es gibt keine S Und daß es ihm so ergeh auch, merkte er bald stellte: „We

Zeitungsausschnitte über meine Afrikadurchquerung

nen, wo ich Afrika am schönsten fand – Westafrika zwischen Fetisch und Fortschritt – Malaria – die gebrochene Fahrradachse – Monotonie des Regenwaldes – Spuren deutscher Vergangenheit in Kamerun – Yaoundé, das hieß vier Wochen warten – fünfundsiebzig Prozent tropischer Regenwald, das ist Gabun – Lambarene liegt am Ogowe – weiter mit dem Schiff, die gesperrte Fähre in Brazzaville – das Carnet für das Fahrrad, die Ratten auf dem Kongoboot – vier Tage im Urwaldexpreß – Katanga heißt heute Shaba – Nachtfahrt und die betrunkenen Soldaten – in Sambia endlich wieder Straßen – in Botswana zwei Wochen vor der rhodesischen Grenze – auf abgefahrenen Reifen zu den Simbabwe-Ruinen – schwarzweißes Südafrika – der Kilometerzähler am Vorderrad stand auf 10 273.

Ich öffne die Augen wieder. Schon kann man Kapstadt mit der hochgehaltenen Hand zudecken. Der Wachgänger ruft, ich muß in die Maschine. In siebzehn Tagen werden wir in England sein. Und von dort ist es nicht mehr weit bis Markgröningen.

REISETIPS

Vorbemerkung

Mit dem Fahrrad durch Afrika zu fahren ist durchaus möglich, die Risiken sind kaum größer als mit einem Auto. Doch bei den Vorbereitungen für eine Afrika-Radreise stehen wesentlich andere Überlegungen vornan als bei einer motorisierten Tour. Wichtigste Punkte: Nicht Technik und Geld sind entscheidend, sondern Wille und positive, vorurteilsfreie Motivation. Beides muß sehr stark sein, sie sind die bestimmenden Elemente für einen guten Verlauf. Um „gut" näher zu definieren: Gesund wieder heimkommen, nachdem das gesteckte Ziel erreicht und die Erwartungen erfüllt wurden. Denn von allen Kontinenten ist Afrika wohl am schwierigsten zu bereisen. Das gilt nicht nur bezüglich der Routen, der Verpflegungs- und Unterkunftsmöglichkeiten, sondern vor allen Dingen, was die geistige Herausforderung und die Härte der Natur betrifft, der man täglich ausgesetzt ist. Wer durch Afrika nur wegen einer Laune, übertriebenem Ehrgeiz oder gar wegen eines inneren Fluchtversuchs radelt, wird wohl früher oder später scheitern.

Von jenen Leuten, die Afrika mit dem Fahrrad bereisten und die ich kenne, hatten fast durchweg jene am meisten Erfolg, die über kein super-stabiles-leichtes Spezialrad, keine dschungelgetestete Expeditionsausrüstung und kein satt gepolstertes Reisebudget verfügten. Optimismus, Interesse für afrikanische Menschen und Kulturen, Sprachkenntnisse und vor allem viel Zeit sind wichtiger. Jeder wird selbst wissen, wie es damit bei ihm bestellt ist. Wenn nicht, genügt zum Ausloten eine kleinere Tour.

Für Länderinformationen und alle Detailfragen gibt es in jeder gut sortierten geographischen Buchhandlung inzwischen soviel Afrika-Literatur wie auch Insidertips (besonders zu empfehlen: „Transsahara" von K. Därr, Reihe „Reise-Know-how"), mit deren Hilfe man ohne weiteres seine Reiseroute planen und zusammenstellen kann. Informationsquellen können auch Globetrotter und Entwicklungshelfer sein, die schon mal in Afrika waren.

Ich möchte mich deshalb auf die wichtigsten Dinge und grundsätzlichen Überlegungen für die Organisation beschränken.

Vorbereitungen

Allen Planungen für eine Radtour durch Afrika geht voran: Länder und Regionen müssen in klimatisch günstigen Monaten bereist werden. Extremes Negativbeispiel: Im Sommer durch die Sahara und in der Regenzeit durch die Tropen. Bei einer Gesamtafrikadurchquerung wird sich jedoch kaum vermeiden lassen, auch mit „schlechten“ Jahreszeiten in Berührung zu kommen. Hier gründlich zu planen zahlt sich später aus.

Dauer

Afrika ist kein Kontinent zum Durcheilen. Obwohl die Kulturvielfalt asiatischer Länder nicht erreicht wird, wird die Reise trotzdem interessant, da man durch das Fahrrad ständigen Kontakt zu den Einheimischen hat, und daraus ergeben sich oft Einladungen und Gelegenheiten zu längerem Verweilen. Ein Radfahrer – also ein Sportler – wird weitaus weniger als „reicher Touristeneindringling“ angesehen als beispielsweise Autoreisende. Autofahrer sehen zwar mehr – mal schnell hundert Kilometer zu dieser und jener Sehenswürdigkeit sind kein Problem –, doch ein Radfahrer wird viel mehr erleben. Um hier nicht mit einem zu gedrängten Zeitplan zu kollidieren, muß man unbedingt genügend Wochen (Monate) für ein Land veranschlagen. Das Limit wird dann meist durch die genehmigte Aufenthaltsdauer gesteckt.

Allgemeine Voraussetzungen

Gesundheit und körperliche Fitneß; Fähigkeit zu „einfachem“ Leben; Entbehrungen und Strapazen nicht nur ein paar Tage, sondern über Wochen und Monate hinaus aushalten können.

17 7267-17

Durchschnittstemperaturen (°Celsius)

Januar		April		Juli		Oktober		m Höhe		
max.	min.	max.	min.	max.	min.	max.	min.	ü. d. M.		**Stadt**
										Afrika
17°	3°	29°	13°	42°	26°	31°	16°	381	**34**	El Golea, Algerien
28°	23°	29°	24°	23°	18°	26°	22°	59	**35**	Luanda, Angola
31°	21°	33°	22°	28°	17°	32°	21°	318	**36**	Brazzaville, Rep. Kongo
24°	6°	25°	10°	21°	10°	24°	7°	2450	**37**	Addis Abeba, Äthiopien
31°	23°	31°	24°	27°	23°	29°	23°	27	**38**	Accra, Ghana
31°	24°	30°	24°	27°	22°	29°	23°	16	**39**	Mombassa, Kenia
25°	12°	24°	14°	21°	11°	24°	13°	1819	**40**	Nairobi, Kenia
16°	8°	22°	14°	29°	22°	27°	18°	22	**41**	Tripoli, Libyen
18°	4°	26°	11°	38°	19°	28°	14°	460	**42**	Marrakesch, Marokko
16°	8°	18°	11°	27°	18°	22°	15°	73	**43**	Tanger, Marokko
31°	23°	32°	25°	28°	23°	29°	23°	3	**44**	Lagos, Nigeria
26°	18°	27°	18°	31°	24°	32°	24°	40	**45**	Dakar, Senegal
26°	16°	22°	12°	17°	7°	21°	11°	17	**46**	Kapstadt, Südafrika
27°	21°	25°	18°	22°	11°	24°	17°	5	**47**	Durban, Südafrika
32°	15°	41°	22°	38°	25°	40°	24°	387	**48**	Khartum, Sudan
28°	25°	30°	23°	28°	19°	29°	21°	14	**49**	Daressalam, Tansania
18°	8°	28°	14°	36°	21°	30°	18°	116	**50**	Kairo, Ägypten
26°	17°	26°	15°	23°	9°	31°	18°	1277	**51**	Lusaka, Sambia

Reisebegleiter

Viele möchten zu zweit fahren, weil der Freund „das gleiche“ vorhat, weil es „weniger gefährlich“ ist. Doch unterwegs gelten andere Kriterien als zu Hause, wo Freundschaften selten bis zur Grenzbelastung ausgereizt werden. Es wird kaum daran gedacht, daß unterwegs zu den physischen zusätzlich nicht weniger starke psychische Strapazen kommen. Wer von dem Gelingen einer Fahrt zu zweit nicht hundertprozentig überzeugt ist, sollte allein fahren.

Vorteil: Reisegeschwindigkeit und Unterwegs-Interessen werden selbst bestimmt, mehr direkte Kontakte, überall ein Nachtquartier.

Nachteil: (anfängliches) Unsicherheitsgefühl, Risiken auf Saharapisten. Vielleicht wird man aber unterwegs noch andere Radfahrer treffen. Das sind dann meist ideale Reisepartner.

Durchschnittliche Niederschlagsmenge in mm

Zeit-zone*	Jan.	Feb.	März	April	Mai	Juni	Juli	Aug.	Sept.	Okt.	Nov.	Dez.	Gesamt jährl.
0	3	8	13	0	0	0	0	0	0	8	10	8	50
+1	25	36	76	117	13	0	0	0	3	5	28	20	323
+1	160	124	188	178	109	15	0	0	56	137	292	213	1472
+3	13	38	66	86	86	137	281	299	190	20	15	5	1236
0	15	33	56	81	142	178	46	13	36	63	36	23	722
+3	25	15	63	193	320	119	89	63	63	86	96	61	905
+3	38	63	124	211	157	45	15	23	30	53	110	86	955
+2	81	46	28	10	5	3	0	0	10	41	66	94	384
0	25	28	33	30	15	8	3	3	10	23	30	30	238
0	114	107	122	89	43	15	0	0	23	99	147	137	896
+1	28	46	102	150	269	460	279	63	140	206	68	25	1836
0	0	0	0	0	0	18	89	254	132	38	3	8	542
+2	15	8	18	48	79	84	89	66	43	30	18	10	508
+2	109	122	129	76	51	33	28	38	71	109	122	119	1007
+2	0	0	0	0	3	8	53	71	18	5	0	0	158
+3	66	66	129	290	188	33	30	25	30	40	74	91	1062
+2	5	5	5	3	0	0	0	0	0	0	3	5	26
+2	231	190	142	17	3	0	0	0	0	10	91	150	834

Anreise

Entweder über Spanien, Marokko nach Algerien oder mit den Mittelmeerfähren z. B. von Marseille nach Algier, von Genua oder Sizilien nach Tunesien, oder mit dem Fährschiff nach Ägypten. Fast jedes Reisebüro hat das Fährenprogramm ausliegen und nimmt Buchungen entgegen.

Finanzen

Auch Reisen mit dem kostengünstigen Fahrrad erfordert Geld. Afrika ist trotz seiner weit verbreiteten Armut keineswegs ein „billiger" Kontinent. Unterwegs zu arbeiten, um ein zu schmales Reisebudget von Zeit zu Zeit aufzubessern, kann man sich getrost aus dem Kopf schlagen. Wenn man schon mal was angeboten bekommt, dann als

Entgelt meist nur freie Kost und Logis. Deshalb lange genug vorplanen, um entsprechende Mittel mit genügender Reserve ansparen zu können! Schnorren und schamloses Ausnützen afrikanischer Gastfreundschaft verbieten sich von selbst. Man sollte im Notfall immer sofort nach Hause fliegen können. Einreisebehörden werden nach der Summe des mitgeführten Geldes fragen; hat man nur ein paar Mark vorzuweisen und macht dazu noch einen desolaten Eindruck, kann die Einreise verweigert werden. Zusätzlich verlangen einige, wie Südafrika, auch noch ein Rückflugticket.

Einiges an Bargeld wird man immer bei sich führen, und zwar in Dollar, englischen Pfund oder französischen Francs. Der Rest wird in Traveller-Schecks mitgenommen, und zwar eines Instituts, das in den zu bereisenden Ländern die meisten Filialen besitzt. So kann bei Verlust am schnellsten Ersatz beschafft werden.

Für den Geldnachschub von zu Hause vorher Kontakt mit einer deutschen Großbank aufnehmen, die auch in Afrika mit genügend Korrespondenzbanken zusammenarbeitet. Evtl. dort noch vorher ein Konto einrichten. Vorsicht bei Überweisungen! In bestimmten Ländern bekommt man nur die Landeswährung ausbezahlt, die dann aber schon nach der nächsten Grenze wertlos sein kann. Die sicherste und eleganteste Lösung ist eine Kreditkarte.

Geld und Ausweispapiere immer am Körper tragen. Eventuell am Rad an günstiger Stelle (Lenkerrohr) für alle Fälle eine kleine Sicherheitsreserve in bar verstecken.

Sprachprobleme

Ohne genügend französische (Saharaländer, Westafrika) und englische (Ost- und Südafrika) Sprachkenntnisse wäre eine afrikanische Reise ein Ding der Unmöglichkeit. Wie der Tramper ist auch ein Radfahrer in dauerndem Kontakt mit den Einheimischen. Er ist viel mehr auf seine Umwelt und Mitmenschen angewiesen als beispielsweise ein Tourist mit einem Campingwagen, der abends keine Schlafstätte suchen muß und sich auch im Fahrzeug verpflegen kann. Afrikanische Sprachen zu lernen ist wegen der Sprachenvielfalt kaum möglich, man wird aber unterwegs schnell die wichtigsten Worte mitbekommen.

Fahrrad

Will man unterwegs keine Überraschungen erleben, muß dem „Stahlroß“ vor der Abfahrt viel Zeit und Aufmerksamkeit gewidmet werden. Wichtige Punkte sind:

Der *Sattel* muß strapazierfähig und vor allen Dingen bequem sein. Herkömmliche, mit dem Fahrrad mitgelieferte Sättel sind es fast nie. Gute Ausführungen kosten weit über DM 100,–. Doch hier zu sparen wäre das verkehrteste. Erst nach einigen ausgedehnten Probefahrten wird sich herausstellen, ob der Sitzkomfort des Sattels zufriedenstellend ist. Ein verständnisvoller Händler wird einen sicherlich verschiedene Modelle ausprobieren lassen.

Zur Bequemlichkeit gehört auch der *Lenker*. Tiefliegende Rennlenker schnüren den Magen ein. Ich habe einen Rennlenker nach oben gestellt, die Griffstücke unter Erwärmung nach außen gebogen und noch gleichzeitig kurze Stücke (eines anderen Lenkers) als Griffverlängerung angeschweißt. Dieser Lenker bewährte sich sehr. Ich konnte sowohl bequem mit aufrechtem Rücken fahren als auch nach vorne gebeugt, wobei die Hände entweder in die Krümmungen griffen oder auf dem geraden Querrohr ruhten. Als Lenkerband empfiehlt sich eines aus textilem Gewebe.

Gangschaltung: Ich wählte eine Fünf-Gang-Ausführung, wobei ich den hinteren Zahnkranz gegen einen anderen mit mehr Zähnen austauschte. So hatte ich einen sehr klein übersetzten 1. Gang, der bei schwerem Gelände oder bei Steigungen äußerst hilfreich war. Ein Zehn-Gang-Rad oder andere spezielle Konstruktionen halte ich nicht für nötig.

Technische Sicherheit kommt durch Einfachheit.

Reifen: Ich wählte eine 28-Zoll-Radgröße und mittelbreite Reifen. Auf schlechten Pisten wären breitere manchmal besser gewesen. Doch meist mußte ich sowieso absteigen. Auf Teerstraßen hatte ich jedoch den Vorteil eines leichteren Radlaufs.

Den *Gepäckträger* schweißte ich mir selbst zusammen, passend nach den Maßen meiner Packtaschen. Durch Aussparungen an der Stelle, wo die Riemen der beiden Packtaschen über den Träger laufen, ersparte ich mir das Festzurren. So konnte äußerst schnell ab- und aufgeladen werden. Obenauf kam ein Rucksack, und zwar aus der Überlegung, daß ich bei Verlust des Rades dann immer noch mit dem Rucksack weiterziehen konnte.

Auch den vorderen Gepäckträger bastelte ich nach den Maßen und der Größe der Lenkertasche, die ich bei Spaziergängen gleichzeitig als Schultertasche verwendete. Fotoapparat und die wichtigsten Dinge waren darin verstaut.

Wichtige Kleinigkeiten: Ein Kilometerzähler ist unentbehrlich, einmal zur psychischen Unterstützung („... nur noch 12, 11 Kilometer ...“) und zum anderen zum Feststellen der Tagesleistung. Er muß gegen Diebstahl gesichert sein, genauso der Klingeldeckel und die Luftpumpe. Am vorderen Schrägrohr des Rades Halterung für bruchsichere Thermosflasche anbringen.

Auch ein gutes Licht ist notwendig. Eventuell ein Halogenlicht wählen mit gutem Reflektorgehäuse.

Weiteres Zubehör, Ersatzteile: Kette zum Abschließen; kleiner und großer Schraubenzieher; diverse Schlüssel, passend zu allen Muttern (evtl. vorher alle Schrauben am Rad auf drei, vier Größen bringen); Fahrradkettenglied und Endglied; Spezialschlüssel für Zahnkranz; Reservespeichen und Speichenschlüssel (vorher lernen, wie man ein Rad auswuchtet); Flickzeug; Gummilösung; extra Schlauch und Reifen guter Qualität.

Ausrüstung: Muß leicht und zweckmäßig sein. Jedes Pfund spürt man. Unterwegs wird man noch vieles „abladen“, das anfänglich unverzichtbar erschien.

Ich hatte kein Zelt dabei und vermißte es auch nicht. Wichtiger dagegen ist ein gutes, großes, kastenförmiges Moskitonetz mit sehr langen Schnüren an den Enden, damit es überall aufgespannt werden kann. Als Bett diente mir eine dünne Isoliermatte. Die Alternative wäre eine leichte Luftmatratze. Vorher einige Nächte „probeschlafen“!

Die Kleidung besteht am besten nur aus Baumwolle. Eine lange und eine kurze Hose genügen; in Afrika kann auf den Märkten vieles nachgekauft werden. Wichtig sind noch ein leichter, windfester Plastikanorak, Pullover, Socken und für nächtliche Saharafahrten Handschuhe. Will man nicht dauernd Sonnenbrand auf den Handrükken haben, empfiehlt sich die Mitnahme dünner Leinenstoffhandschuhe.

Eine Plastikplane schützt bei Regen das Gepäck und dient abends als Unterlage für die Schlafmatte. Nötig ist ein bequemer Leinenschlafsack, der aber in den kalten Wüstennächten nicht viel taugt. Dort braucht man zusätzlich einen warmen, der später weggegeben werden kann.

Fürs Essen ist am besten Aluminiumgeschirr. Ein etwas größerer Topf mit Griff und Deckel ist wichtig für Afrikas Kochfeuer. Anfänglich, in der Sahara, leistet ein Gaskartuschenkocher gute Dienste.

Nicht zu vergessen ein Universalmesser (Schweizer Offiziersmesser), diverse Plastik- oder Feldflaschen, Sonnen- bzw. Ersatzbrille, gutes Sonnenschutzmittel, Klopapier, mittelgroße Taschenlampe. Auf keinen Fall eine Schußwaffe.

Lebensmittel: Haferflocken, Traubenzucker, Tee. Als eiserne Ration: Ölsardinen, Bergsteigernahrung, Trockensuppen.

Gesundheit

Fast alle Länder Afrikas verlangen Cholera- und Gelbfieberimpfungen, teilweise auch noch gegen Pocken. Das Gesundheitsamt weiß den letzten Stand, macht einen Impfplan und trägt die Impfungen in den internationalen Impfpaß ein.

Wichtig sind weitere Impfungen bzw. vorbeugende Medikamente gegen Typhus, Tetanus, Kinderlähmung und Gelbsucht (Hepatitis). Alles mit dem Arzt abklären, rechtzeitig (eventuell schon ein Jahr vorher) den Impfplan ausarbeiten. Auch die Zähne nicht vergessen.

Aktive Vorsorge: Fitneßtraining, Waldlauf. Unterwegs genügend lange schlafen, viel trinken (in der Wüste täglich mindestens 3–4 Liter), der Urin darf nicht verdunkelt sein.

Die größte Gefahr dürfte die Malaria sein. Leider schützen die Malariamittel (Resochin, Fansidar, Paludrine u. a.) schon lange nicht mehr hundertprozentig gegen die Krankheit; die Malariaerreger sind resistent geworden. Vorsicht vor veralteten Einnahme- und Behandlungsanleitungen! Erst kürzlich wurde die Einnahme des lange als ungefährlich geltenden Fansidar wegen der starken Nebenwirkungen streng eingeschränkt (nicht für Personen mit Sulfonamid-Allergien). Auch hier weiß das Gesundheitsamt den letzten Stand.

Reiseapotheke: fiebersenkende Mittel, Schmerztabletten, Hals- und Rachenmedikamente (man kann sich in den Tropen furchtbar erkälten), Antibiotika, Mittel gegen Durchfall, Brandsalbe (gegen Sonnenbrand), Vitamintabletten, Kamillentee für den Magen, Pflaster, Binden.

Zum Desinfizieren: Kaliumpermanganat.

Zum Wasserentkeimen: Micropurtabletten oder kleine entkeimende Filterpumpen.

Gegen Schlangenbisse hilft Vorsicht.

Eventuell ein medizinisches Handbuch der Tropenkrankheiten mitnehmen.

Auslandskrankenversicherung abschließen.

Fotografie:

Durch Afrika zu fahren, ohne Bilder aufzunehmen, wäre schade. Jeder wird jedoch selbst den Umfang seiner Ausrüstung bestimmen müssen. Als Fotograf war meine Ausrüstung schon etwas umfangreich: 1 Spiegelreflex-Gehäuse, 35, 85 und 200 mm Objektive. Der erste Pack Filme reichte bis Kamerun, dorthin ließ ich mir weitere nachschicken. Ich fotografierte abwechselnd Schwarzweiß und auf Dia, was jedoch ein wenig mühsam ist. Besser wären zwei Gehäuse – doch das Gewicht…

Belichtete Filme sandte ich per Einschreiben von den Hauptstädten nach Deutschland. Ich hatte großes Glück: Alle kamen an. Sicherer ist es, deutschen Touristen, die nach Hause fliegen, belichtete Filme mitzugeben. Das wird jedoch nur von Ländern aus gehen, die touristisch stärker frequentiert sind.

Die Filme müssen kühl und trocken aufbewahrt werden, also beispielsweise zwischen der Wäsche. In den Tropen habe ich die belichteten Filme mit (bis dahin luftdicht verpackten) Silica-Gel-Körnern zusammengepackt, damit die Feuchtigkeit rausging.

Nur Markenfilme verwenden! Ich habe zum Beispiel mit dem Kodachrome 64 beste Erfahrungen gemacht.

Das Fotografieren in Afrika wird nicht immer leicht sein. In islamischen Ländern verbietet es der Koran, ein Abbild des Menschen zu machen. Dementsprechend verhalten sich die Einheimischen, was respektiert werden sollte. Mit Taktgefühl, einem langbrennweitigen Objektiv und etwas Geduld wird man jedoch auch in diesen Ländern schöne Bilder von Märkten, Menschen und deren Kulturen machen können.

Vorsicht beim Fotografieren von allen Dingen, die nur irgendwie militärisch aussehen könnten: Flugplätze, Brücken, Bahnhöfe usw. In manchen Staaten ist nur zu schnell die Polizei zur Stelle und die Kamera oder der Film weg.

Im frühen Morgen- oder späten Abendlicht gelingen die schönsten Bilder.

In der Wüste die Kamera zusätzlich in Plastikbeutel einwickeln.

Papiere

Ein (möglichst) leerer Reisepaß, der internationale Impfpaß, eventuell auch internationaler Führerschein, Studentenausweis. Davon Kopien, vom Paß möglichst beglaubigte Kopien anfertigen lassen. Bei möglichem Paßverlust ist das wertvoll für die Neuausstellung. Ein Personalausweis erfüllt die gleiche Funktion.

Wegen des südafrikanischen Visums (möglichst schon zu Hause

besorgen) ist ein zweiter Paß notwendig, der einem von der Paßbehörde auch ausgestellt wird.

Visa: Für die zuerst zu bereisenden Länder die Visa hier bei den Botschaften besorgen. Alle Visa für eine langdauernde Reise vorab in den Paß zu bekommen wird kaum gelingen und ist auch unnötig, da das einzelne meist nur ein paar Monate gültig ist. Die anderen Visa deshalb unterwegs besorgen (schon ein bis zwei Länder im voraus). Trotzdem muß bei der Einreise immer wieder mit Schwierigkeiten gerechnet werden.

Post: An die deutschen Botschaften (Name, c/o Embassy of W.-Germany, Stadt, Land) oder auch postlagernd (poste restante) schicken lassen. Die Sendungen dürfen allerdings nicht zu lange liegen, sie werden sonst zurückgeschickt.

Unterwegs – das tägliche Leben

Am Anfang tut alles noch weh – besonders der Hintern –, das Essen ist ungewohnt, die Hitze zu groß, das Ziel scheint unerreichbar. Doch bald wird man merken, daß die harte Natur Afrikas nicht nur gegen einen eingestellt ist, daß sie auch vieles gibt. Längst verschüttete Instinkte werden wieder wach, durch die Freiheit und im Erleben scheint man eins mit der Natur zu werden.

Das wahre Afrika trifft man auf dem Land, im Dorf, wo der Alltag noch nach althergebrachten, überlieferten Gesetzen abläuft. Hier dabeizusein, teilzuhaben am einfachen Leben, ist sicher eines der afrikanischen Schlüsselerlebnisse. Es ist besser, man meidet die hektischen Städte, wo die Menschen zwischen neuer und alter Abhängigkeit hin und her gerissen sind.

Afrika steht früh auf. In den kühlen Morgenstunden muß ein Großteil der vorgenommenen Etappenkilometer bewältigt werden. Es ist besser, in der Knallhitze des Mittags zu rasten und dann am Abend nochmals eine Strecke zurückzulegen. Für mich war das jedesmal ein Wettlauf mit der Dunkelheit: Werde ich noch vor dem schnellen Nachteinbruch das nächste Dorf erreichen? Um ein Nachtlager dort machte ich mir nie Sorgen – es bot sich fast immer etwas von selbst an. Die Menschen im Sahel und in der Savanne schlafen sowieso meist draußen.

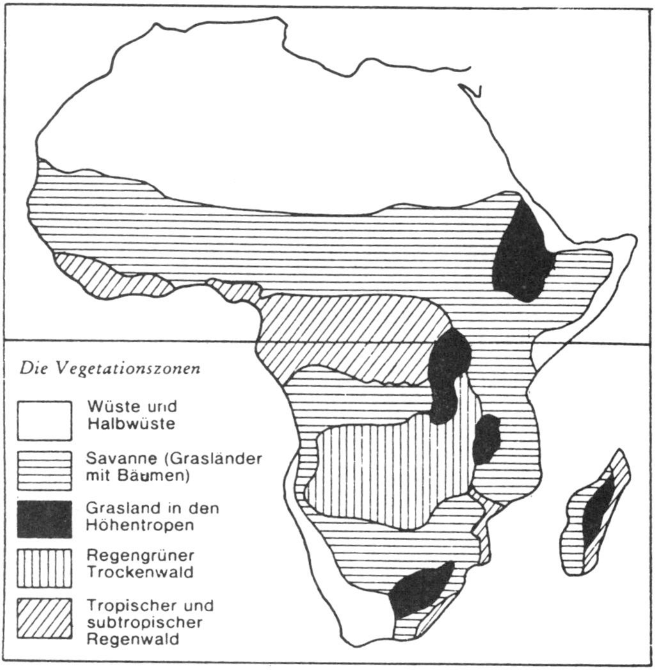

Am heißesten ist es in Afrika in der Wüste und in den Savannen, jedoch nicht in den Tropen. Dort plagt einen die saunaschwere Luft. Doch beides – Hitze wie Schwüle – erträgt man erstaunlicherweise recht gut, vielfach besser, als man es sich zu Hause vorgestellt hat.

Bald wird man sich wie die Afrikaner ernähren oder zumindest fast nur noch von Früchten und Reis, die es überall auf den Dorfmärkten gibt. Es werden sich aber auch bald Entzugserscheinungen einstellen, d. h., man bekommt plötzlich ein unglaubliches Verlangen nach heimatlichen, lang vermißten Speisen oder nur einfachem Brot. Wurde ich hin und wieder von Europäern eingeladen, kam ich mir oft wie ins Schlaraffenland versetzt vor.

Telefon: Von den Hauptstädten der afrikanischen Länder sind fast überall schnelle Telefonate nach Europa zu führen. Problematisch ist es vom Land aus. Details in den Reiseführern.

Trinkgelder

Hierzu möchte ich die Aussage von Ludmilla Tüting aufführen, weil sie mir sehr treffend erscheint:

Bettelkinder

Ausgestreckte Kinderhände werden Euch auf Euren Reisen durch Entwicklungsländer sehr oft begegnen. Kinderhände, die Euch auf Armut, Elend und Hilflosigkeit aufmerksam machen und Euer spontanes Mitleid erregen sollen.

Was Ihr nicht sehen könnt, ist die Tatsache,

* daß solch ein Kind durch mehrmaliges Händeausstrecken am Tag mehr verdient als der schwer arbeitende Vater auf dem Feld oder in der Fabrik
* daß ein Kind deshalb leicht zur Haupteinnahmequelle der Familie und zum Betteln angehalten wird
* daß es darum nicht zur Schule geht
* daß es merkt, daß Bettelei leichter ist als Arbeit
* daß Du, lieber Globetrotter, die Teufelsspirale weiter drehst, wenn Du dem Kind Geld gibst
* daß Du mithilfst, Sozialempfänger und Kriminelle heranzuziehen!

Versteht uns bitte nicht falsch! Jedes Hilfsangebot ist mehr als willkommen. Leider ist jedoch die Zahl der Bettelkinder mit der Zunahme des Ferntourismus sprunghaft gestiegen. Deshalb ist die richtige Vergabe Deiner Hilfe besser als ein spontanes Almosen auf der Straße, das letztlich doch nur Dein Gewissen beruhigen soll.
Besser wäre es, darüber nachzudenken, wie und wo Du sinnvoller helfen kannst. (Ludmilla Tüting)

Reiserouten und Länder. Subjektive Bewertungen

Sahara: Für die Sahara-Durchquerung eignet sich am besten die Hoggar-Route, wenngleich über weite Strecken die neuerbaute Straße bis nach Tamanrasset oft versandet und für einen Radfahrer unpassierbar ist.

Von Tamanrasset weiter am besten mit Lastwagen bis nach Agadez im Niger. Ab dort geht es dann wieder mit dem Rad.

Die Sahara ist zweifelsfrei das Afrika-Erlebnis schlechthin, obwohl das „echte" Afrika erst südlich der Wüste beginnt. Ich würde die Sahara bei einer Afrika-Reise nicht aussparen.

Westafrika ist noch viel ursprünglicher, aber auch reiseschwieriger als das vom Tourismus mehr oder weniger erschlossene Ostafrika. Die Sahelzone und die Savannen mit ihren Nomadenvölkern, ihren alten Kulturen, aber auch mit ihren Problemen gehören zum unverfälschten, ursprünglichen Afrika.

Ostafrika: Wer Nationalparks und Tiere liebt, weite Strände und schneegekrönte Vulkane, der sollte Ostafrika nicht auslassen. Kenia gehört daher zum Standardprogramm jedes Reiseveranstalters. Dort gibt es auch allgemein bessere Straßenverhältnisse als in Westafrika. Anreise ist über Ägypten und den Sudan möglich. Von Ostafrika geht es dann weiter nach Süden (Tanzania, Sambia).

Zentralafrika: (Zaire, Volksrepublik Kongo, Teile von Gabun, Zentralafrikanische Republik, Angola) ist touristisch kaum erschlossen, oft sehr teuer, und es gibt weit weniger Interessantes zu sehen als in den vorhergenannten Regionen. Radreisen dorthin sind nur mit Vorbehalten zu empfehlen.

Südafrika: Der Sonderfall auf dem Kontinent. Eine europäische Infrastruktur macht das Reisen zum problemlosen, sicheren, aber auch zum sehr teuren Urlaub. Wer durch Afrika geradelt ist, kann hier wieder die Annehmlichkeiten der Zivilisation in vollen Zügen genießen.

Rückkehr – Aufarbeitung der Reiseeindrücke

Wer geistigen Nutzen und Gewinn aus einer Afrika-Reise ziehen will, sollte schon unterwegs damit beginnen, sich mit dem Erlebten auseinanderzusetzen. Tagebuch führen, Reiseliteratur studieren, immer wieder das Gespräch mit Einheimischen suchen.

Afrika ist uns heute weit näher gerückt als vor ein paar Jahrzehnten, und keiner kann heute mehr dorthin reisen – auch nicht mit dem Fahrrad –, ohne sich nicht auch um die dringendsten Probleme dieses Kontinents zu kümmern. Erwähnt seien nur: Hungersnöte, wirtschaftliche Ausbeutung, Ausbreitung der Wüste, südafrikanische Rassenpolitik. Die Aufarbeitung kann in Form eines Reiseberichts geschehen, indem man Zeitungsartikel schreibt, Diavorträge hält oder sich in einem Dritte-Welt-Projekt engagiert. So wird man sich noch lange mit Afrika verbunden fühlen, und vielleicht ist damit auch schon wieder der Grundstein gelegt für eine weitere Afrika-Reise. Es muß ja nicht gleich wieder mit dem Fahrrad sein.

Die von mir bereisten Länder

Demokratische Volksrepublik Algerien

Lage:	Nordafrika, Atlasländer
Fläche:	2381741 km²
Einwohner:	21,6 Mill. (1983)
Hauptstadt:	Algier (2,5 Mill. Einwohner)
Sprachen:	Aarabisch (Staatssprache), Französisch (Bildungs- und Handelssprache), Berberdialekte
Währung:	1 Algerischer Dinar (DA) = 100 Centimes

Republik Niger

Lage:	Westafrika, Sahelländer
Fläche:	1267000 km²
Einwohner:	5,8 Mill. (1983)
Hauptstadt:	Niamey (225000 Einwohner)
Sprachen:	Französisch (Amtssprache), Songhai-Dscherma, arabische Mundarten, Ful und Haussa (Verkehrssprachen), Tamaschagh
Währung:	1 CFA-Franc = 100 Centimes

Volksrepublik Benin

Lage:	Westafrika
Fläche:	112622 km²
Einwohner:	3,9 Mill. (1983)
Hauptstadt:	Porto Novo (104000 Einwohner)
Sprache:	Französisch
Währung:	1 CFA-Franc = 100 Centimes

Republik Togo

Lage:	Westafrika
Fläche:	56785 km²
Einwohner:	2,8 Mill. (1983)
Hauptstadt:	Lomé (310000 Einwohner)
Sprachen:	Französisch (Amtssprache), einheimische Sprachen und Dialekte
Währung:	1 CFA-Franc = 100 Centimes

Föderative Republik Nigeria (WAN)

Lage:	Westafrika
Fläche:	923768 km²
Einwohner:	83,7 Mill. (1983)
Alte Hauptstadt:	Lagos (4,1 Mill. Einwohner)

Neue
Hauptstadt: Abuja (im Aufbau)
Sprachen: Englisch (Amtssprache), Sudan- und Bantusprachen, Ful und Haussa im Norden (Verkehrssprachen)
Währung: 1 Naira (N) = 100 Kobo

Vereinigte Republik Kamerun
Lage: Zentralafrika
Fläche: 475 442 km²
Einwohner: 9 Mill. (1983)
Hauptstadt: Yaoundé (314 000 Einwohner)
Sprachen: Französisch und Englisch (Amtssprachen), Bantu, Semibantu und sudanesische Sprachen
Währung: 1 CFA-Franc = 100 Centimes

Gabunische Republik
Lage: Äquatorialafrika
Fläche: 267 667 km²
Einwohner: 565 000 (1983)
Hauptstadt: Libreville (250 000 Einwohner)
Sprachen: Französisch (Amtssprache), Bantusprachen, z. B. Fang und Batéké (Umgangssprachen)
Währung: 1 CFA-Franc = 100 Centimes

Volksrepublik Kongo
Lage: Äquatorialafrika
Fläche: 342 000 km²
Einwohner: 1,7 Mill. (1983)
Hauptstadt: Brazzaville (360 000 Einwohner)
Sprachen: Französisch (Staatssprache), Lingala, KiKongo u. a.
Währung: 1 CFA-Franc = 100 Centimes

Republik Zaire
Lage: Zentralafrika
Fläche: 2 345 409 km²
Einwohner: 28,6 Mill. (1983)
Hauptstadt: Kinshasa (2,7 Millionen Einwohner)
Sprachen: Französisch (Staatssprache), Kiluba, Kikougo, Lingala u. a. (Umgangssprachen)
Währung: 1 Zaire (Z) = 100 Makuta

Republik Sambia
Lage: Südafrika
Fläche: 752 614 km²
Einwohner: 6,3 Mill. (1983)
Hauptstadt: Lusaka (641 000 Einwohner)
Sprachen: Englisch (Staatssprache), Bantusprachen, z. B. Ci-Bemba, Ci-Nyanja, Tonga
Währung: 1 Kwacha (K) = 100 Ngwee

Republik Botswana
Lage: Südafrika
Fläche: 600 372 km²
Einwohner: 863 000 (1983)
Hauptstadt: Gaborone (36 900 Einwohner)
Sprachen: Se Tswana, Bantusprachen, Englisch (Handels- und Amtssprache)
Währung: 1 Pula (P) = 100 Thebe

Republik Simbabwe
Lage: Südafrika
Fläche: 390 622 km²
Einwohner: 8,1 Mill. (1983)
Hauptstadt: Harare (früher Salisbury – 627 000 Einwohner)
Sprachen: Englisch (Staatssprache), Bantusprachen, z. B. CiShona, IsiNdebele (Umgangssprachen)
Währung: 1 Simbabwe-Dollar (Z $) = 100 Cents

Republik Südafrika
Lage: Südliches Afrika
Fläche: 1 124 584 km² (ohne die selbständigen Homelands Transkei, Bophutatswana, Ciskei, Venda); zusätzlich Namibia mit 823 168 km²
Einwohner: 25,8 Mill. (1983); zusätzlich Namibia mit 1,2 Mill.
Hauptstadt als Regierungssitz:
Pretoria (562 000 Einwohner)
Hauptstadt als Parlamentssitz:
Kapstadt (1,1 Mill. Einwohner)
Sprachen: Afrikaans und Englisch (Staatssprachen), Bantusprachen und indische Sprachen (Umgangssprachen)
Währung: 1 Rand (R) = 100 Cents
Hoheitsgebiete Südafrikas:
Walfischbucht (Südwestafrika)
Namibia (Südwestafrika)
Prinz-Eduard-Inseln (südlicher Indischer Ozean)

ABENTEUER-REPORT
Herausgegeben von Susanne Härtel

8000 München 46 · Frankfurter Ring 150

Fotos: Helmut Hermann
Karten: Gert Köhler
Redaktion: Angela Djuren
Herstellung: Josef Loher
Druck: Presse-Druck Augsburg
ISBN: 3 505 07267-2
Bestell-Nr.: 7267
90 89 88 87 / 16 15 14 13 12 11 10 9 8 7 6